EEN MOSLIMVRIJ EUROPA VOOR WERELDVREDE

solidair met de landen van herkomst

prof.dr. juliaan van acker

INHOUD

Geachte mevrouw,
Geachte heer,

Het is van belang dat u weet wat waar is. Misschien is het nog belangrijker dat u weet wat niet waar is.

Hoe meer mensen weten wat waar en wat niet waar is, hoe minder kans op tegenstellingen en conflicten. Als de meeste mensen overal ter wereld het eens zijn over wat waar is en wat niet waar is, ligt wereldvrede misschien in het verschiet. Als mensen die een verschillende religie of politieke overtuiging aanhangen, het toch eens zijn met elkaar over wat waar is en wat niet waar is, dan wordt heel wat bloedvergieten, heel wat angst en heel wat haat voorkomen.

U hebt beslist nu al de vraag gesteld of ik weet wat waar is en wat niet waar is. Wel, ik kan daar het volgende met grote zekerheid op antwoorden: ik weet zeker dat ik niet weet wat waar is en wat niet waar is.

Dit antwoord vindt u wellicht grappig. Dat is het ook, maar er zit een kern van waarheid in. We zouden het bovenstaande anders kunnen formuleren: het is belangrijk dat u weet dat u niet weet wat waar is en wat niet waar is. En: hoe meer mensen weten dat zij niet weten wat waar is en wat niet waar is, hoe minder kans op tegenstellingen en conflicten.

Wat is nu de bedoeling van dit alles? Om hier zo eerlijk en helder mogelijk op te antwoorden, moet ik over mijn eigen ervaring praten. Dat doe ik niet omdat ik mij zo belangrijk vind of omdat ik meen de wijsheid in pacht te hebben. Laat me zeggen dat ik dit een beetje voor mezelf schrijf, om voor mezelf duidelijk te maken waar ik aan toe ben. Het horen van een eerlijk verhaal van iemand anders, kan voor u misschien een steuntje in de rug zijn om enig inzicht te verkrijgen over wat in uw gewone dagelijkse leven op waarheid berust.

Mijn ervaring is de volgende. Al meer dan vijftig jaar begin ik elke dag met een paar uur studie, zeven dagen in de week, 365 dagen per jaar. Als ik op reis ga of op vakantie ben, zou ik zonder die paar uur studie in de ochtend, mij helemaal verloren voelen. Mijn studie gaat voornamelijk over psychologie en filosofie. Daarnaast ben ik een man van de praktijk. Meer dan 2000 gezinnen heb ik in behandeling gehad. Het ging om gezinnen waar grote problemen waren met een of meerdere kinderen. Beroepshalve richtte ik mijn klinische praktijk voornamelijk op forse problemen zoals incest, kindermishandeling en op jonge criminelen die zware delicten hadden gepleegd, alsook op jonge meiden die al in de prostitutie hadden gewerkt. Ook allochtone gezinnen werden bij mij aangemeld. De meeste gezinnen heb ik thuis bezocht en heel wat onderzoeksrapporten heb ik geanalyseerd.

Ik zal het in dit boek nochtans niet hebben over mijn professionele activiteiten.

Het gaat hier om het verband met de bovenstaande vragen. Over jeugdcriminaliteit bijvoorbeeld kon ik op een gegeven moment zeggen dat ik ongeveer alles weet wat daarover bekend was. In de wetenschappelijke literatuur vond ik vanaf dat moment nog heel zelden iets wat ik nog niet wist. En toch. Mijn belangrijkste conclusie was dat hoe meer je over een zaak iets weet, hoe meer je beseft hoe weinig je weet!

Hoe meer je over iets weet, hoe meer je beseft hoe weinig je weet: wat een conclusie na vijftig jaar wetenschappelijke studie en onderzoek over één specifiek vakgebied! Waar halen we dan het recht om te pretenderen de waarheid te weten over wat er in de wereld gaande is?

Als clinicus moest ik nochtans diagnoses stellen, beslissingen nemen en handelen, want die kinderen en gezinnen moesten geholpen worden. Dank zij mijn inzicht was mijn belangrijkste strategie om bij elk nieuw gezin zo open en zo onbevooroordeeld mogelijk informatie te verwerven bij zoveel mogelijk betrokken personen. Echt onbevooroordeeld is natuurlijk nooit mogelijk, maar ik deed mijn best en de mensen, voornamelijk jonge kritische studenten, met wie ik samenwerkte, hielpen mij hierbij.

Ik hoop dat ik hiermee duidelijk heb gemaakt waarom ik over mijn eigen ervaring moest spreken, om enig licht te werpen op mijn stelling dat het van belang is dat u weet wat waar en wat niet waar is. U moet dus uitermate voorzichtig zijn om iets als waar of als onwaar aan te nemen. Wilt u tegenover uzelf en uw medemensen oprecht zijn, dan moet u altijd open en zo onbevooroordeeld mogelijk informatie verzamelen bij zoveel mogelijke mensen. Het liefst bij mensen die uw overtuigingen niet delen. Deze laatste mensen kunnen u het best helpen om er achter te komen of u het wel bij het rechte eind heeft.

Dat geldt ook voor wetenschappers. Ik definieer een wetenschapper als iemand die de feiten zodanig onderzoekt, dat hij zelf zijn meest dierbare overtuigingen eventueel kan weerleggen.

Ik wil niet te lang uitweiden over deze vraagstelling. Om het kort te houden: voor u ligt een boek waarin ik mij over vier zaken voortdurend zit te bezinnen, om er achter te komen hoe in waarheid actie te ondernemen. Het gaat om vier zaken waarbij het van het grootste belang is zo spoedig mogelijk in deze eeuw tot een gemeenschappelijk inzicht te komen. Lukt dat niet, dan zal zich herhalen wat zich de vorige eeuw heeft afgespeeld en wellicht nog veel erger. Ik vrees een beetje dat u het een afgezaagd onderwerp vindt of dat u uw schouders er voor ophaalt, omdat u denkt dat er toch niets aan te doen is. Dat zou heel jammer zijn, want er moet echt een oplossing komen. Is het niet voor onszelf, dan is het voor de volgende generaties. Die vier zaken zijn: (1) hoe kunnen we ervoor zorgen dat alle kinderen op de wereld goed onderwijs krijgen, zodanig dat alle kinderen hun specifieke talenten kunnen ontplooien? (2) hoe kunnen we de verdere destructie en vervuiling van ons ecosysteem stopzetten, zodat een door de mensen veroorzaakte Apocalyps kan worden vermeden? (3) hoe gaan we om met de islam die steeds meer terrein wint in de westerse wereld en (4) hoe kan voorkomen worden dat enkele procenten van de wereldbevolking meer bezitten dan de rest en het verschil tussen rijk en arm verder toeneemt?

Als ik in de titel van dit boek meteen pleit voor een moslimvrij Europa, dan is dit een gevolg van mijn opvatting dat een duurzame wereldvrede mogelijk wordt als de islamitische landen tot bloei komen. De massale aanwezigheid van moslims en de toestroom van miljoenen moslims in Europa verhinderen een opbloei van de islamitische landen. Als dit laatste gerealiseerd wordt, kan tussen die landen en Europa een alliantie ontstaan die een model is voor de gehele wereld. In die alliantie kan Europa garant staan voor goed rentmeesterschap over onze planeet, voor goede kansen voor alle kinderen en voor een rechtvaardige verdeling van de welvaart.

Dit boek mag niet worden opgevat als een kritiek op de islam. Het is voor mij duidelijk dat de westerse beschaving en de islam niet kunnen samengaan. Het is als water en olie, twee stoffen die niet vermengd kunnen worden. Dit wil niet zeggen dat water of dat olie slecht is. Het gaat om een objectieve constatering dat vermenging niet mogelijk is. Dat geldt dus ook voor de westerse beschaving en de islam. De islam is inderdaad een religie van vrede, maar dan wel in een land waar alleen moslims wonen die tot dezelfde strekking behoren. De anderen moeten zich onderwerpen aan de dhimmi-voorwaarden.

Het gaat in dit boek om zeer ingewikkelde zaken. Niemand zal ontkennen dat ze belangrijk zijn en prioriteit zouden moeten krijgen. Ik zeg niet dat ik de oplossing weet. Het gaat erom dat zoveel mogelijk mensen zich erover bezinnen en met elkaar in gesprek blijven. Dit biedt een mogelijkheid om niet fanatiek vast te houden aan de eigen opvattingen. Als iedereen weet de waarheid niet te weten, dan zijn we bereid om met elkaar in gesprek te blijven. Aangezien de meeste mensen van goede wil zijn, komt dan vanzelf een oplossing.

Met vriendelijke groet,

Juliaan van Acker

VOORWOORD

Geen mens heeft zichzelf op de wereld gezet. Niemand heeft zelf het besluit genomen geboren te worden. De oorzaak van zijn bestaan ligt buiten de mens. Meer in het algemeen ligt de oorzaak van al wat leeft en bestaat buiten de wereld die we waarnemen. De vraag dringt zich op: waarom bestaan wij? Waarom is er iets en niet niets?

Ik ga niet in op de antwoorden die religies en ideologieën hierop geven. Het lijkt mij beter zo onbevooroordeeld mogelijk vanuit twee uitgangspunten verder te redeneren:
1. Het kan toch niet de bedoeling zijn dat de mensen blijven elkaar de kop inslaan? Oorlog met steeds gevaarlijker wapens kan toch niet de bedoeling zijn?
2. Het kan toch niet de bedoeling zijn dat al wat is verder vernietigd wordt, met uitsterven bedreigd of gemanipuleerd door diegenen die niet zelf de oorzaak zijn?

Ik ga ervan uit dat het mogelijk is op een rationele manier onze verantwoordelijkheid voor onze medemensen en voor de planeet waarop we leven helder te omschrijven. Bij dit voornemen moet ik een kanttekening plaatsen: ik heb meer dan veertig jaar wetenschappelijk onderzoek verricht en de belangrijkste les die ik daaruit heb getrokken is dat hoe meer je weet, hoe meer je beseft hoe weinig je weet. Dit boek is daarom slechts een uitnodiging tot een dialoog die nooit eindigt.

Deze aantekeningen werden geschreven na publicatie van mijn boek 'Het landverraad van de EU', tussen maart 2016 en december 2016. Hierin wordt mijn visie aangevuld en zo nodig bijgesteld. Als er tegenstellingen zijn met mijn vorig boek of als ik met mezelf in tegenspraak ben in dit boek, dan getuigt dit van mijn kritische houding en mijn onophoudelijk zoeken naar beter inzicht. Ik blijf uiteraard verantwoordelijk voor wat ik schrijf, maar de inzichten van latere datum tellen het meest.

Ik hoop dat mijn visie kan bijdragen tot politieke, economische en opvoedkundige acties, aangepast aan de noden van deze eeuw. Deze aantekeningen kunnen onafhankelijk van voornoemd boek worden gelezen. Hier en daar zijn er herhalingen van bepaalde, in mijn ogen belangrijke opvattingen. Ik vraag de lezer begrip voor deze herhalingen, want het gaat om de rode draad die mijn denken oriënteert in mijn betoog. Vanuit deze rode draad ontspinnen zich voortdurend nieuwe ideeën.

Drie criteria staan voorop bij het maken van aantekeningen:

1. een positieve boodschap
2. geen gebruik van geweld
3. absolute vrijheid van meningsuiting

1. Het gaat om een positieve boodschap

Het gaat om een oplossing van problemen die de hele wereld aangaan. Hoe wordt een politiek en een economie mogelijk die menswaardig leven voor iedereen mogelijk maken? Hiermee wordt ook bedoeld dat we het ecosysteem, de fauna en de flora niet verder vernietigen in het belang van de toekomstige generaties.

Het gaat om een oplossing van het probleem van beschavingen die met elkaar botsen. In het bijzonder tussen de westerse en de islamitische wereld. Ik zoek een oplossing die in het voordeel is van zowel de moslims als de Europeanen. Om mijn voorstel in het juiste perspectief te plaatsen moet het doel voor ogen gezien worden: vrede en voorspoed in het Midden-Oosten en Noord-Afrika (om te beginnen). Als daar voor alle kinderen goed onderwijs is, een voor iedereen toegankelijke ziekenzorg van hoog niveau, voldoende werkgelegenheid, sociale voorzieningen, betrouwbare politie en rechtbanken, regeringsleiders die het goede voorbeeld geven, dan lossen de spanningen tussen Europeanen en moslims zich vanzelf op en komt een spontane terugkeer op gang. De immigranten kunnen een sleutelrol spelen in deze ontwikkeling naar vrede en voorspoed.

2. Gebruik van geweld wordt volstrekt uitgesloten

Wie fysiek geweld gebruikt tegen anderen, valt onder de noemer crapuul. Wie anderen doodt, zonder dat het gaat om zelfverdediging tegen een gewapend iemand, is een ordinaire moordenaar. We moeten hier heel streng zijn: al wie een ander omwille van zijn overtuigingen tot gevangenisstraf veroordeelt of laat veroordelen, intimideert of bedreigt, fysiek geweld aandoet of vermoordt is een discipel van het Kwaad. Het kan nooit de bedoeling zijn van Adonai, Allah of God dat mensen elkaar leed aandoen.

3. Absolute vrijheid van meningsuiting is een groot goed

Alles moet gezegd en geschreven kunnen worden. Als iemand een persoon belastert of leugens over hem verkoopt, zodat die ander schade oploopt of eronder lijdt, dan is er het strafrecht om de lasteraar te straffen. Hetzelfde geldt voor racisme en discriminatie: de wetgeving, vastgelegd door de vertegenwoordigers van het volk, bepaalt wat strafbaar is. Daarbuiten mag alles worden gezegd over een ras, een volk, een religie.

Ik geef toe dat er een tegenstrijdigheid is tussen de claim op absolute vrijheid van meningsuiting en de beperkingen opgelegd door het Wetboek van Strafrecht. We kunnen die beperkingen zien als een eilandje dat verboden is voor iedereen, maar verder is er een oneindig universum waar we volkomen vrij zijn om te zeggen wat we willen. In de Hof van Eden was er ook slechts één boom waarvan het verboden was de vrucht te eten.

AANTEKENINGEN

1. *Alle rassen zijn gelijkwaardig*

In mijn boek 'Het Landverraad van de EU' staat een positieve boodschap centraal: als in de islamitische landen er vrede, welzijn en welvaart zal heersen, verdwijnen de spanningen tussen het Westen en de moslims. Die vrede, welzijn en welvaart zullen bereikt worden als de moslims die nu in Europa verblijven een gigantische inspanning doen, met solidaire steun van Europa, om in de landen van herkomst die doelen te realiseren.

Het gaat dus niet om gedwongen terugkeer, om deportatie, om afwijzing van de islamitische cultuur, maar om *gebruik maken van de positieve krachten bij de moslims.* Voor elke etnische groep geldt dat de meeste mensen van goede wil zijn en voldoende talenten hebben, daar moeten we gebruik van maken.

Twee axioma's funderen deze positieve boodschap:

(1) in alle etnische groepen en rassen zijn de meeste mensen van goede wil en rechtvaardig en willen ze in vrede leven met anderen
(2) de talenten en de intelligentie zijn over al die groepen gelijkwaardig verdeeld

Waarom schreef ik dan een hoofdstuk onder de titel 'Moslims horen niet thuis in Europa'? Ik heb daar drie redenen voor:

- om spanningen te voorkomen. We moeten er rekening mee houden dat als slechts vijf procent van de moslims extremistisch is, er in Europa minstens drie miljoen potentiële moslimterroristen aanwezig zijn
- het gaat om twee culturen die qua ethiek haaks op elkaar staan
- voor de wereldvrede is het noodzakelijk dat Europa een krachtige identiteit heeft. Een gemeenschappelijke ethiek is de basis van een eendrachtige groep die gelooft in de eigen kracht. Verbondenheid van de bewoners van een land ontstaat dank zij gemeenschappelijke normen en waarden. Ontbreekt deze gemeenschappelijkheid, dan wordt het samenleven bepaald door economische factoren en dat biedt weinig stabiliteit en eenheid.

2. *Europa riskeert meer en meer op het Midden-Oosten te lijken*

Waarom heb ik het boek 'Het landverraad van de EU' geschreven? Het antwoord is heel simpel: uit verantwoordelijkheidsbesef. Als de noodzakelijke politieke maatregelen niet worden genomen, dan zal Europa op korte termijn meer en meer lijken op het Midden-Oosten en worden onze steden gebeiroetiseerd. Wat nog erger is: het Midden-Oosten en heel Afrika zal de gehele 21ste eeuw getiranniseerd worden door barbaren die de macht in handen hebben.

Een ander thema betreft onze planeet die steeds onleefbaarder wordt door de enorme luchtvervuiling, de schande van de afval die in de oceanen wordt gedumpt en de destructie van ons ecosysteem.

Hoe kan dit worden voorkomen? De kern is dat Europa haar joods-christelijke ethiek moet uitdragen, want die ethiek maakt de wereld menselijk. Dat is de reden waarom vluchtelingen uit het Midden-Oosten en Afrika per se naar Europa willen komen. Om de ethiek te kunnen uitdragen moet Europa de kracht hebben en dat kan alleen door een sterke identiteit waarbij de Europeanen zich met elkaar verbonden weten.

Ik vind dus onze joods-christelijke ethiek de beste om een menswaardige wereld op te bouwen. Al diegenen die naar Europe vluchten denken er ook zo over. Wie een andere ethiek heeft, verwijt ik niets; maar zij horen niet thuis in onze beschaving. Onze beschaving heeft namelijk de opdracht mee te werken aan vrede en rechtvaardigheid in de wereld en daartoe moeten we onze identiteit, dit wil zeggen onze cultuur gebaseerd op de joods-christelijke ethiek, zo goed mogelijk beschermen. Beschermen tegen vreemde invloeden, tegen mensen die er een totaal andere ethiek op na houden.

3. *De onverenigbaarheid van de islam en de Europese ethiek*

De ethiek van de islam staat haaks op de joods-christelijke en humanistische kritiek.

De eerste ethiek wijst de Ander af, wil hem onderwerpen en zal hem doden. De Ander dat is de ongelovige, de christen, de jood, de hindoe.

De joods-christelijke ethiek draagt de mens op in dienst te staan van de Ander.

Vermeng je de ene met de andere ethiek, dan ontstaat een dodelijk mengsel. Dat is bijvoorbeeld de oorzaak van de eliminatie van bijna alle christenen in Turkije en uit het Midden-Oosten.

We moeten het noodzakelijke doen om te voorkomen   dat Europa meer en meer gaat lijken op het Midden-Oosten.

4. *Een fort Europa is een noodzaak*

Het gaat mij niet om een strijd tegen de islam, maar voor de identiteit van Europa; zodat Europa een voorbeeld kan blijven voor de gehele wereld en solidair kan zijn met de moslims die vrede en rechtvaardigheid willen in de islamitische landen.

Wel een fort Europa, zoals Bolkestein ooit beweerde in het NRC Handelsblad. Dat fort is niet gericht tegen de Ander. Om ten dienste te kunnen staan van de Ander moet je de kracht hebben en de middelen. Dus eerst een sterk Europa.

Dat lukt niet als we al de armoedzaaiers naar hier halen: dat zal ons arm maken en krachteloos.

5. Wetenschapper zijn is zijn beperkingen kennen

Ik ben een wetenschapper. Hoe meer je weet over jouw vak, hoe beter je weet hoe weinig je weet. Politici moeten nu eenmaal beslissingen nemen. Dan zijn er de wetenschappers om aan te tonen dat die beslissingen op onvolledige kennis berusten en dat de gevolgen van de genomen beslissingen onverwacht kunnen zijn of tegengesteld aan wat de bedoeling was.

Eenzaamheid is het lot van de wetenschapper. Althans als hij de wereld van op een afstand bekijkt. Hij is eenzaam omdat hij de gangbare opinies niet zomaar deelt. Dit lokt spot uit van de anderen omdat het voor hen ongehoord is de algemeen aanvaarde waarheid in twijfel te trekken. Die twijfel is nochtans de motor van de vooruitgang.

6. De Bijbel is meer dan een sprookje

Er zijn in mijn boek en andere teksten vaak verwijzingen naar de Bijbel. Het gaat om de beeldspraak om fundamentele wijsheden te verduidelijken. Bijvoorbeeld over de appelboom en de slang in de Hof van Eden: dat heeft daarom niet op die manier bestaan. Het gaat om een verhaal om op concreet niveau iets te verduidelijken. De Bijbel is geschreven in een tijd waarin vrijwel iedereen ongeletterd was. De Bijbelse verhalen zijn bedoeld om de wijsheid in concrete voorbeelden weer te geven.

In het verhaal van het Aards Paradijs vertegenwoordigt het serpent al wat kwaad, dood en vernieling in de wereld brengt. De Hof van Eden is het Aards Paradijs waar ook God aanwezig is. De Boom der kennis van goed en kwaad betekent dat die kennis bij God ligt. De mens moet zichzelf geen god wanen en niet zelf zijn wetten op intuïtieve manier bepalen.

Dit geldt ook met betrekking tot 'geloven in God'. De mensen willen dit niet meer horen. Dat is gedeeltelijk te begrijpen. God kunnen we niet kennen. Hoe kunnen we er dan in geloven? Het gaat niet om iets aan te nemen zonder dat we het kunnen bewijzen. In mijn opvatting wordt met 'geloven in God' bedoeld dat we zijn geboden aanvaarden, want de ethiek hebben we niet zelf uitgevonden. Die ethiek vinden we in de Bijbel. Wie de Bijbel afwijst, moet aangeven waar hij zijn ethiek vandaan haalt.

Een discussie over het al of niet bestaan van God interesseert mij niet. Ik voel mij geen tegenstander van een atheïst. Het gaat mij om de ethiek of over de vraag hoe ik mij verhoud tot de naasten en tot de natuur die aan ons is gegeven. Hoe ethischer de samenleving wordt, hoe meer we het ideaal benaderen. Deze benadering leidt misschien tot de ontmoeting met een goddelijk wezen. Verderop wordt aangegeven dat de mens op 'het idee van

God' kan komen als hij open staat voor het appel dat van een ander mens op het ik wordt gericht. Meer dan een idee is ons niet gegeven.

7. De noodzaak van een gemeenschappelijke moraal

Het is een gevaarlijke illusie te denken dat mensen in harmonie kunnen samenleven zonder een gemeenschappelijke moraal.

Waarom? De moraal biedt overeenstemming over waarden en normen; dan weten we van elkaar wat we mogen verwachten. Hierdoor ontstaat onderling vertrouwen. Maar ook: dan hebben we een gemeenschappelijk doel voor ogen. In de joods-christelijke en humanistische traditie is dit de persoonlijke vrijheid van waaruit we onze verantwoordelijk opnemen (naastenliefde, goed beheer van de planeet Aarde).

Het gezin en de bredere familie zijn de plekken waar de overeenstemming over waarden en normen wordt overgedragen. De krachtige onderlinge verbondenheid binnen de familiekernen van de samenleving is tegelijkertijd de kracht van de samenleving als geheel.

8. De Europese ethiek die de Ander centraal stelt

De islam hoort niet thuis in Europa en het Amerikaans kapitalisme hoort er evenmin in thuis. In beide gevallen geldt hetzelfde argument: hun moraal staat haaks op ons ethisch principe: het ik staat in dienst van de Ander. Vandaar dat er geen onderwerping of misbruik en uitbuiting kan zijn van anderen. Vandaar dat vrouwen in Europa over de meeste vrijheid beschikken. Vandaar ook de absolute prioriteit die moet worden gegeven aan het bestrijden van armoede.

Als we dit laatste serieus nemen, dan volgt hieruit een heel moeilijke consequentie. Alle rijkdom die we niet nodig hebben voor onze primaire behoeften moet worden bestemd voor het bestrijden van de armoede en de miserie in de wereld. Alle mensen hebben recht op een menswaardig leven in de tijd dat ze samen met ons hier op aarde leven. Het kan niet zo zijn dat ik in weelde leef, terwijl ergens een kind honger lijdt en niet naar school kan gaan. Willen we het niet bij woorden laten, dan moet alles boven een bepaald inkomen voor honderd procent worden belast voor de armoedebestrijding en recht op goed onderwijs voor alle kinderen.

9. We moeten ons terugtrekken uit de Verenigde Naties

De Europese Confederatie moet zich terugtrekken uit de Verenigde Naties. Daar zitten de vertegenwoordigers van diegenen die hun eigen bevolking uitbuiten, bestelen, onderdrukken en desnoods martelen als ze in verzet komen. Deze lieden verzetten zich tegen plannen en acties die een einde kunnen maken aan het onrecht in hun landen. Zij beschikken zelfs over een vetorecht! De VN houdt de ellende, de armoede en de corruptie daardoor in stand of grijpt slechts in als het te laat is. Conflicten blijven doorsudderen totdat de gehele samenleving vergiftigd is met haat. De zogenaamde Safe Havens van de UN zijn vaak niet erg safe geweest, zie de 7000 vermoorde moslims in Srebrenica. Ondanks de aanwezigheid van VN-troepen kon en kan de ellende in Rwanda en Burundi niet verhinderd worden.

Europa moet hiertegen *een eigen beleid* voeren, samen met de mensen van goede wil. De immigranten die terugkeren naar de landen van herkomst kunnen hier een sleutelrol in spelen. Een vredeskorps samengesteld uit jonge moslims en Afrikanen kan vrede, rechtvaardigheid en voorspoed brengen in de landen van herkomst.

De oplossing van de hedendaagse problemen moet vanuit de mensen zelf komen. Het grote voordeel van een bottom-up beleid is dat het komt van de burgers zelf, van hun initiatieven in de netwerken van solidariteit. We kunnen dit vergelijken met het missiewerk in Afrika in een recent verleden. Hiervoor hebben we geen dure internationale organisaties nodig. Liever tienduizenden kleine initiatieven die met de lokale bevolking samenwerken op basis van een ethisch manifest gebaseerd op de Europese ethiek.

10. *Ethiek voor een menswaardig leven*

De joods-christelijke ethiek is de enige die vrede op aarde kan brengen, die de mensen de kans biedt om menswaardig te leven. Ondanks alle kritiek die op de Europese beschaving mogelijk is en ondanks vreselijke perioden in onze geschiedenis, hebben we de laatste zeventig jaar bewezen hoe humaan onze beschaving kan zijn.

Er zijn twee krachten die deze ethiek tegenwerken:

- de islam, die haat tegen de Ander predikt
- het Amerikaanse kapitalisme dat de Ander uitbuit

Wat dit laatste betreft: je kan onmogelijk extreem rijk zijn zolang er onder onze tijdgenoten kinderen zijn die niet naar school kunnen of minderwaardig onderwijs krijgen, en zolang er mensen zijn die in mensonwaardige omstandigheden moeten leven.

Wat de islam betreft: dit kan slechts een religie van de vrede zijn in een homogene samenleving. Dit is als er geen andere religie is en als er geen ongelovigen of atheïsten zijn. Het gaat dus niet om kritiek tegen de islam, maar om de onverenigbaarheid van deze ideologie met eender welke andere vorm van beschaving. Binnen een kalifaat kan een zeer hoog beschavings-niveau bereikt worden, maar het is ongewenst kalifaatachtige getto's in Europa te vestigen.

11. *Kolonialisme had ook positieve kanten*

Stel je eens voor dat de Afrikaanse landen nog steeds Europese koloniën zouden zijn. Het kolonialisme zou zeker geëvolueerd zijn naar een humaner regime, gebaseerd op broederlijkheid en wederzijds respect. De meer dan honderdmiljoen doden in de periode na de onafhankelijkheid van die landen, zouden niet gevallen zijn. Er zou een welvarende middenklasse zijn. Gezien de potentiële rijkdom van het land zou er geen extreme armoede zijn en zouden de armsten verzekerd zijn van een basisinkomen.

Verschrikkelijk veel ellende zou voorkomen zijn. Dit dank zij de joods-christelijke ethiek die de Europese politiek inspireert. We moeten ons de vraag stellen wie Europa heeft belemmerd een constructieve rol in Afrika te spelen.

12. *Een Europees Midden-Oosten?*

We staan voor een tweesprong. Er zijn twee richtingen mogelijk:

(1) die van het nihilisme waarbij de islam de kans grijpt om zich steeds verder te verbreiden in Europa
(2) die van de joods-christelijke ethiek

In het eerste geval wordt Europa gelijk aan het Midden-Oosten: een onoplosbare en eindeloze burgeroorlog. Europa speelt hierdoor geen enkele rol meer in de wereld.

In het tweede geval behoudt Europa zijn historisch gegroeide identiteit en leert het opnieuw zijn rol in de wereld op te nemen. Voor de gehele wereld blijft het een voorbeeld van menswaardig samenleven. De wereldvrede is afhankelijk van een christelijk en humanistisch Europa.

We moeten weer trots zijn op onze beschaving, een beschaving die geworteld is in de joods-christelijke ethiek. We moeten er voor staan en de voorwaarden creëren om die ethiek als fundament van onze wetgeving en van onze sociale relaties te behouden. Van hieruit wordt het dan mogelijk solidair met de rest van de wereld te zijn.

13. *Een menswaardige wereld*

Laat ons geen twijfel erover bestaan: de ethische waarden en normen waar de Europese beschaving voor staat kunnen een meer menswaardige wereld tot stand brengen. De feiten zijn er: in Europa wordt goed gezorgd voor gehandicapten, vinden vluchtelingen een schuilplaats, worden criminelen humaan behandeld, staat men tolerant tegenover dissidenten, wordt de welvaart eerlijker verdeeld,... Als je dit alles vergelijkt met wat in andere landen gebeurt, ook in de VS, dan is duidelijk waar de hel en waar de hemel op aarde is.

14. *Een gedeelde geschiedenis*

Samenleven vereist een gemeenschappelijk ethiek, dit wil zeggen gemeenschappelijke waarden en normen.

Het gaat niet om 'Alle vreemdelingen buiten': het gaat erom *dat ieder mens kan leven samen met de mensen met wie hij zich verbonden weet*, door een gemeenschappelijke geschiedenis en cultuur, door gedeelde waarden en normen. Zodat ieder mens zich thuis voelt op de plaats waar hij woont en werkt.

Dit zal niet voor alle mensen gelden, maar als de meerderheid op die manier kan leven, smeden zij samen een samenleving die voldoende weerstand biedt tegen spanningen.

Vanuit dit principe moeten we ernaar streven dat alle immigranten en hun kinderen kunnen terugkeren naar de landen van herkomst.

Deze stelling wordt bevestigd door het feit dat 95 procent van de mensen in de wereld wonen op de plek waar zij zijn geboren, waar ook hun ouders en grootouders zijn geboren. Het gezond verstand zegt hier dat samenwonen met mensen met wie we de geschiedenis en de beschaving delen, de beste voorwaarden creëert voor solidariteit, niet alleen onderling maar ook voor mensen in andere landen.

15. *Het natuurlijke in stand houden*

Een voor mij erg dierbare stelling is dat we zoveel mogelijk het natuurlijke moeten in stand houden:

- dit zeg ik in de eerste plaats als pedagoog. Het kind groeit het best op bij een vader en moeder die bij elkaar blijven en voor geborgenheid en stabiliteit zorgen.
- maar dit geldt evenzeer voor onze omgeving, de landschappen, de natuur, onze voeding
- in de Bijbel vind ik de natuurlijke wijsheid die al duizenden jaren stand houdt.

16. *Wir schaffen das (nicht)*

Merkel zei 'Wir schaffen das': ik twijfel niet aan de goede bedoelingen van bondskanselier Merkel. Haar benadering is echter eenzijdig rationeel. Met een te rationele politiek zijn er een aantal problemen:

1. *Onze kennis is beperkt*
Een goed wetenschapper weet hoe weinig hij weet, vooral dan op zijn eigen vakgebied. Ik heb meer dan veertig jaar de wetenschappelijke literatuur bijgehouden over mijn vakgebied, gedragsproblemen met kinderen en

jeugdcriminaliteit. Ik kan zeggen dat ik ongeveer alles weet wat daarover bekend is. Toch ben ik mij meer en meer bewust geworden van het feit hoe weinig ik weet. Hoe moeilijk is het niet voor economen om een financiële crash bijvoorbeeld te voorspellen. Hetzelfde geldt voor politicologen: wie heeft de val van de Berlijnse muur voorspelt? Dus waarop baseert Merkel zich om te voorspellen dat het allemaal goed komt, dat de Duitsers het zullen schaffen?

2. *Naast kennis zijn er ook gevoelens*
Bij een te rationele benadering wordt te weinig of geen rekening gehouden met de gevoelens van de mensen, met wat hen beweegt, motiveert. Voor de mens is het van groot belang dat hij zich verbonden weet met anderen, bij wie hij zich veilig voelt, met wie hij een cultuur en een geschiedenis deelt, met wie hij samen gemeenschappelijke doelen heeft, en vooral: met wie hij een ethiek deelt waarmee hij zich identificeert

3. *De rationaliteit geeft geen antwoord op de zinvraag*
We zijn geen dieren, maar mensen. We zoeken naar de zin van ons leven. Daar speelt de ethiek een belangrijke rol in: wat zijn de normen en waarden die we koesteren? Die normen en waarden kunnen we niet rationeel bedenken, zij zijn niet het resultaat van een democratische besluitvorming bij meerderheid. Wie onze normen en waarden niet deelt, is simpelweg een bedreiging voor onze beschaving.

Hoe je het ook draait of keert: onze Europese beschaving berust op normen en waarden die we afgeleid hebben uit de joods-christelijke openbaring. De kern hiervan is: de inzet voor de Ander, wat hetzelfde is als liefde voor de medemensen, onafhankelijk van hun eigenschappen of afkomst. Voor de islam echter is de Ander diegene die moet onderdrukt of vermoord worden. In de islam is geen plaats voor mensen die een ander geloof aanhangen. Ook zij zien mensen met andere normen en waarden als een bedreiging.

17. Angst

De angst zal heersen. De vreugde van het samenzijn zal er niet meer zijn. We zullen elkaar wantrouwen. De tijd van gezamenlijkheid is voorbij. Dat zal allemaal volgen als we onze identiteit niet heroveren. Pas dan krijgt het leven weer zin en voelen we ons één en verbonden met het Hogere.

18. Haat

Waarom is er zoveel haat in islamitische landen? Er zijn drie doorslaggevende oorzaken:(1) de vele oproepen tot haat en geweld tegen andersdenkenden in de Koran. Kinderen worden van kleins af al ingepeperd dat de joden slecht zijn en gehaat moeten worden; (2) het ontbreken van het begrip vergeving in die cultuur en (3) de onderdrukking van de vrouw in de veelal liefdeloze huwelijken. De kinderen die daarin opgroeien kennen de liefde niet. Dat is het verschrikkelijke.

Een ander factor is de hoge werkloosheid in islamitische landen. Jonge mannen kunnen hierdoor niet trouwen. Gezien de hypocrisie over seksualiteit zitten ze vol frustraties die uitmonden in haat.

19. Ben ik gelovig?

Als het gaat om de essentie van het judaïsme en het christendom ben ik gelovig. De essentiële boodschap daarvan is zich verantwoordelijk voelen voor de medemens. Ik vermijd liever het woord naastenliefde omdat het begrip 'liefde' een leeg begrip is geworden voor veel mensen.

Eigenlijk is gelovig zijn niet meer dan zich verantwoordelijk voelen voor wat buiten ons is. De studie van de Bijbel en spreken in waarheid is naast het opnemen van verantwoordelijkheid onmisbaar.

Naastenliefde vertaal ik gewoon als verantwoordelijkheid voor Anderen en voor het Andere. Dit sluit goed aan bij wat de Franse filosoof Levinas bedoelt met 'een godsdienst voor volwassenen'[1]. Dat is een religie die ontdaan is van alle magie, bijgeloof en overbodige dogma's.

Geloven in mijn opvatting is geen kwestie van geloven in God. Want dan moeten we eerst definiëren wat God is. Bij mij is het eerder een aanvaarden van een wijsheid die al duizenden jaren meegaat en ook voor de toekomst de handvaten biedt om een menswaardige samenleving op te bouwen en in stand te houden. Dat gaat met vallen en opstaan, maar de zeventig voorbije jaren in Europa zijn het bewijs dat het kan, maar ook dat het altijd beter kan.

Zijn ongelovigen dan per definitie onverantwoordelijk? Kennen zij de liefde niet? Absoluut niet. Vanuit mijn definitie van geloven is vrijwel niemand ongelovig. Een ongelovige is ofwel iemand die denkt zelf, rationeel, te kunnen bepalen wat hoort en wat niet hoort; ofwel iemand die niet kan aanvaarden dat er een wijsheid is die misschien het spoor is van een Hogere Kracht. Zo'n ongelovige is een gevaar voor de mensheid.

Volgens mij is het onzinnig om te proberen een bewijs te vinden voor het bestaan van God of voor de waarheid van de Bijbel. Het is een kwestie van geraakt te worden, of nog beter: van open te willen staan voor wat een mens ten diepste raakt. Het is net zoals de liefde: ook dat valt niet te bewijzen, of nog sterker: proberen de liefde te bewijzen, verlaagt de liefde. Is het niet veel onzinniger te ontkennen dat er liefde en goedheid is in de wereld, dat de mens dat niet zelf heeft geschapen, maar het heeft ontvangen. Van Wie?

20. *Ben ik tegen echtscheiding?*

Het gaat niet tegen iets, maar voor iets. De wet die het heel makkelijk maakt om te scheiden, moet blijven bestaan. Man en vrouw moeten zelf beslissen of ze met elkaar verder blijven gaan.

Wat ik bedoel is dat een relatie van liefde iets heel serieus is. Er zijn natuurlijk mensen die handelen alsof de vrouw slechts bedoeld is om er op te springen. Ik heb daar een andere opvatting over. Mensen zijn toch iets meer dan dieren en waarin ligt dan het menselijke? Dat ligt hem juist in de liefde, liefde die onvoorwaardelijk is en onbaatzuchtig.

Als je een ander op die manier liefhebt, is dat een ongelooflijke ervaring. Ik denk dat alleen mensen de kans hebben om zo ontroerd te raken door de liefde voor elkaar. Alle verliefden kunnen erover meespreken en ook die echtparen die vijftig jaar of langer lief en leed met elkaar delen.

Die onvoorwaardelijkheid wil zeggen dat er nooit voorwaarden kunnen zijn waaraan de Ander moet voldoen. Als die er niet meer zijn dan houdt de echte liefde niet op. Liefde is oneindig meer dan een huwelijkscontract. Met andere woorden: als je de liefde serieus neemt, dan kan er nooit een reden gevonden worden om te scheiden.

Ik ben mij bewust van de gevaarlijke kant van deze opvatting. Meestal zijn het vrouwen die toegeven of ze zijn in het huwelijksleven het slachtoffer van onderdrukking en mishandeling. Het kan nooit de bedoeling zijn dat de liefde gebiedt die ellendige situatie lijdzaam te ondergaan. Hierover kan geen advies worden gegeven. De vrouw moet in volle vrijheid zelf kunnen beslissen wat zij wil. Enerzijds moeten we de vrouwen respecteren die zo 'naïef' zijn te blijven geloven in de liefde. Anderzijds moeten we evenveel respect hebben voor de vrouwen die een ellendige situatie ontvluchten. De samenleving moet in beide gevallen ervoor waken dat deze vrouwen menswaardig kunnen leven en voldoende ondersteuning krijgen.

Jonge mensen, hoe vroeg ze er ook aan beginnen, moeten weten dat liefde een heel serieuze zaak is. Trouw tot de dood ons scheidt. Persoonlijk maak ik mij zorgen over de mentaliteit van tegenwoordig waarbij meisjes van 13 of 14 jaar al seks hebben met hun vriendje, met toestemming van de ouders. Erg makkelijk voor de jongens, maar zijn ze er rijp voor?

21. *Met moslims ga ik niet in discussie*

Moslims komen uit een andere cultuur, wat betekent dat zij een andere logica hebben, dat de manier waarop zij de wereld begrijpen radicaal verschilt van de onze. We zien dit bijvoorbeeld in de manier van kijken naar homo's, naar atheïsten, of in hoe vrijheid van meningsuiting door hen wordt opgevat.

Een ander essentieel verschil is zelfkritiek en bekennen van schuld: bij moslims kan dit niet omdat schuld bekennen de eer van de groep of het land zou aantasten. Als je honderd positieve dingen zegt over de islam en één puntje van kritiek, dan gaat de hele discussie verder alleen nog over dat ene puntje.

De anekdote van Wim van Rooy is in dit verband typerend: hij gaf in een discussie met een imam een paar citaten uit de Koran waarin geweld wordt gepredikt. De imam repliceerde: 'U hebt het niet in het Arabisch gelezen; daar staat het anders'. Hier houdt alle discussie op.

Bovendien weet ik weinig of niets af van de islam: dit betekent dat ik niet weet wat zich in het hoofd afspeelt van de andere, terwijl ik met hem discussieer. Ik kan wel deskundigen die ik vertrouw, raadplegen.

Dat gebrek aan zelfkritiek heeft te maken met de zekerheid die moslims hebben de absolute waarheid te bezitten. De Koran is rechtstreeks door God aan Mohammed gedicteerd. Hierover is geen debat mogelijk. Kritiek of een vrije interpretatie van de Koran is het absolute kwaad en moet met alle mogelijke middelen vervolgd worden. Een kwalijk gevolg van dit gebrek aan zelfkritisch vermogen is dat andersdenkenden of diegenen die kritiek hebben op moslims. worden geïntimideerd en bedreigd. Turks-Nederlandse politici ondervinden dit aan de lijve, zoals een wethouder uit Zaandam die in 2016 zei dat zij let op haar woorden als het gaat over Erdogan. Toen de Nederlandse journaliste van Turkse afkomst, Ebru Umar, in Turkije werd opgepakt, werden vernielingen aangericht in haar woning. De mond van andersdenkenden moet worden gesnoerd. Helaas betekent dit het einde van onze vrijheid in het Westen.

Het gaat mij niet om kritiek op de islam! Het gaat erom dat het een andere cultuur is, die niet verenigbaar is met de onze. Dat bewijzen ze trouwens zelf: zie bijvoorbeeld in Turkije waar bij een volkstelling uit 1920 er twee miljoen christenen in Turkije waren, en dat was na de genocide op de Armeniërs. Nu zijn er amper 2000. Dat de genocide niet erkend wordt, heeft te maken met bovenstaand punt: een Turk die zou zeggen dat er wel een genocide heeft plaatsgevonden, wordt vermoord, want hij tast de eer van zijn land en volk aan.

In plaats van met moslims in discussie te gaan, kom ik op voor de Europese waarden en normen. Die waarden en normen zijn stevig geworteld in de joods-christelijke ethiek. Het humanisme is er een seculiere versie van. Niet alleen een politicus, maar ieder burger moet onze waarden en normen met alle kracht verdedigen. Aan immigranten moet worden geëist een verklaring te ondertekenen dat zij onze ethiek zullen respecteren. Voor moslims is dit een onmogelijke zaak, want hun ethiek staat haaks op de onze. Is het misschien daarom dat onze politici die eis niet durven te stellen? Indien dit waar is, dan is hier sprake van landverraad.

22. *Wandaden door immigranten*

Bij bepaalde misdrijven en wandaden gepleegd door niet-westere immigranten kook ik vanbinnen ook van woede. Dat is een normale menselijke reactie. Maar daarna komt de bezinning: hoe kunnen we dat voorkomen en hoe kunnen we het best reageren?

Bij vreselijke wandaden is het heel moeilijk nog te zeggen dat de meeste immigranten van goede wil zijn, maar toch is het zo. We moeten dus die vijf à tien procent aanpakken zodat de meerderheid daar niet de dupe van wordt.

Hoe moeten we die criminelen aanpakken? Die horen hier echt niet thuis; dus wegwezen.

23. *Het Europees Hof van de Rechten van de mens*

Deze rechtbank is eigenlijk een eigentijdse *inquisitie-rechtbank*. Het gaat over de rechten van de mens. Wie bepaalt eigenlijk die rechten? Is het de wetgevende macht? Dat betekent dat morele regels bij meerderheid zouden worden gestemd. Vinden we een andere meerderheid, dan veranderen de morele regels.

Stel dat er een meerderheid wordt gevonden voor de regel dat vrouwen minder rechten hebben dan mannen. Bijvoorbeeld als Turkije lid zou worden van de EU, wat God verhoede! Morele normen zouden relatief zijn, afhankelijk van het moment, de plaats en de mensen die stemrecht hebben.

Kortom, het zou dan gaan om arbitraire rechten.

Ik pleit voor een ethiek die aan de mensheid is geopenbaard en al duizenden jaren bestaat. *Deze ethiek is gefundeerd op de Bijbel.* Het is een ethiek die de wereld menselijk maakt.

Elke persoon die vlucht naar een land waar de joods-christelijke ethiek het fundament van de rechtspraak is, is een bewijs dat deze ethiek de beste is voor de mensheid.

Een ander argument om de voorkeur te geven aan onze ethiek is dat zij in de loop der eeuwen door honderden filosofen verder werd uitgewerkt en het onderwerp is van een continu democratisch debat. De exegese en het debat zijn noodzakelijk om de bijbelse waarden te interpreteren in het licht van de actualiteit en van nieuwe inzichten.

Voor die ethiek hebben we geen rechtbank nodig, geen inquisitie. Het is een kwestie van individuele verantwoordelijkheid. De politiek is een gezamenlijk project om vrede, welzijn en voorspoed te brengen. Economie is een project om de armoede uit de wereld te helpen. Daaraan moeten we allemaal meewerken, op vrijwillige basis. Die rechter moeten hier buiten blijven.

Wat is dan wel de taak van een rechtbank? De rechter moet rationele afwegingen maken zodat de rechten en plichten redelijk verdeeld zijn. Die afwegingen kunnen per land, en ook per individu verschillen.

Als wij het bijvoorbeeld noodzakelijk achten dat alle immigranten terugkeren naar de landen van herkomst, omdat dit in het voordeel is van die landen en omdat de ethiek van niet-westerse immigranten haaks staat op de onze, dan moeten we zo'n beleid kunnen voeren.

Voorbeeld: als Afrikanen in de Spaanse Enclave in Marokko met geweld binnendringen, is volgens het Europees Hof Spanje verplicht hen in Europa binnen te laten. Wie is hier zijn verstand verloren? Waar zijn de rechten van de Europeanen? Is voor dit recht een meerderheid te vinden? Zo neen, dan heeft het Europees Hof geen recht van spreken.

De rechten van die vluchtelingen moeten afgewogen worden tegen die van de Europeanen. Dat kan per land verschillen. Wat mogelijk is, is afhankelijk van de draagkracht van de burgers.

Bepaalde individuen moeten we kunnen weren uit Europa. Dit geldt onder andere voor diegenen die een ethiek aanhangen die haaks staat op de onze.

24. *Zal er nooit sprake zijn van geweld?*

Als het doel, namelijk vrede en welzijn in de landen van herkomst, voor ogen wordt gehouden en het beleid bepaalt, dan gaat het om solidaire samenwerking en nooit om geweld.

Er zijn echter situaties mogelijk waarbij het risico op gewapend verzet erg groot is. Als bijvoorbeeld de EU besluit dat Turkije lid wordt van de EU, dan vrees ik dat sommigen zullen vinden dat we een Europese IRA nodig hebben die de verantwoordelijke politici tot opgave dwingt. Dit gevaar is er voorlopig nog niet, omdat Turkije nog heel lang niet zal voldoen aan de voorwaarden die Europa stelt voor lidmaatschap van de EU. De Koerden nemen, door een hoger geboortecijfer, in aantal toe. Dat wordt een permanente burgeroorlog in dat land, want compromissen sluiten is in die cultuur niet mogelijk.

Ik vrees dat geweld tegen de EU-verantwoordelijken heel moeilijk te voorkomen zal zijn. Dit wegens het desastreuze immigratie-beleid, dat eerder een gebrek aan beleid is. Als er geen leider opstaat die dit probleem grootschalig en daadkrachtig aanpakt, zullen extremisten zelf het heft in handen nemen. Mijn publicaties kunnen gezien worden als een poging om een rationele oplossing mogelijk te maken, zodat emoties bedwongen kunnen worden en gewapend verzet wordt voorkomen. Ik vrees dat de rede toch zal verliezen.

25. *Is islam vrede?*

De christelijke politieke partijen, voor zoverre die nog bestaan, zouden meer moeten opkomen voor hun christelijke identiteit en voor de christelijke ethiek. Ze moeten de moed hebben om te stellen dat de ethiek van de islam haaks staats op de christelijke ethiek. Daar moeten ze dan de conclusie uit trekken. Islam is vrede, ja, maar alleen in een homogeen islamitisch land.

26. *Koningshuis*

In Europa zijn er nog verschillende koningshuizen. Een koningshuis staat symbool voor onze cultuur, waar onze waarden en normen worden overgedragen van generatie op generatie.

Vroeger werd verondersteld dat God de koning of de koningin had aangesteld. Als we dit vertalen in eigentijdse termen: de koning vertegenwoordigt de hogere waarden die niet door de mensen werden bedacht. Het beste dat een koning kan doen, ook als hij geen enkele wettelijke macht heeft, is de bevolking er op wijzen wat hoort en wat niet hoort. Hij moet zijn stem laten horen wanneer de fundamenten van onze beschaving worden geschonden.

De koning is ook diegene die aandacht schenkt aan mensen die een voorbeeld zijn voor ethisch handelen. Vandaar de lintjesregen, bezoeken aan charitatieve instellingen en het prijzen van hulpverleners bij rampen. Vandaar ook het protocol en de grandeur, om ons niet helemaal over te leveren aan de verloedering van het gepeupel. Engeland heeft zijn hooligans en Hollanders richten vernielingen aan in Rome, maar beide landen hebben een koningshuis dat staat voor beschaving. Gelukkig maar.

In zekere zin zijn we allemaal door God aangesteld. Ieder mens heeft een opdracht die hij tijdens zijn leven in deze wereld moet vervullen.

27. *Een godsdienst voor volwassenen*

Een godsdienst voor volwassenen is niet zomaar voor iedereen weggelegd. Veel mensen hebben tastbare tekenen nodig, vandaar rituelen en gebruiken zoals Lourdesbedevaarten en Mariaverering. Voor veel mensen is dit heel emotioneel, het raakt hen diep, maar dit is wel onvolwassen. Een dogma als Maria Onbevlekt Ontvangen is absurd en was alleen mogelijk in de 19de eeuw.

De rituelen in de Kerk zijn zeer mooi en het hoogste culturele erfgoed. Dit kan ook gezien worden als eerbied voor het Hogere. De cantates van Bach getuigen van het menselijk ontzag voor de volmaaktheid van God.

28. *De landen van herkomst*

Tegenover de massa-immigratie bied ik een beter alternatief. Ik kijk niet alleen naar de minderheid van goed opgeleide immigranten die zich een plaats in onze samenleving weten te veroveren, maar vooral naar de grote groep die nauwelijks kansen maakt en naar de miljoenen armoe sloebers die in Afrika en het Midden-Oosten achterblijven. Voor deze overgrote meerderheid is alleen een menswaardig bestaan mogelijk, als in de landen van herkomst er vrede komt.

Bovendien is het onderwijs in die landen zo slecht, dat het generaties zal duren vooraleer een zekere mate van integratie mogelijk zal zijn. De meeste kinderen blijven het slachtoffer van de ongeletterdheid van hun ouders.

29. *Moslimgezinnen*

Ik weet niets van de islam af. Dan moet je ten eerste kijken naar je eigen ervaringen, bijvoorbeeld naar mijn contacten met een paar honderd moslimgezinnen en ten tweede goed luisteren naar betrouwbare deskundigen.

Wat zag ik in moslimgezinnen? De dochter mag niet trouwen met een niet-moslim, tenzij hij zich bekeert. Een zoon mag niet afvallig worden of zich bekeren tot het christendom. Dit wordt van kleins af aan goed ingeprent met de nodige bedreigingen. Deze kinderen groeien op met afwijzing van de Ander en in het slechtste geval met haat tegenover de Ander.

Voor wie zich niet houdt aan dit gebod, volgt uitstoting en zelfs de dood.

30. *Poetin*

Waarom hebben we na de val van de Berlijnse muur de verdeling van Europa niet opgegeven in plaats van de grens te verlengen naar het Oosten? Ook de Navo heeft zijn territorium uitgebreid en zo raakte Rusland geïsoleerd. Het was een politieke beslissing om de Navo uit te breiden. Het is onrechtvaardig hier het argument te gebruiken dat de landen vrij zijn om toe te treden. Het feitelijk doel was dat de Navo en de VS alleenheerschappij zouden hebben. Dat leidde tot een nieuwe crisis. De westerse media hebben hierbij een negatieve rol gespeeld, maar het Europese volk en de 146 miljoen Russen hebben sympathie voor elkaar en in de strijd tegen terrorisme trekken we samen op.

De Krim: het gaat niet om grenzen en het territorium, maar om de mensen. De mensen in de Krim wilden terug bij Rusland en zij moesten worden verdedigd tegen de Oekraïners. Volgens het manifest van de Verenigde Naties hebben alle volkeren hebben recht op zelfdeterminatie. Wat in Kosovo mocht met steun van de Navo, mag ook in de Krim.

Poetin zei terecht: 'We willen ons niet een supermacht noemen. Dat is nodeloos. Kijk gewoon naar de landkaart'.

Hoe landen denken over democratie kan sterk verschillen. In sommige westerse landen bijvoorbeeld betekent meer stemmen niet automatisch dat men de meerderheid heeft in het parlement.

Er zijn veel mensen in het Westen die anders denken over Poetin. Ik begrijp hun argumenten. Ook kan Rusland acties ondernemen die we vanuit onze waarden of vanuit onze belangen sterk zullen veroordelen. Het gaat mij niet om het verheerlijken van een politicus, maar om meer begrip voor elkaar in de internationale politiek. De standpunten van de Russische leiders moeten in de westerse media even goed worden uitgelegd en verklaard als de eigen standpunten. Kortom: de politici moeten in hun verklaringen voor de media zelf een voorbeeld ervan zijn dat een open dialoog mogelijk is en dat ze kunnen luisteren naar de argumenten van de tegenpartij. Dan is de kans op een vreedzame oplossing het grootst.

31. *Wie vaardigt de Wet uit?*

Een Nederlandse politieke partij wil dat het vernoemen van God in wetteksten wordt geschrapt. We zijn een seculiere staat, er is vrijheid van godsdienst en ook atheïsten moeten zich aangesproken voelen.

Gaat het hier om al of niet geloven in God? Ik denk het niet. Met die verwijzing in de wetteksten naar God wordt bedoeld dat niet de mens bepaalt wat goed en kwaad is, maar een hogere kracht. Als je dit ontkent dan betekent dit dat diegenen die het meest macht hebben beslissen wat goed en kwaad is. Dat kan eventueel de meerderheid zijn. God beware ons hiervoor!

Waar pleit ik voor: we beschikken over 5000 jaar wijsheid die zegt wat goed en wat kwaad is. Nemen we dit als basis en laat ons continu hierover bezinnen en met de grootste kritische instelling erover blijven discussiëren met elkaar. De Tien Geboden lijken mij een fantastisch uitgangspunt en dat heeft niets te maken met een naïef geloof.

Kortom het vernoemen van God in de wetteksten is een bevestiging van wat onze beschaving fundeert. De mensen van die partij zullen toch niet willen dat we hen onbeschaafd noemen?

32. *Begeestering*

We moeten als Europeanen onze krachten verenigen. De spanningen tussen anti-fascisten en neonazi's, tussen links en rechts, tussen conservatieven en groenen, zijn onvruchtbaar. Mijn boek 'Het landverraad van de EU' is een poging om mensen te verenigen. De ethiek biedt hiervoor een prima basis, want het gaat om waarden en normen die al duizenden jaren universeel zijn.

Zelfs de immigranten, waarvoor ik voorstel dat ze terugkeren naar de landen van herkomst, kunnen hieraan meewerken.

Er moet een soort revolutionaire geest ontstaan met passende slogans, oneliners, idealen, streefdoelen, wat bestreden moet worden, wie de vijanden zijn. Een manifest moet worden opgesteld. Plakkaten moeten aan de poorten worden gespijkerd.

Wat spreekt de massa aan en welke actie moeten we ondernemen om de massa te begeesteren?

33. No go areas

Er zijn nog geen no-go areas in Nederland. Ze zijn er wel in de voorsteden of bepaalde wijken van Belgische en Franse steden. Die voorsteden zijn niet te vergelijken met de wijze waarop de Vogelaarwijken in Nederland bestuurd en beheerd worden. Hier in Nederland is een hele grote zak geld. Van alles en nog wat wordt gesubsidieerd. De immigranten worden verwend. Maar het feest kan niet blijven doorgaan. Nu de gaskraan wordt dichtgedraaid, zullen misschien de aardbevingen in Groningen stoppen, maar in de randstad kunnen andere aardbevingen volgen.

34. Diagnose van de samenleving

Problemen in de samenleving zijn vergelijkbaar met gedragsproblemen op gezinsniveau. In de meeste gezinnen zijn er wel eens problemen. Veel kinderen kennen een periode waarin ze moeilijk van gedrag zijn. Meestal gaan die problemen vanzelf over. Ze zijn van tijdelijke aard. Zware ingrepen zijn hier niet nodig. Het is voldoende de ouders voorzichtig er achter laten komen dat het allemaal wel meevalt en een gevolg is van de ontwikkelingsfase waarin het kind zich bevindt. Een typisch voorbeeld is de puber die meer vrijheid wil en daarom vaak heel brutaal kan zijn tegen zijn ouders. Dat kom vooral omdat zijn ouders hem het meest nabij zijn.

In een beperkt aantal gevallen gaan die problemen niet over. Het gaat om gedragsstoornissen. We hanteren voor een psychische stoornis de volgende criteria:

- de stoornis brengt leed teweeg bij de persoon zelf of bij anderen
- het gaat om een afwijking van de norm
- het belemmert de normale ontwikkeling van de persoon
- het belemmert het sociaal en maatschappelijk functioneren
- het is niet van voorbijgaande aard

Deze criteria geven geen absolute zekerheid. Wat de norm is of wat normaal is, kan subjectief worden geïnterpreteerd en is ook tijdsgebonden. Maar die criteria geven wel een indicatie om te bepalen of hulp al of niet noodzakelijk is. Zonder passende hulp is de prognose bij de echte gedragsstoornissen somber, tot ver in de volwassenheid. Dit is vooral het geval bij een cumulatie van problemen, zoals armoede, stress, huwelijksproblemen, een moeilijk temperament, lage intelligentie, wonen in een probleemwijk, enzovoort. Deze cumulatie van stressverwekkende factoren   maakt interventie ook heel moeilijk, want je moet multisystemisch werken. Dit laatste wil zeggen op meerdere systemen tegelijkertijd.

Op het niveau van de samenleving kunnen we de meeste problemen op democratische wijze oplossen op of ze lossen zichzelf op in de loop van de tijd. Volwassen beschikken net als kinderen over een groot aanpassingsvermogen.

Wanneer kunnen we op het niveau van de samenleving spreken van een stoornis? Wanneer is de samenleving als geheel psychisch gestoord? We moeten kijken naar het leed dat wordt veroorzaakt en of dit op grote schaal gebeurt. Zijn er grote groepen die afwijken van de gangbare normen? Zijn er te veel kinderen die zich niet goed kunnen ontwikkelen? Zijn er structurele problemen waardoor de maatschappij ontwricht raakt? En als laatste criterium geldt de vraag hoelang dit al duurt en of er al of niet sprake is van een dalende trend.

Het is duidelijk dat er sprake is van een cumulatie van problemen. In deze tijd waarin de landen in de wereld meer en meer van elkaar afhankelijk zijn, worden we hier ook in Europa geconfronteerd met grote problemen die worden geïmporteerd, zoals een gebrek aan opleiding, armoede, conflicterende waarden en normen, groepen immigranten die binnenkomen met een ethiek die haaks staat op de onze, de milieuvervuiling waar we allemaal aan meewerken, de gevolgen van de klimaatverandering, een toename van de onrechtvaardige verdeling van de rijkdom, de schulden die zich opstapelen. Net zoals een psychiatrische patiënt meestal niet bewust is van zijn stoornis, zo zijn de meeste mensen in onze samenleving en helaas ook niet de politici die de macht hebben, zich bewust van de krankzinnige ontwikkelingen van deze post-moderne tijd.

Het genezingsproces vereist radicale ingrepen in meerdere systemen tegelijkertijd. Democratie helpt hier niet en biedt geen oplossing. Om deze ingrepen mogelijk te maken is een sterk Europa, dat opkomt voor haar ethiek, noodzakelijk. Deze ethiek biedt duidelijke doelstellingen en verenigt mensen waardoor ze ook meer kracht hebben om de cumulatie van problemen aan te kunnen.

Ik denk dat de ontwikkelingen die al enige tijd gaande zijn, noodzakelijkerwijs leiden tot drastische ingrepen. Om dit humaan te laten gebeuren moeten we ons laten leiden door onze ethiek.

Die noodzakelijke ontwikkelingen zullen betekenen dat mensen meer en meer op hun eigen kring zullen terugvallen. De uitgebreide familie zal weer aan belang winnen. Dat geldt ook voor de mensen die met ons een lange geschiedenis delen; een geschiedenis van een gemeenschappelijke ethiek. Die mensen, familieleden en mensen met wie we de beschaving delen, *vertrouwen* we en dat biedt *veiligheid*.

Het zoeken naar veiligheid is het allerbelangrijkste in tijden van grote spanningen. Vandaar dat we terug zullen keren naar de bronnen van de Europese beschaving. Oppervlakkig gezien lijkt het alsof in tijden van oorlog de mensen uit angst terugkeren naar de kerken. In wezen gaat het om een bezinning waardoor de mensen weer bewust worden van wat onze beschaving schraagt.

35. Is mijn waarheid absoluut zeker?

Een moslim gelooft in de absolute waarheid van de Koran. De Koran is door God gedicteerd en is de definitieve tekst, hoog verheven boven de Bijbel en het christelijk evangelie. Het Bijbel van het jodendom en het christendom is verre van volmaakt en door de mensen verkeerd uitgelegd. Willen we Allah echt gehoorzamen dan moet iedereen moslim worden.

Een moslim mag best die overtuiging hebben, maar het maakt het samenleven met mensen die een andere overtuiging hebben onmogelijk. Dat geldt trouwens voor elke religie die denkt de absolute waarheid te bezitten, zoals het christendom tot voor kort. Die overtuigingen hebben geleid tot godsdienst-oorlogen en nu zitten we er weer middenin.

Daarom zie je ook dat christenen en joden nagenoeg zijn verdwenen uit islamitische landen. De islam is een religie van de vrede, maar dan alleen in een homogeen islamitisch land. Dat maakt het zo moeilijk voor moslims om al die wreedheden gepleegd door moslims te begrijpen, want moslims herinneren zich nog hun vredig leven, toen de wereld nog niet zo kosmopolitisch was.

Is mijn waarheid absoluut? Goede vraag. Van een ding ben ik absoluut zeker: dat we onze overtuigingen altijd in vraag moeten blijven stellen, dat we een open dialoog moeten aangaan met anderen, zodat we ontdekken hoe die overtuiging toe te passen in het hier en nu, rekening houden met de specifieke omstandigheden en met de specifieke persoon. Dit heb ik in mijn vakgebied geleerd: stel geen diagnose op grond van algemene normen, maar kijk vooral naar het unieke van elke persoon.

36. Aboutaleb for president

Aboutaleb zou een prima minister-president zijn van de constitutionele monarchie Marokko. Mensen als Aboutaleb hebben ze daar hard nodig.

Mensen als hem bewijzen dat Marokkanen zelf in staat zijn om een rechtvaardige en welvarend land op te bouwen. Voor mij is dit een vanzelfsprekendheid. Dat geldt voor alle rassen en etnische groepen als de mensen maar de kans krijgen en niet onderdrukt en getiranniseerd worden door een kleine kliek die de macht in handen heeft en de meeste rijkdom naar zich toetrekt.

37. Immigranten blijven verantwoordelijk voor de landen van herkomst

Immigranten delen met de achtergeblevenen in de landen van herkomst een geschiedenis, een cultuur en het zijn bloedverwanten. Deze mensen mogen ze niet aan hun lot overlaten. Het zijn vaak de beter opgeleide mensen die vertrekken, waardoor de armen en kanslozen het nog moeilijker krijgen. Doordat de middenklasse vertrekt, is er meer kans op fanatisme en geweld. Ongeletterde mensen laten zich makkelijker meeslepen door eenzijdige propaganda.

Maar er is meer: ook de landen van herkomst hebben een verantwoordelijkheid voor de wereldgemeenschap. Zij ook kunnen bijdragen aan de wereld, bijvoorbeeld door een goed beheer van het ecosysteem, behoud van de regenwouden, bescherming van de diversiteit zodat toekomstige generaties er ook gebruik van kunnen maken, door bij te dragen aan de wetenschap en aan de cultuur, bescherming van het eigen erfgoed. Elk land moet trots kunnen zijn op haar identiteit en haar verwezenlijkingen. De immigranten kunnen bijdragen aan de waardigheid van de landen van herkomst en dus aan de gehele wereldgemeenschap.

38. Een bottom-up beleid als politiek alternatief

Met *bottom up-beleid* wordt bedoeld dat een appel wordt gedaan op elk individu om haar of zijn verantwoordelijkheid op te nemen. Hierdoor worden hogere eisen gesteld aan het individu dat minder kans heeft de verantwoordelijkheid af te wentelen op de overheid. Dit in tegenstelling tot een totalitaire staat die een perfecte verzorgingsstaat kan zijn. In een democratie wordt, in tegenstelling tot de totalitaire staat, meer verantwoordelijkheid geëist van de burgers, op hen wordt een appel gedaan het goede te doen, en tegelijkertijd betekent dit dat de waardigheid van het individu centraal staat.

Bottom-up betekent dat vertrouwen wordt gesteld in het individu. Neem als voorbeeld het onderwijs: onderwijs gebeurt in de relatie tussen de leraar en zijn twintig of dertig leerlingen in de klas. De leraar is deskundig in zijn vak en is opgeleid om les te geven. Laat die leraar zelf bepalen wat hij doceert en op welke manier.

Waartoe dienen al de circulaires? Neem een land als België (maar voor Nederland zal hetzelfde gelden): in het Staatsblad, waarin alle nieuwe wetten, circulaires en koninklijke besluiten zijn opgenomen, worden per jaar 120.000 bladzijden geproduceerd, waarvan 80.000 van het Ministerie van Onderwijs. Hebben die 80.000 bladzijden enige effect op wat in de klas gebeurt? Ik denk het niet.

Moesten we nu eens al dat geld voor ambtenaren en de andere kosten van het ministerie puur besteden aan meer leerkrachten en kleinere klassen, dan zou dit een enorme push geven aan de kwaliteit van het onderwijs.

Het ministerie kan beperkt blijven tot een handjevol ambtenaren. Die hebben tot taak de scholen te evalueren en de resultaten ervan bekend te maken. Ouders kunnen dan de beste scholen kiezen, de beste leraren en de slechte scholen en onbekwame leerkrachten verdwijnen vanzelf.

Dit principe om de mensen hun verantwoordelijkheid terug te geven, lijkt me dè manier om de uitdagingen van deze eeuw het best aan te kunnen. Vrijwel alle administratieve rompslomp verdwijnt en de mensen kunnen het echte werk doen. Dit zou een zegen zijn voor leerkrachten, politiemensen, verpleegkundigen, bejaardenhelpsters en hulpverleners.

In Nederland werd een heel grote zak geld beschikbaar gesteld voor de integratie van immigranten. Negentig procent van dat geld ging naar adviseurs, consulenten, beleidsambtenaren en andere bemoeials. Tien procent was bestemd voor diegenen die het echte werk deden. Bij een bottom-up beleid zou één procent bestemd worden voor de overhead, op een A4'tje zouden de doelstellingen van het integratiebeleid concreet geformuleerd worden, met 99 procent van de subsidie zouden heel wat geëngageerde burgers worden aangesteld om dit beleid uit te voeren en een handjevol ambtenaren zou om de zes maande een evaluatierapport opmaken.

39. *Een werkweek van 16 uur*

Het is een vreemde zaak dat, ondanks de fantastische technologische ontwikkelingen van de laatste vijftig jaar, de werktijd nog niet is gehalveerd tot bijvoorbeeld 18 of 16 uur per week. De werkdruk is in dezelfde periode fors toegenomen, onder andere door de overdrukke wegen en de continue bereikbaarheid van de werknemers. Indien de werktijd gehalveerd zou worden, zouden vaders en moeders meer tijd kunnen besteden aan hun kinderen, zou het gezinsleven tot bloei komen, zouden partners vaker seks hebben dan het lage gemiddelde van nu, zouden mensen die het graag willen zorg kunnen dragen voor wie het nodig heeft, zouden mensen hun creativiteit in hun hobby's kunnen uitleven, zou het verenigingsleven bloeien als nooit tevoren. Misschien zou die halvering van de werktijd ook het werkloosheidsprobleem definitief kunnen oplossen.

Waarom is dit nog niet gerealiseerd? Ik vermoed dat de oorzaak ligt in de hebzucht en in het ongelukkige fenomeen dat zodra een behoefte is bevredigd, de mens zich laat begeesteren door nieuwe behoeften.

Wat een Aards Paradijs dat voor het grijpen ligt, terwijl de mensen het niet zien!

40. *Wetenschappelijke kennis versus wijsheid*

Wijsheid van de Bijbel gaat al 5000 jaar mee en is ondertussen eindeloos bestudeerd en geïnterpreteerd door in eerste instantie de joden en vanaf het begin van onze jaartelling ook door de christenen. Die studie en interpretatie gaan steeds door om de actuele vraagstellingen te beantwoorden overeenkomstig de ethiek van de Bijbel.

De wetenschappelijke kennis heeft de laatste vijfhonderd jaar een enorme vlucht genomen in het Westen. De wereld is er grondig door veranderd, zowel in positieve als in negatieve zin. De positieve verwezenlijkingen zijn niet te ontkennen. Maar evenmin valt te ontkennen dat onze kennis zeer beperkt is tegenover de oneindigheid van invloeden en factoren. Die kennis vereist daarom de nodige voorzichtigheid, want het voortbestaan van de mensheid staat op het spel. We weten nooit goed wat de gevolgen zullen zijn van onze ingrepen.

Zouden we daarom onze interventies in de wereld niet beter beperken tot het hoogst noodzakelijke? En ons in deze eeuw eerder wijden aan de wijsheid en de spiritualiteit?

Kennis brengt ons van de ene vergissing naar de andere. Wijsheid biedt stabiliteit en is al 5000 jaar onveranderd.

- wat is veranderlijk: de wetenschappelijk waarheden moeten voortdurend worden bijgesteld. De ene wetenschappelijke school volgt de andere op. Wat honderd jaar geleden als dè waarheid gold, is nu voorbijgestreefd.
- wat is stabiel: geboden zoals je zult niet stelen, niet begeren, niet lasteren, ...

Het is van essentieel belang voor een menselijke wereld dat we onze kennis steeds toetsen aan de ethiek. De wijsheid moet ons handelen leiden. Een concreet voorbeeld is de vraag of wetenschappers alles moeten kunnen onderzoeken en of alle experimenten zijn toegestaan. Hoe hoogmoedig mag de mens zijn die het gehele universum als geschenk heeft gekregen? De wijsheid leert hoe behoedzaam en respectvol we moeten omgaan met wat is gegeven, wat ons is gegeven. We gaan een kostbaar schilderij ook niet omwille van het onderzoek onderwerpen aan ingrijpende experimenten. Bij elk onderzoek moet de wetenschapper zich de vraag stellen of het ethisch verantwoord is. Wijsheid gaat vooraf aan de kennis.

41. Een positieve invalshoek

Ik wil nogmaals benadrukken dat het mij in de eerste plaats gaat om positieve voorstellen die niet alleen goed zijn voor Europa, maar voor de mensheid als geheel. Ik noem er drie:

- het Midden-Oosten en Afrika zal vrede en voorspoed bereiken dank zij de inspanningen van de teruggekeerde immigranten en de solidaire steun vanuit Europa

- door een meer sobere manier van leven wordt de redding van ons ecosysteem concreet aangepakt

- dank zij een bottom-up beleid wordt het kankergezwel dat bureaucratie heet grondig aangepakt en is er meer vertrouwen in de burgers, die zich verantwoordelijker zullen gedragen.

42. Waarom moeten alle immigranten terug?

De joden zeggen op feestdagen: 'Tot volgend jaar in Jeruzalem'. Dit einddoel verenigt alle joden uit de diaspora. Talmoedgeleerden zeggen dat het volk een eenheid moet vormen om de Torah te kunnen ontvangen. De vervolmaking van de schepping moet worden nagestreefd, dit is door eenheid en doordat allen de geboden te gehoorzamen.

Die eenheid hebben we hard nodig, omdat we onze verantwoordelijkheid moeten opnemen om de uitdagingen waar we nu voor staan aan te kunnen.

Seculier vertaald: eenheid is een voorwaarde om onze verantwoordelijkheid te kunnen opnemen. Dit vereist een eenheid van gedragsregels, van normen en waarden. Een gemeenschappelijk ethiek ligt aan de basis van deze eenheid. Elk volk heeft zijn eigen ethiek en moet dat in eerste instantie in het eigen land waarmaken.

In deze tijd van toenemende spanningen, conflicten en uitdagingen is het meer dan ooit noodzakelijk naar eenheid te streven. Vandaar dat de joden meer en meer naar Israël teruggaan. Vandaar ook dat wij in Europa onze identiteit moeten bewaken.

De toekomst van Europa ligt in een confederatie. In deze vorm kan elk land zijn eigen identiteit behouden. Op die manier behoudt elk land, dank zij de verbondenheid van de mensen rondom een gemeenschappelijke identiteit, zijn maximale kracht. Dat betekent ook dat de solidariteit tussen de landen en met de rest van de wereld een stevige basis en inhoud heeft.

Als Israël lid wordt van de Europese confederatie blijft de bron van onze beschaving in ons midden. Israël heeft het Licht van de ethiek duizenden jaren geleden in de wereld gebracht en moet over Europa dit Licht blijvend laten schijnen. Met als uiteindelijk doel dat Europa de gehele mensheid inspireert voor een ethiek van verantwoordelijkheid voor elkaar.

Als elke natie haar interne eenheid heeft teruggevonden, zal een nieuwe en vooral solidaire samenwerking tussen de naties tot stand komen. Dit wordt dan een eenheid in de vorm van een confederatie. Op hun beurt zullen de confederaties in de wereld solidair samenwerken totdat een alliantie op wereldniveau tot stand komt met een door allen gedragen verantwoor-delijkheid voor de mensheid, voor de toekomstige generaties en voor de planeet Aarde. Dit lijkt mij de vervulling van een bijbelse droom: als het volk van Israël terug verenigd is in het Beloofde Land, komt de Messias zijn rijk op aarde vestigen. In seculiere termen: als elk volk een eenheid vormt in eigen land en de mensen terugkeren naar de landen van herkomst, komt er een mondiale eenheid waar de mensheid zich verantwoordelijk zal gedragen. Ieder van ons moet messias zijn, in plaats van het heil te verwachten van buitenaf en buiten ons eigen initiatief en verantwoordelijkheid.

43. Joodse teksten als bron van wijsheid

Het gaat hier om wijsheid waarover al 5000 jaar wordt nagedacht. Een erfenis die stand houdt.

Stel die wijsheid tegenover kennis, zelfs wetenschappelijke kennis: die kennis verandert voortdurend, er is veel onwetendheid, er zijn veel niet voorziene gevolgen. Die kennis verdeeld de mensen en nog veel sterker als het gaat over kennis in de vorm van een ideologie.

Sinds de moderne tijd denken we dat kennis meer waarheid bevat dan de wijsheid die de religie overdraagt. Dit is een vergissing. We zien namelijk dat er een wijsheid is die over alle eeuwen heen stand houdt. Een wijsheid die indien in praktijk gebracht, de wereld tot een goede plaats maakt.

Als ik put uit de joodse en christelijke wijsheid, dan denk ik vooral aan de Tien Geboden. Dit biedt een houvast waar we als mensen vertrouwen in kunnen hebben.

Neem het stellen van een goede daad: alleen een mens is hiertoe in staat. Het goede is een schepping uit het niets en is daarom iets goddelijks. In deze zin is de mens geschapen naar het beeld en de gelijkenis van God

44. Voor welke gebeurtenissen staat Europa?

Als mijn voorstellen niet worden gevolgd, dan glijdt Europa af naar een situatie zoals in het Midden-Oosten, er ontstaat een burgeroorlog en onze steden worden gebeiroetiseerd. Mijn voorstellen zijn in het belang van de Europeanen èn van de Moslims.

Ik maak mij weinig zorgen over de toekomst, want de gebeurtenissen zullen ons dwingen die voorstellen in praktijk te brengen. Deze gebeurtenissen zijn moeilijk te voorspelen.

Aan welke gebeurtenissen kunnen we hier denken: de gevolgen van de massa-immigratie, ons ecosysteem waarvan de destructie tot grote rampen leidt, de onhoudbaarheid van het neoliberaal economisch model met continue economische groei als grondstelling, de toenemende kloof tussen arm en rijk en alle niet te voorziene gevolgen die plotseling kunnen opduiken.

45. *Een mondiale, steeds krachtiger beweging*

Er zijn meer dan één miljard moslims op de wereld. We moeten respect hebben voor het geloof van al die mensen. Het gaat mij niet om kritiek op de islam, maar om de verschillen tussen de islam en het christendom of met het humanisme.

Die verschillen zijn zo fundamenteel dat een vermenging ten koste gaat van de identiteit en dus van de kracht van de samenleving. Terwijl we juist in deze eeuw, waar de uitdagingen enorm zijn, een sterk en krachtig Europa nodig hebben.

Europa is echter zwak. Europa mist de politieke en de spirituele kracht om een consistent beleid te voeren, waar de burgers achter staan. Dit geldt ook voor de Europese landen die juist door de Europese Unie steeds meer aan kracht en identiteit verliezen. Hier tegenover staat de islam die een mondiale beweging is en steeds zelfbewuster wordt.

Het doel zou moeten zijn dat de moslims deel uit maken van de samenleving, een bijdrage leveren aan onze doelstellingen en hiervoor met ons samenwerken binnen de sociale en politieke instellingen. Het probleem is dat onze doelstellingen quasi onbestaand zijn, behalve optimale rechten voor het individu. Dit laatste biedt geen grond voor eenheid en samenhorigheid.

46. *Geen tijd meer om te stofzuigen*

De bezinning over onze normen en waarden en dus over zingeving biedt een adempauze, een rustpunt in deze hectische tijden. De werkdruk is exponentieel toegenomen. Dat is vreemd gezien alle technologische vooruitgang. We hebben stofzuigers, maar geen tijd meer om te stofzuigen. Ook de controle op ons is alomtegenwoordig. Mensen zijn gek met twitter en Facebook. Sommigen besteden daar vijf uur per dag aan, terwijl de inhoud van de communicatie kinderlijk onnozel is.

Door de zinvraag te stellen, nemen we een zekere afstand, kunnen we ons herpakken en proberen weer controle over onze eigen situatie te krijgen. Bijvoorbeeld door niet voortdurend mee te gaan met de carrousel van elke dag.

Een en ander heeft ook te maken met het onderscheid tussen kennis en wijsheid. Kennis leidt tot onrust en onzekerheid. Hierdoor zijn we steeds geneigd naar een nieuwe hype te zoeken, want daar ligt dan de zogenaamde waarheid. Het is geen waarheid, want daarna volgt iets anders.

Wijsheid daarentegen blijft al duizenden jaren constant. Geboden zoals niet stelen en niet lasteren zullen over duizend jaar nog steeds gelden. De bijbelse geboden bieden het best houvast en ook vrijheid. Het is aan de mens om die wijsheid te bestuderen en te interpreteren zodat zijn gedrag daarmee in overeenstemming kan komen.

Waarom bieden de geboden vrijheid? Omdat we loskomen van de hypes van de wereld, van dwingende behoeften voor zover dit mogelijk is. Als we de kans krijgen om ongezien te stelen en we beslissen het toch niet te doen om de naaste niet te benadelen, dan stellen we een daad tegen de natuurlijke instincten in.

Een sterk voorbeeld van een gebod dat de mens verheft, zelfs boven wat rationeel lijkt, is het trouw zijn aan elkaar omdat de liefde onvoorwaardelijk en onbaatzuchtig is. Het is geen rationele keuze. Die onvoorwaardelijkheid en onbaatzuchtigheid komt op mij af, als het ware als een appel van God via de Ander.

47. De onmogelijke dialoog tussen moslims en christenen

De islamoloog François Jourdan zegt in een interview, verschenen in Le Figaro van 24 januari 2016, dat een dialoog tussen christenen en moslims nog niet mogelijk is. De islam is al eeuwen lang gestold en er is een fundamenteel gebrek aan vrijheid. De christenen hebben een verkeerd begrip van de islam en staan te zeer onder invloed van het politiek-correcte denken met een misplaatst schuldgevoel over het kolonialisme. Ook spelen te veel sentimenten een rol in het beeld dat christenen en humanisten over de islam hebben. Dit naïeve beeld wordt nu stilaan verdrongen ten gevolge van feitelijkheden. Die christenen leven op een andere planeet en maken zichzelf wijs dat ze een echte dialoog met de moslims hebben, zodat ze rustig kunnen slapen. Maar het gaat om een oppervlakkige dialoog die voornamelijk politiek-correct is.

Men denkt elkaar te begrijpen, maar de woorden die moslims en christenen gebruiken hebben een andere betekenis. Bijvoorbeeld het woord 'profeet': in de islam is de profeet een passieve ontvanger van de boodschap. In de Bijbel gaat het om een actieve profeet in dialoog en discussie met God en de mensen. Sommige profeten zijn eerst ongehoorzaam aan God.

De eerste monotheïst is volgens de islam Adam. In de Bijbel is dit Abraham. Dit verschil wil zeggen dat de religie volgens de islam altijd er al was, terwijl volgens de Bijbel het gaat om een verbond tussen God en Abraham en het joodse volk. Volgens de joden en de christenen is God de redder van de mensen, niet in de islam.

In Andulusië was er pas een tolerante en hoge beschaving na de vervolging van de joden en de christenen. De grote islamitische geleerden Avicenna en Averoes waren op het einde van hun leven in ongenade gevallen. Ook werden nieuwe interpretaties van de Koran verboden. Die periode mag niet geïdealiseerd worden.

De Jezus die in de Koran wordt genoemd is niet de Jezus van de christenen. Hij is niet verrezen en hij is zeker niet de zoon van God. Hij is ook niet gestorven voor onze zonden.

Ook het beeld van God is sterk verschillend. Volgens de Koran is Allah almachtig en er is geen plaats voor de autonomie van de mens. In de Bijbel wordt een appel gedaan op de mens, want tussen God en de mens is een Verbond gesloten.

Er zijn nauwelijks gemeenschappelijke punten in de islam en het christendom. In de Koran wordt volgens Jourdan 4/5 van de christelijke leer verworpen. Zeggen dat het gaat om dezelfde God en om dezelfde Heilige Schriften is een geforceerde leugen om het samenleven goed te praten.

In de Koran wordt geweld door God voorgeschreven. Mohammed was niet alleen profeet, maar ook politicus en militair leider die in Medina 700 joden heeft laten onthoofden.

De Koran is gedicteerd door God en is de definitieve openbaring. vandaar de volstrekte intolerantie voor andere ideeën, geloven of overtuigingen.
In de Bijbel daarentegen is God niet gewelddadig en in de Bergrede wordt liefde gepredikt, ook om conflicten en onrecht op te lossen. Het doel heiligt niet de middelen. Tegenwoordig zijn de middelen verschrikkelijker dan ooit.

Om de religies te vergelijken moeten we zien wat zij als het Ultieme zien of hoe ze God zien en wat dit volgens die religies betekent voor de visie op de wereld, de visie op de medemensen, de visie op zichzelf en het al of niet gebruiken van geweld. We mogen ons niet laten verleiden door de afwijkingen die bij alle religies voorkomen.

Jourdan zegt dat de gelovigen van andere religies, inclusief het boeddhisme, de moslims moeten helpen de belemmeringen van hun vrijheid op te heffen, zonder hen te verwijten of te misprijzen want zij zijn opgegroeid in dat dwingend systeem. De christenen moeten de moed hebben de sentimenten van het pacifisme en het politiek correcte denken te doorbreken, want er zijn echt problemen met de islam. Doen we dit niet, dan worden de problemen steeds groter tot ze explosief zijn. Door de realiteit onder ogen te zien wordt een dialoog mogelijk die zal bijdragen tot vrede in de wereld en tot afscheid van het geweld, zodat we als broeders samenleven op de aarde die we met elkaar delen.

48. *Signalen van toenemende spanningen*

We nemen exponentieel toenemende spanningen waar op veel terreinen tegelijkertijd. We horen bijvoorbeeld vaak dat deze dag de warmste ooit is, er zijn verkeersinfarcten, er is steeds meer stress op het werk, elk jaar komen meer containers in de havens en het gaat over miljoenen, de aantallen asielzoekers zijn eveneens enorm toegenomen. Op de meest diverse terreinen zien we dat het uit de hand loopt.

Wat er precies zal gebeuren is niet te voorspellen, maar we gaan zeker naar een explosie en dat kan op meerdere terreinen tegelijkertijd.

Dan is het zaak een krachtig alternatief te hebben. Mijn boek gaat over een alternatief waar Europa als model voor kan staan om de wereld en de mensheid te redden.

49. Geweld ten koste van alles vermijden

We moeten er alles aan doen om geweld te vermijden. Dus geen geweld tegen wie onze overtuigingen niet deelt, bestrijdt, of tegen diegene die een tegengestelde mening heeft.

Geen geweld als mijn zuster met een atheïst trouwt, of afvallig wordt, of voor een ander geloof kiest.

In deze tijd van toenemende spanningen getuigt het van moed en wijsheid om te zoeken naar geweldloze oplossingen.

50. Geen deportatie

Het gaat bij mij niet om een deportatie van alle moslims naar de landen van herkomst. Hun terugkeer moeten we zien als een daad van solidariteit met de mensen in de landen van herkomst die geen goede scholen hebben, die geen werk vinden, die onderdrukt worden, die nauwelijks een toekomstperspectief hebben.

De terugkeer kan geleidelijk een aanvang nemen door projecten in de landen van herkomst te starten en door geld voor ontwikkelingssamenwerking te bestemmen om goed opgeleide immigranten aldaar aan te stellen in het onderwijs en andere maatschappelijk zeer relevante functies zoals artsen, notarissen, wetenschappers,….

51. Spiritualiteit is de grondslag van alles

Twee belangrijke vragen moeten we steeds voor ogen houden:

- waar komt onze ethiek vandaan?

- hoe nog hoop bieden na een reeks grote aanslagen? Wat is het alternatief?

Waar komt de ethiek vandaan? Vergelijk dit met onze geest of onze psyche: dit is onzichtbaar, maar is er wel. Waarom geen geest veronderstellen die het gehele universum op een onzichtbare manier in het Zijn laat bestaan? Zonder geest gaan we dood. Ook het universum kan ophouden te bestaan als de hogere Geest het niet langer in stand wil houden.

Zoals onze geest een innerlijke dialoog met ons voert, is er een Hogere Geest die communiceert met alle zijnden. Zoals op de berg Sinaï.

De mens is een eindig wezen dat sterft. Is het universum ook eindig en kan het sterven? Hoe voorkomen we die Apocalyps?

Een mens blijft voortbestaan in zijn werken. Dat voortbestaan is zalig als hij het goede heeft verricht.

De zijnden blijven voortbestaan zolang er mensen zijn die dialogeren met de Hogere Geest. Door de goedheid in de wereld of door gehoor te geven aan het appel van de Hogere Geest, zal die Geest de wereld in stand houden.

52. *Vragen bij de massa-immigratie*

Bij immigratie wordt de economische groei in de EU gestimuleerd, vermeerdert onze welvaart en wordt het probleem van vergrijzing opgelost zodat ook onze pensioenen geen gevaar lopen. Ik weet niet of deze aannames juist zijn, maar is deze ontwikkeling niet erg Eurocentrisch, om niet te zeggen Euro-egoïstisch? Want we kunnen bij deze ontwikkeling ten gevolge van een massa-immigratie de volgende twee vragen stellen:

(a) hoe zullen de landen van het Midden-Oosten en Afrika zich ondertussen ontwikkelen? De verschillen tussen rijke en arme landen zullen nog groter worden. Als de redelijk opgeleide middenklasse die landen voortdurend verlaat, blijven de paupers over en de matigende invloed van de middenklasse zal afwezig zijn, zodat er nog meer geweld en stammentwisten zullen zijn

(b) de economische groei gaat door, met als gevolg dat de luchtvervuiling en vernietiging van ons ecosysteem eveneens doorgaan.

In mijn voorstellen wordt een evenwichtiger verdeling tussen welvaart en economische activiteiten nagestreefd, alsook tussen economie en spiritualiteit. Ik pleit liever voor meer solidariteit vanuit een krachtig Europa en een sobere levensstijl want het klimaat laat geen verder uitstel meer toe.

We moeten een ander economisch model als uitgangspunt nemen. Een kortere werktijd waardoor meer ruimte vrijkomt voor mantelzorg en voor vrijwilligerswerk in de 'netwerken van solidariteit'. Regionale werkgelegenheid creëren door in de mate van het mogelijk zelfvoorzienend te worden: dat zijn de ingrediënten van een economisch alternatief waaraan de planeet Aarde dringend behoefte heeft.

53. *Een moment van bezinning*

Joden gaan wekelijks naar de synagoge om de Heilige Schriften te bestuderen en met elkaar te bespreken. De moslims gaan wekelijks naar de moskee waar gepredikt wordt over teksten uit de Koran. Zowel joden als moslims hebben elke week een moment van bezinning over normen en waarden.

Waar is de bezinning bij seculieren en bij al die christenen die zelden of nooit naar de kerk gaan? Als er geen bezinning is, dan is er ook weinig kritische houding over het eigen gedrag, over de overeenstemming van ons gedrag met de normen en waarden. We moeten ons daarom bezinnen over de normen en waarden die we moeten aanvaarden om onze beschaving een stevig fundament te geven waarop verder kan worden gebouwd.

Vandaar mijn voorstel om in de kerken wekelijkse bijeenkomsten te organiseren, waar allerlei sprekers kunnen worden uitgenodigd zoals priesters, rabbijnen, bekende humanisten en eventueel BN- of BV'ers die hun overtuigingen willen uitdragen. In die bijeenkomsten gaat het over de joods-christelijke ethiek die het fundament is van de Europese beschaving en richting geeft aan ons gedrag. Die regelmatige bezinning lijkt mij absoluut noodzakelijk.

54. *De context bepaalt de juistheid van een uitspraak*

Een fictief interview voor de camera, in de veronderstelling dat de journalist mij de tijd geeft om genuanceerd te antwoorden.

'U zegt toch dat alle moslims, 44 miljoen, uit Europa moeten vertrekken?'

'Om op die vraag te kunnen antwoorden moet eerst iets over de context worden gezegd. In mijn boek 'Het landverraad van de EU' gaat het eerst en vooral om een positieve boodschap'.

'Maar heeft u dat nu gezegd of niet?'.

'Kijk, als u mij vraagt of $2 + 3 = 5$ dan zal ik daar ook niet direct een antwoord op geven. Dat is ook afhankelijk van de context: als het gaat om 2 appels en 3 peren, wat betekent dan de som van 2 appels en 3 peren? Wat wordt dan bedoeld met de 5?

De context bij uw vraag is dat het doel moet zijn dat in het Midden-Oosten en Afrika er vrede en welvaart heerst. Dit wil zeggen dat alle kinderen naar goede scholen kunnen gaan, dat er een voor iedereen toegankelijke gezondheidszorg is van hoge kwaliteit, dat er sociale voorzieningen zijn zoals pensioenen en werkloosheidsuitkeringen, dat er voldoende werkgelegenheid is, dat de politie zorgt voor de veiligheid van de burgers en dat de regeringsleiders sober leven en hun verantwoordelijkheid opnemen.

Dit kan worden gerealiseerd. Ik ben geen racist: de mensen in het Midden-Oosten en in Noord-Afrika hebben evenveel talenten en zijn even intelligent als wij.

Als dit is gerealiseerd, dan wil ik ook graag in Marokko gaan wonen. Een mooie land, gastvrije mensen, een zacht klimaat.

Om dit te realiseren zijn de Europese moslims hard nodig en opdat ze in vrede daar kunnen gaan werken moet er ook een vredeskorps zijn.

Dus als alle moslims terugkeren naar hun landen van herkomst, zal ook daar vrede en voorspoed gerealiseerd zijn. Bovendien zal dan een alliantie op basis van gelijkwaardigheid mogelijk zijn'.

55. *Geen beiroetisering*

We staan voor een tweesprong: ofwel gaat Europa in de richting van een situatie zoals in het Midden-Oosten met een beiroetisering van onze steden; ofwel worden de landen van het Midden-Oosten en Noord-Afrika landen waar vrede en voorspoed heerst.

De tweede weg is slechts mogelijk als de immigranten massaal terugkeren met hun in Europa opgedane kennis en ervaring. Europa zelf zal solidair zijn bij de opbouw van de landen van herkomst.

Stel u eens voor dat de Marokkanen in Europa massaal terugkeren naar Marokko. Wat voor een effect zou dit hebben in dit land? Ik denk zeer positief. Ahmed Aboutaleb minister-president van de constitutionele monarchie Marokko en Marcouch zijn minister van justitie.

We moeten durven denken in dit soort termen. Het Midden-Oosten en Noord-Afrika hebben ook recht op een menswaardige beschaving en de teruggekeerde immigranten zijn in staat dit te realiseren.

56. *Wijsheid als fundament*

De afgelopen eeuwen stonden kennis en rationaliteit symbool voor waarheid. We zijn er ook door betoverd geraakt, wegens de fantastische technologische ontwikkeling en omdat we dank zij de rationaliteit bevrijd werden van magie en bijgeloof.

We hebben echter het kind met het badwater weggegooid. Naast kennis is er ook wijsheid. Wijsheid is noodzakelijk om onze kennis goed te gebruiken.

Kennis heeft namelijk evenveel nadelen als voordelen. Onze kennis is altijd onvolledig, we weten ook nooit precies wat de gevolgen zijn van de toepassingen van onze kennis. Kennis maakt ook nucleaire wapens en andere massa-destructiewapens mogelijk. Kennis kan leiden tot een door de mensen gecreëerde Apocalyps.

Het feit dat een islamitisch land zoals Pakistan over atoomwapens beschikt, is een enorm risico. We mogen er niet aan denken als een terroristische groepering zou beschikken over alles vernietigende atoomwapens of over biologische wapens.

Willen we al dat kwaad en de ultieme ramp vermijden, dan moeten we weer aloude wijsheid aanvaarden. Dat is geen kwestie van al of niet in God geloven, maar wie zal ontkennen dat de Tien Geboden niet de basis leggen voor een menswaardige samenleving? Alleen een psychopaat zal ontkennen dat de liefde voor de medemens, zoals verwoord in de Bergrede, niet het summum is van menselijkheid.

Dat is dan ook het joods-christelijke fundament van onze Europese beschaving, dat ook de humanisten omarmen.

Daar moeten we trots op zijn. Dat moeten we uit alle macht verdedigen. Daarop moet de Europese grondwet worden gebaseerd.

57. We haken af als het te concreet wordt

Wat altijd heel moeilijk blijkt te zijn, is principes concreet maken. Ik heb vaak ervaren dat mensen met je meegaan zolang het een theoretisch verhaal blijft. Zodra je de gevolgen eruit trekt in de vorm van concrete richtlijnen haken de mensen af.

In de opvoeding van kinderen leidt dit soms tot hilarische situaties. Toen mijn dochter in haar puberteit een mooi plan had gemaakt om de volgende proefwerken op de middelbare school voor te bereiden, zei ik haar 'Vandaag als je thuiskomt van school, zal je eerst 45 minuten studeren als een eerste stap van dit plan'. Dat was even slikken.

Als we dit pedagogisch principe zouden toepassen bij klimaatverdragen, dan zouden we op zo'n conferentie de deelnemers moeten vragen met welke stap ze vandaag zullen beginnen. Bijvoorbeeld we gaan nu te voet terug naar ons hotel en vanavond eten we slechts regionale producten en geen vlees. De kans is groot dat je wordt uitgelachen.

58. Kracht dank zij verbondenheid

Welke argumenten aanvoeren tegen acties van antifascisten, sos-racisme en anderen die het goed bedoelen, maar de tegenstanders juist sterker maken? Nu zien we al te vaak dat antifascisten in hun gedrag nauwelijks verschillen van de fascisten: intimideren van de tegenstander, valse geruchten verspreiden, gebruik van geweld niet schuwen, zeer autoritair en repressief optreden tegen wie een andere mening heeft.

Het moet niet bij verzet blijven tegen andersdenkenden. Beter is het om een alternatief voor te stellen en alles in het werk te stellen om dit te realiseren.

In 'Het landverraad van de EU' bied ik een alternatief. Een alternatief voor een samenleving waar de mensen verenigd zijn door een gemeenschappelijk ideaal. In Europa is dit de joods-christelijke en humanistische ethiek. In de islamitische landen is dat de islamitische ethiek.

Een tweede alternatief betreft goed rentmeesterschap over de planeet Aarde. Via concrete maatregelen die alle burgers moeten waarmaken, kan een einde worden gemaakt aan de destructie van onze habitat en aan de immense vervulling van de lucht die we inademen.

59. *Waarom landverraad in de titel van mijn boek?*

Om twee redenen. Ten eerste leidt het huidige politieke beleid van de EU tot een Europa dat afglijdt naar een situatie zoals in het Midden-Oosten.

Ten tweede komt door het economisch beleid geen einde aan de luchtvervuiling en aan de enorme vernietiging van ons ecosysteem .

Bij landverraad denken we aan ontrouw, aan een misdadige handeling en is de veiligheid van de bevolking in het gedrang:

Ontrouw: want het is bekend welke gevaren dreigen. Dit is ontrouw aan onze ethiek van naastenliefde of van verantwoordelijkheid voor de Ander. Met de Ander worden ook de toekomstige generaties bedoeld.

Misdadig: omwille van politiek eigenbelang en de politieke macht worden de noodzakelijke maatregelen niet genomen. De politici laten zich te veel beïnvloeden door machtige lobby-groepen, waarbij de hebzucht van multinationals prioriteit heeft op verantwoordelijk gedrag. Die beïnvloeding speelt zich af in achterkamertjes, buiten het democratisch proces om.

Veiligheid: het toenemend gevaar van terrorisme wegens een onverantwoord immigratiebeleid. Als vijf procent van de moslims de zuivere islam fanatiek aanhangen en onze beschaving daarom als de vijand zien, dan zijn er meer dan drie miljoen potentiële terroristen binnen de Europese grenzen.

60. *De fatale ontkenning van politici*

(in iets kortere vorm gepubliceerd op ThePostOnline[2] op 16 november 2016)

Nadenken over de oorzaken van aanslagen is verboden

In Frankrijk worden de aanslagen van een jaar geleden herdacht en in Nederland wordt het 'minder Marokkanen'-proces tegen Wilders gevoerd. Dat is allemaal mooi, maar zullen we in Europa daarmee beter kunnen opschieten met de moslims en zij met ons?
Direct na de aanslagen in Parijs, was er vooral de wil het gewone leven voort te zetten. Het boek 'Paris est une fête' van Ernest Hemingway, dat vijftig jaar geleden verscheen, werd opnieuw een bestseller. De Fransen willen het goede leven en de kwaliteit van hun leven behouden. Een jaar na de aanslagen zit men terug in de gewone, dagelijkse sleur. De terrassen zitten vol en er wordt weer gedanst in de Bataclan.

Stille optochten

Dit is een natuurlijke reactie van het volk. De vraag die de politiek hoort te stellen is of die reactie iets oplevert. Er komt weinig of niets concreet uit de bus. Dat komt omdat nadenken over de oorzaken van de aanslagen quasi verboden is. Als moslims een aanslag plegen, dan volgt een stille optocht. Tijdens de optochten na de aanslagen in Parijs waren er geen spandoeken, geen slogans. Er heerste een stilte onder de massa.

Moesten de aanslagen gepleegd zijn door extreem-rechts, dan zouden de optochten een totaal ander karakter hebben. Men zou schreeuwen tegen het fascisme. Op spandoeken zou een vergelijking worden gemaakt met de nazi's. Vanwaar dit verschil? In het tweede geval is er een duidelijke vijand: de fascisten van extreem-rechts. In het eerste geval is er natuurlijk ook een vijand, want wie heeft er anders die aanslagen gepleegd? Die tweede vijand mag niet genoemd worden. Het is namelijk de islam. De politici doen er alles aan om de relatie tussen het terrorisme en de islam te ontkennen. Dit doen ze uit politieke correctheid. *Ne rien à voir-isme* noemen ze dat in goed Frans (het niet willen zien).

De islamitische terroristen zijn vaak goed theologisch gevormd. Zij hebben jarenlang prediken in hun moskeeën gevolgd en ze hebben goed geluisterd naar de commentaren van imams. Deze terroristen komen uit alle milieu's. Het zijn niet allemaal losers. Ze motiveren hun daden met theologisch goed gefundeerde argumenten. Er is geen enkele reden om de relatie tussen islam en geweld te ontkennen.

Kortzichtige logica

Men heeft het altijd over preventie, over opsporen van mogelijke geradicaliseerde moslims of strijders van IS die naar Europa zijn gekomen in de stroom asielzoekers. Maar over de oorzaken blijft men in het duister. Alle acties om het terrorisme te voorkomen en te bestrijden zijn uiteraard prima, maar de logica die er achter zit is kortzichtig.

Er wordt gewaarschuwd voor een burgeroorlog. De politici durven het daarom niet aan de fundamentele tegenstelling tussen de westerse beschaving en de islam onder ogen te zien. Van burgeroorlog is geen sprake. Het gaat om een botsing tussen identiteiten. Onze westerse identiteit is in essentie een identiteit die zich niet wil laten vastleggen. Onze identiteit is vrij willen zijn, vrij van religieuze of ideologische beperkingen. Wij willen kunnen denken en doen wat wij willen. Wij willen alcohol kunnen drinken of gaan dansen. Wij willen ons kleden zoals wij willen. Aan de andere kant is er de identiteit van moslims die heel sterk is en precies oplegt hoe men moet leven, zich gedragen, zich kleden. Een identiteit die heel wat verboden en geboden kent.

Door die onoverbrugbare tegenstelling zal de islam eeuwig leverancier blijven van terroristen en zelfmoordcommando's. Natuurlijk zijn de meeste moslims gewone eerzame burgers, die geen vlieg kwaad zullen doen. Maar een minderheid is potentiële terrorist en maakt een uiterst kostbare en permanente beveiliging noodzakelijk. Zij zullen er voor zorgen dat met regelmatige tussenposen aanslagen worden gepleegd, zodat de angst zal regeren. Hoelang de westerse democratieën dit zullen volhouden en hoeveel miljarden nog moeten worden verspild aan beveiliging en preventie is zeer de vraag.

Krampachtige politiek

De politiek reageert krampachtig en biedt geen ruimte voor een fundamentele bezinning over die geweldige botsing tussen identiteiten. De politiek heeft de macht, houdt de touwtjes in handen en gaat ervan uit dat wat tot nog toe goed heeft gewerkt, zal blijven werken. Met een steeds toenemende groep die met onze vrije identiteit niet kan omgaan, die zich er niet mee mag en kan identificeren, weet het traditionele beleid van de gevestigde macht geen raad. Men vermijdt de discussie. Men duwt die wezenlijke en onverenigbare verschillen onder tafel.

Het beleid blijft beperkt tot een strijd tegen psychopaten, tegen extremisten of geradicaliseerden, maar dat is onvoldoende. De islam heeft normen en waarden waar niet over te onderhandelen valt. De moslims willen hun normen en waarden opleggen. Eisen een eigen politieke ruimte op. De identiteit van de islam wordt gekenmerkt tot een strijd tegen alles wat niet hoort bij de islam. Dat is iets nieuws in de westerse geschiedenis. Het streven van de moslims staat haaks op de geest van de Verlichting. We kunnen met deze uitdaging van de islam niet omgaan.

Gelukkig is er een partij als DENK en een proces tegen Wilders waardoor de politici misschien gedwongen worden te erkennen dat er in de samenleving twee bevolkingsgroepen frontaal tegenover elkaar staan. Ik houd mijn hart vast.

61. *Er is geen koude oorlog met de islam*

De spanningen tussen islamitische landen en het Westen kunnen niet vergeleken worden met de Koude Oorlog tussen het Westen en de Sovjetunie. In het laatste geval ging het om tegenstanders die een beschavings-geschiedenis gemeen hadden. Alhoewel hun ideologieën verschilden, waren ze gevoelig voor dezelfde argumenten. Het marxisme werd trouwens ontwikkeld in een westers land.

De moslims hanteren vanuit een beschavingsgeschiedenis die al sinds de zevende eeuw een eigen weg is gegaan, een andere logica. Bovendien is de Koran volgens de moslims een boek dat rechtstreeks door Allah aan de profeet Mohammed is gedicteerd. Hun waarheid is daarom goddelijk en absoluut. Het is hun opdracht om de waarheid van God en zijn geboden overal op te leggen, desnoods met geweld. Wie niet wil gehoorzamen moet worden gedood. Alle middelen zijn goed om dit doel te bereiken, want het gaat om een opdracht van de almachtige Allah. Liegen om die *wereldheerschappij* te bereiken, is geen leugen. Laffe aanvallen plegen voor het goede doel, is moreel juist. Ambulances mogen dus best worden gebruikt om munitie of militairen te vervoeren. Zich niet houden aan verdragen is correct als hiermee het heilige doel wordt bereikt.

In de Koude Oorlog dienden atoombommen als wederzijds afschrikkingsmiddel en dat heeft goed gewerkt. In de komende oorlogen met islamitische landen zal dit niet werken. Het Westen moet desnoods totaal vernietigd worden als er daar verzet is tegen de bekering tot de islam. Dat de gehele mensheid samen met alle leven op aarde hierdoor wordt vernietigd is niet erg, want de strijders voor Allah wacht het paradijs.

Het gaat mij hier niet om kritiek op de islam. De Koran is heilig volgens de moslims. Maar gezien de mogelijke consequenties van hun fanatiek geloof in de absolute waarheid, moeten we in het Westen de noodzakelijke maatregelen nemen. Het is ondenkbaar dat een islamitisch land de beschikking krijgt over atoomwapens. Dat is nu al het geval in Pakistan en aangezien verdragen waardeloos zijn, zal Iran toch proberen die wapens te produceren. Dit verhinderen moet in de wereldpolitiek absolute prioriteit hebben. Economische sancties zijn een doeltreffend middel.

Dat Israël wel atoomwapens heeft, zal de wereldvrede nooit in gevaar brengen. Het judaïsme preekt geen geweld. De agressieve daden van Israël zijn puur zelfverdediging.

Een tweede maatregel die absoluut noodzakelijk is, is een gigantische solidaire inspanning om in de islamtische landen vrede en voorspoed te brengen. De moslims die nu in het Westen verblijven zijn hiervoor onmisbaar. Een massale terugkeer naar de landen van herkomst ligt voor de hand.

62. *De EU bouwt een toren van Babel*

De EU probeert alle Europese landen te verenigen onder één regering. Er worden gemeenschappelijke waarden geformuleerd. De Universele Rechten van de Mens vormen de ethische grondslag. Het beleid is erop gebaseerd verschillen weg te werken, zodat alle burgers dezelfde politieke en economische doelen hebben. Ook het onderwijs moet eraan geloven, door uniformiteit van de diploma's, Erasmus-programma's en grensoverschrijdende samenwerking op onderzoeksgebied.

Velen menen dat deze uniformisering een lofwaardige doelstelling is. Is onderzoek niet gebaat met internationale samenwerking? Moeten we niet streven naar een gemeenschappelijke cultuur? Zijn de universele rechten niet per definitie universeel, dus bedoeld voor alle mensen? Zullen conflicten niet verminderen als we allemaal dezelfde normen en waarden respecteren? Behoort de strijd tussen Duitsland en Frankrijk niet definitief tot het verleden nu deze landen verenigd zijn onder de paraplu van de EU?

Of is dit toch een Toren van Babel die leidt tot spraakverwarring, bijvoorbeeld tussen Noord- en Zuid-Europa en tussen West-Europa en de landen die vroeger tot het Oostblok behoorden? Babel staat ook voor een eenheid van denken en handelen die mensen in een dwangbuis houdt, totdat de spanningen zo hoog oplopen dat een strijd van allen tegen allen ontvlamt. Als er geen verschillen meer mogen zijn, moet er dan niet een Big Brother zijn die iedereen in de gaten houdt om afwijkingen meteen de kop in te drukken? De campagne tegen roken is er een klein voorbeeld van, maar ook de wetenschappers die slechts serieus genomen worden als ze publiceren in Amerikaanse tijdschriften en zich strikt houden aan het empirisch wetenschapsmodel.

Diversiteit leidt tot creativiteit en helpt ook tegen de pretenties van diegenen die menen de absolute waarheid te bezitten.

Kan het verhaal van de Toren van Babel en hoe het daarmee is afgelopen een antwoord geven op hedendaagse vraagstellingen, bijvoorbeeld over de hierboven genoemde controverses omtrent de opbouw van de Europese Unie? Hoe interpreteren joodse exegeten dit Bijbelse verhaal[3]?

Volgens deze exegeten was de generatie van Babel in opstand gekomen tegen God. De mensen wilden de schepping radicaal veranderen. De mensen verlieten de natuur om in de stad te gaan wonen. De cultuur werd veranderd doordat één taal moest worden gesproken. De familie werd vervangen door de Staat met een sterk hiërarchische leiding.

Het doel van deze generatie was de mensheid te verenigen, want ze vreesden versnippering. Vereniging stond echter gelijk met uniformering. De mensen werden gezien als objecten. Er ontstond een kuddegeest. Alleen wat nuttig en efficiënt was kreeg aandacht. De subjectiviteit werd ontkend en vervangen door het 'men'. Het onpersoonlijke, het anonieme en het neutrale beheersten het dagelijks leven. Ook het denken werd één. De macht over de mensen kwam in handen van een tiran.

De stad was de logische constructie voor de generatie van Babel. Door de urbanisatie werden de familiebanden doorbroken. De stad en de industrie brengen de mensen weliswaar geografisch bij elkaar, maar brengt de mensen in een ontologisch isolement. De mens in Babel is bij uitstek eenzaam, ondanks de massa waarin hij zich bevindt. In die eenvormige massa is geen plaats voor individualiteit. Dialoog wordt hier een monoloog. Het woord wordt herleid tot het onpersoonlijk gesprek. De wet, God en de familie worden verworpen en vervangen door de repressieve autoriteit van de Staat.

Door Babel heeft de mens de natuur verlaten om in een kunstmatige eenheid te gaan wonen. Hierdoor is de oorspronkelijke harmonie tussen mens en natuur verbroken. Het biologisch en natuurlijk ritme wordt verlaten en vervangen door het ononderbroken ritme van de geïndustrialiseerde wereld en de technologie. Deze breuk met het natuurlijk evenwicht leidt tot een groot onevenwicht tussen Macht en Wijsheid. De samenleving ontwikkelt zich zo snel dat de natuur het niet kan bijhouden en zich niet kan herstellen. De mensen zijn aldus in een duivelse cyclus van het kunstmatige terecht gekomen. Het objectieve determineert alle menselijk leven. De massale urbanisatie en de hypermechanisatie leiden bij de mens tot een gevoel van macht die hij projecteert op zijn medemensen. Elke relatie is een machtsrelatie geworden.

In de Babelse maatschappij was God afwezig. Babel was een opstand tegen God, tegen de Schepper, tegen het Transcendente. In plaats daarvan kwam een totaliteit die de mensen zelf hadden bedacht en die ze wilden beheersen. Dit leidde tot het totalitarisme. Hier dreigde het nihilisme. Toen greep God in, opdat de mensen de singulariteit van elk individu zouden terugvinden.

We vinden in deze exegese van het verhaal van de Toren van Babel veel analogieën met de hedendaagse toestand in de wereld. De urbanisatie van de maatschappij is in de gehele wereld in snel tempo gaande. De natuur wordt steeds verder aangetast. We zijn niet in staat de gevolgen hiervan onder controle te brengen: het klimaat is grondig en wellicht definitief verstoord, de luchtkwaliteit is ongezond geworden, de zeespiegel stijgt alsof een nieuwe langzame zondvloed op komst is. Bosbranden, ontbossing en uitstervende planten en dieren zijn aan de orde van de dag. Dit alles doet ons de vraag stellen waar we in godsnaam mee bezig zijn. De planeet Aarde is ons gegeven. Het is geen schepping van de mens en met welk recht richten we zulkdanige vernielingen aan?

Het gaat niet alleen om de natuur. Ook het maatschappelijk systeem is analoog aan dat van Babel. Toegepast op de Europese Unie zien we een onoverbrugbare afstand tussen de burger en de anonieme politieke macht in Brussel. De EU wordt beleefd als een vreemde macht die vanuit Brussel ingrijpt in het dagelijks leven van de mensen, zonder dat een weerwoord mogelijk is.

Er is geen dialoog meer, maar een monoloog vanuit de EU. De Unie wordt totalitair als een anonieme en onpersoonlijke administratie. In dit bureaucratisch apparaat wordt de dialoog onmogelijk gemaakt. Er is slechts een monoloog: de machtige heeft het woord en er zijn alleen nog dictaten. Eenzaamheid is enorm toegenomen en het gebruik van antidepressiva is in alle Europese landen fenomenaal gestegen.

Het is in deze tijd niet God die zal moeten ingrijpen. Aangezien sinds Nietzsche God is vermoord, moeten we zelf de oplossing zoeken. De mensen veroorzaken zelf de Babelse verwarring. Hoe dit zal aflopen is nog onzeker. Zal de EU uiteenvallen? Zullen natuurrampen ons dwingen terug te vallen in kleine gemeenschappen gebaseerd op onderlinge solidariteit? Als we de lessen trekken uit het verhaal van de Toren van Babel, dan zou opnieuw de nadruk komen te liggen op diversiteit en op een hernieuwde harmonie met de natuur. Die solidariteit met onze medemensen, met de dieren en met de gehele schepping als zodanig die eerst in kleine kring tot stand komt, zou zich geleidelijk kunnen uitbreiden tot meer broederlijkheid in de wereldgemeenschap. De oplossing van de Babelse verwarring ligt bij de individuen zelf die, in hun eigen netwerk, het initiatief nemen om zich verantwoordelijk en solidair te gedragen. Als overal netwerken van solidariteit ontstaan, die ook met elkaar samenwerken, is een anonieme administratie of een totalitair systeem overbodig.

63. Bottom up-model

Ons beleidsmodel moet gereconceptualiseerd worden. We denken nog te veel volgens het top down-model, waarbij aan de top zich de mensen bevinden die over de macht beschikken. Er is een hiërarchie met in Europa bijvoorbeeld de Europese Commissie die over de hoofden van de nationale regeringsleiders heen kan beslissen.

Het grote gevaar bij dit top down-model is dat de mensen die het beleid moeten uitvoeren, dus de mensen helemaal onderaan dit model, niet gemotiveerd zijn en niet geëngageerd.

In het tegenovergestelde model, het bottom up-model staat het uitvoerende individu centraal. Zijn engagement is de essentie van het beleid. Om dit te bereiken wordt de macht zoveel mogelijk gedecentraliseerd. Deskundigen op de verschillende terreinen werken samen met de burgers die erbij betrokken zijn. De experts zorgen voor een weldoordacht beleidsplan en dank zij de samenwerking met de burgers wordt het plan aangepast aan de lokale noden en omstandigheden.

Een voorbeeld is het onderwijs: onderwijs vindt plaats tussen een leraar en een groep leerlingen. Bij een bottom up-beleid krijgt de leraar alle zeggenschap en kan het team van leraren en directie samen beslissen welk onderwijsprogramma aan de leerlingen wordt aangeboden. De ouders kunnen beslissen naar welke school hun kinderen gaan. Scholen die goed onderwijs geven, zullen automatisch de meeste leerlingen krijgen. Scholen die het niet goed doen, kunnen worden opgedoekt bij gebrek aan leerlingen. In dit systeem hebben we de meest gemotiveerde leerkrachten, zal de arbeidsvreugde het hoogst zijn en zullen zwakkere leerlingen de beste stimulansen krijgen. Een ander zeer welkom voordeel is dat de leerkrachten nauwelijks administratief werk moeten verrichten. Zelfs de schooldirecteur kan de meeste tijd besteden aan samenwerking met de leerkrachten. Administratie is namelijk nagenoeg overbodig, omdat een bottom up-beleid berust op onderling vertrouwen. Het bottom up-beleid zal een einde maken aan de ellende van de onderwijspolitiek die al meer dan vijftig jaar het onderwijs teistert.

Ik kan hier vanuit mijn vakgebied een goede illustratie van geven. In dossiers van meisjes die in de jaren vijftig van de vorige eeuw in een rijksopvoedingsgesticht werden opgenomen, vond ik brieven die deze meisjes hadden geschreven. De meesten kwamen uit arme gezinnen en waren volgens de psychologen zwakbegaafd. Niettemin schreven deze meisjes vrijwel zonder spellingsfouten te maken. Mijn studenten aan de universiteit maakten meer fouten dan zij. In de jaren vijftig was het taalonderwijs blijkbaar veel beter dan nu! Toen waren er niet te veel ambtenaren en ministers die zich met het onderwijs bemoeiden. Geef de scholen de vrijheid en de leraren zullen heus wel hun verantwoordelijkheid opnemen.

Een bottom-up beleid moet gelden voor de politiek in het algemeen. Lokale vertegenwoordigers bepalen het lokale beleid. De mensen moeten zelf hun verantwoordelijkheid opnemen. De overheid geeft subsidie volgens de activiteiten van de diverse organisaties en het aantal mensen die ze aantrekken of kunnen helpen.

64. *Toegeeflijkheid bevordert radicalisering*

Richard Landes, emeritus hoogleraar geschiedenis aan de Boston University schrijft het volgende over de relatie tussen jihadisme en islam, tussen geweld en islam[4]. Het onderdrukken van de discussie hierover brengt onze levenswijze en onze vrijheden in gevaar. Volgens het politiek correcte denken moeten we een onderscheid maken tussen islamitische terroristen en de grote meerderheid van de moslims. De terroristen zijn geen ware moslims, want de islam is de religie van de vrede.

Waarom voelen de meeste moslims zich zo gekwetst als er een verband wordt gelegd tussen extreem geweld in naam van de islam en hun geloof? Om die vraag te beantwoorden moeten we kijken naar de manier waarop het geloof de relaties met de anderen beïnvloedt. We kunnen de volgende reacties onderscheiden:
- de gelovige zondert zich af van de mensen. Dit zijn de kluizenaars

- de gelovige zondert zich af met een groep geloofsgenoten, zoals monniken en nonnen in een klooster
- anderen respecteren mensen met een ander geloof en geven zelf het goede voorbeeld of ze doen aan zendingswerk
- anderen willen diegenen die hun geloof niet delen domineren om te bewijzen dat hun geloof het ware is en superieur aan al de rest. Landes noemt dit *triomfalistische religie*.

Deze laatste vorm leidt tot religieus imperialisme: omdat onze God de machtigste is en de ene ware God, moeten we de anderen domineren om te tonen dat onze God de machtigste is. Er is één God, één Wet, één Geloof.

Het triomfalistisch geloof eist van anderen onderwerping. Andersgelovigen worden geminacht (er mag bijvoorbeeld met die anderen niet worden getrouwd). Kritiek op hun godsdienst is absoluut verboden. De wet straft godslasteraars zodat dissidenten de mond wordt gesnoerd. Onverdraagzaamheid, afkeer, geweld, repressie en intimidatie kenmerken de houding van deze gelovigen. De machthebbers zijn autoritair, vernederen ongelovigen, vervolgen alle dissidenten en doden diegenen die weerstand bieden.

Er is daarom een sterk verband tussen een triomfalistisch religie, stammenoorlogen en een cultuur om gezichtsverlies te voorkomen.

De scheiding van Kerk en Staat is juist bedoeld om elke vorm van triomfalistische religie een halt toe te roepen. Iedereen mag geloven wat hij wil. Zij mogen best geloven dat hun religie superieur is en de ene ware, maar ze mogen de Staat niet gebruiken om hun wil aan anderen op te leggen. Deze scheiding van Kerk en Staat was in het Westen een geweldige overwinning op de intolerantie van de christelijke kerken, die toen ook triomfalistisch waren.

Maar de scheiding van Kerk en Staat is onverdraaglijk voor wie zich vastklampt aan het triomfalisme. Die scheiding wordt gezien als een aanval op de waarheid van hun geloof. De moderne vrijheid, de vrijheid van meningsuiting, openlijke kritiek op religie, de nadruk op argumentatie in plaats van met geweld een ander proberen te overtuigen, worden beleefd als een belediging.

De moderne democratie werd mogelijk dank zij de bereidheid van de christenen om hun triomfalisme op te geven.

Met de islam in het Westen zijn we echter terug bij af. We zien het niet omdat we denken dat het triomfalisme definitief voorbij is. Maar de Heilige Oorlog is terug, alsook de Kruisvaarten in omgekeerde richting. Het agressieve triomfalisme is in de 21ste eeuw terug van weg geweest. Het triomfalisme heeft altijd een rol gespeeld in hoe moslims met ongelovigen omgaan, bijvoorbeeld in de dhimma, dit is de bescherming van ongelovigen op voorwaarde dat zij de islamitische regels volgen. De ongelovigen hadden weinig rechten en ze moesten zich heel nederig gedragen.

De hedendaagse jihadisten zijn de strijders van een triomfalistisch religie die willen bewijzen dat Allah de almachtige God is en Mohammed zijn ware profeet. Het is de opdracht van de islam de wereld te overheersen. *Radicalisatie is niets anders dan de herintroductie van een agressief triomfalisme.* Ongelovigen moeten worden vernederd. Diegenen die de profeet beledigen moeten worden gedood. Vrouwen die zich te westers kleden worden misbruikt. De jihadisten vinden het onverdraaglijk dat er onafhankelijk denkende ongelovigen zijn. Vrijheid vinden ze immoreel en diegenen die genieten van die vrijheid moeten zwaar gestraft worden, vandaar ook de aanslagen in vakantieoorden.

Het triomfalisme is niet alleen het kenmerk van jihadisten, maar alle moslims zijn er gevoelig voor. Dit laatste is makkelijk te bewijzen. We mogen namelijk ook niet de 'gematigde' moslims beledigen, maar dat geldt niet voor christenen bijvoorbeeld. Geen enkele politicus zal zijn afschuw uitspreken als iemand zegt dat Jezus een pedofiel was omdat Hij heeft gezegd: 'Laat de kinderen tot mij komen'. De christenen zouden hun schouders ophalen en de belediger negeren. Als dezelfde persoon zou zeggen dat de profeet Mohammed een pedofiel was omdat hij huwde met een achtjarig meisje of als hierover een karikatuur zou verschijnen, breekt de hel los en duizenden moslims gaan de straat op. De belediger moet levenslang beschermd worden.

Dit verschil tussen de reacties van christenen en die van moslims bewijst dat de islam in essentie een triomfalistische religie is. Diegenen die dus zeggen dat we de moslims niet mogen beledigen over hun geloof, bewijzen in feite dat moslims uit zijn op wereldoverheersing en onderdrukking van andersgelovigen. De situatie is nog ernstiger, want diegenen in het Westen die zich gedeisd houden en toegeven aan de eisen van de moslims, zijn voor de moslims het bewijs dat zij aan het overwinnen zijn. De voorzichtige houding van de mensen in het Westen geeft een enorme push aan de triomfalistische islam. Vooral de jongeren worden hierdoor gestimuleerd om deel te nemen aan de jihad om de wereld te veroveren. In deze zin bevordert toegeeflijkheid in het Westen de radicalisering onder moslimjongeren.

Wie zegt dat de redactie van Charlie Hebdo de aanslag over zichzelf heeft uitgeroepen omdat moslims niet geprovoceerd mogen worden, zegt eigenlijk dat moslims triomfalistisch zijn, onverdraagzaam en geneigd tot geweld. Die zegt ook dat de westerse mens zich moet onderwerpen aan de eisen van islam en zorgt hierdoor voor een nieuwe overwinning van een religie die uit is op verovering van de gehele wereld. Het zijn niet wij die xenofoob en racistisch zijn en islamfobie is al te begrijpelijk in het licht van de toekomstige onderwerping.

In het verleden hebben westerse intellectuelen het stalinisme en het maoïsme omarmd. Dat was een pijnlijke vergissing aangezien het ging om massamoordenaars. Nu herhaalt zich hetzelfde fenomeen ten aanzien van de islam. Om het tij te keren moeten we wederkerige tolerantie eisen en sterk opkomen voor een scheiding van Kerk en Staat. Het gaat niet om een strijd tussen links of rechts, of tussen progressief en conservatief, maar om de strijd voor onze vrijheid!

65. *De Tien Geboden en de Bergrede*

(ik gebruik met opzet de formulering van lang geleden, met de bedoeling erop te wijzen dat deze geboden van alle tijden zijn)

1   Gij zult geen afgoden vereren, maar Mij alleen aanbidden en boven alles beminnen.
2   Gij zult de naam van de Heer, uw God, niet zonder eerbied gebruiken.
3   Wees gedachtig dat gij de dag des Heren heiligt.
4   Eer uw vader en uw moeder.
5   Gij zult niet doden.
6   Gij zult geen **onkuisheid** doen.
7   Gij zult niet stelen.
8   Gij zult tegen uw naaste niet vals getuigen.
9   Gij zult geen onkuisheid begeren.
10 Gij zult niet onrechtvaardig begeren wat uw naaste toebehoort.

Gelukkig die arm van geest zijn, want hun behoort het koninkrijk der hemelen.
Gelukkig die verdriet hebben, want zij zullen getroost worden.
Gelukkig die zachtmoedig zijn, want zij zullen het land erven.
Gelukkig die hongeren en dorsten naar de gerechtigheid, want zij zullen verzadigd worden.
Gelukkig die barmhartig zijn, want zij zullen barmhartigheid ondervinden.
Gelukkig die zuiver van hart zijn, want zij zullen God zien.
Gelukkig die vrede brengen, want zij zullen kinderen van God genoemd worden.
Gelukkig die vervolgd worden vanwege de gerechtigheid, want hun behoort het koninkrijk der hemelen.
Gelukkig zijn jullie, als ze jullie uitschelden en vervolgen en je van allerlei kwaad betichten vanwege Mij.
Wees blij en juich, want in de hemel wacht jullie een rijke beloning. Zo hebben ze immers de profeten vóór jullie vervolgd.
Jullie zijn het zout van de aarde. Maar als het zout krachteloos wordt, waar moet je het dan mee zouten? Het deugt alleen nog maar om weggegooid en door de mensen vertrapt te worden.
Jullie zijn het licht van de wereld. Een stad kan niet verborgen blijven als ze boven op een berg ligt.
Je steekt een lamp niet aan om haar onder de korenmaat te zetten, maar je zet haar op de kandelaar, en dan schijnt ze voor allen in huis.
Laat zo jullie licht schijnen voor de mensen, opdat ze jullie goede werken zien en jullie Vader in de hemel verheerlijken.

Een eerste reactie hierop:

Het gaat niet om de vraag of je al of niet gelooft in God. Het gaat om de vraag of je zelf kunt bepalen welke gedragsregels je zult volgen, welke waarden en normen voor jou bepalend zijn, of je gehoorzaamt aan geboden die van buiten jou zelf komen.

Het gaat ook niet om de vraag om goed te zijn 'om de hemel' te verdienen. De hemel kan beschouwd worden als een innerlijke gemoedstoestand waarbij we onszelf niets hoeven te verwijten en een zuiver geweten hebben. Een toestand die we nooit ten volle bereiken, daarom noemen we het hemels.

Het was een grote overwinning van de mensheid om niet meer de persoonlijke intuïtie als uitgangspunt te nemen van ons gedrag, maar de openbaring van de geboden door een Hogere Macht dan de mensen zelf.

Wie durft dan nog te zeggen niet in te geloven in wat de mens transcendeert? Of je dat God noemt of een andere naam geeft, doet er niet toe want God kennen we toch nooit. Wat buiten de mens is, buiten de realiteit die voor ons waarneembaar is, is niet te kennen. Wie zegt niet in de transcendentie te geloven, gelooft in feite dat hij zelf god is. Wie niet gelooft in God, gelooft dat hij zelf god is, ook al ontkent hij dat in alle toonaarden.

Er is wel de Wijsheid die er op wijst dat op de mens een appel wordt gedaan bepaalde geboden te gehoorzamen.

Religie is niets anders dan God te dienen door zijn geboden te gehoorzamen. Meer verwacht Hij niet van ons.

66. *Kritiek op de islam*

We weten het nu ongeveer. Er zijn meer dan één miljard moslims. Die moeten we niet schofferen en niet gaan uitdagen. Mijn essay is niet bedoeld als een kritiek op de islam en het is ook niet geschreven vanuit een westers superioriteitsgevoel. De islam beschouw ik gewoon als anders; als iets dat ik nauwelijks ken. De islam is anders op een centraal thema: de ethiek. De islamitische ethiek staat haaks op de joods-christelijke ethiek, vandaar al die conflicten en misverstanden.

De islam is zo anders, dat het niet vermengd kan worden met onze westerse beschaving. Hierdoor wordt het fundament van een beschaving ondermijnd: namelijk de verbondenheid van mensen rondom gemeenschappelijke normen en waarden.

Daarom is het beter bescheiden te zijn en te proberen zelf het goede voorbeeld te geven. Bescheiden omdat andere vormen van beschaving mogelijk zijn met andere hoogtepunten en andere waardevolle normen en waarden.

Door een voorbeeld te zijn, kunnen we anderen eventueel inspireren voor het goede dat zij bij ons waarnemen. Wat ik voorstel is gescheiden beschavingen, die solidair met elkaar samenwerken. Dat kan door educatieve, culturele en economische uitwisseling.

Ik pleit ervoor de anderen niet te beoordelen, zelfs niet als daar zogenaamd fundamentele mensenrechten worden geschonden. Veroordeling leidt meestal tot het omgekeerde effect. Bovendien gaat het om onze mensenrechten: wie zegt dat anderen het niet anders kunnen formuleren?

We moeten ons dus niet gaan bemoeien met landen buiten Europa. Als wij het hier zo goed en zo menselijk mogelijk proberen te doen, dan kunnen we anderen inspireren. Onze waarden opleggen lukt toch niet en is in zekere zin vernederend voor de anderen.

Zijn er wantoestanden in een land, dan moeten de mensen daar het zelf oplossen. Op die manier worden duurzame resultaten bereikt en krijgen ze niet de schuld handlangers van het Westen te zijn. Als we zelf militair gaan ingrijpen, met de beste bedoelingen, dan wordt een echte en duurzame oplossing nog verder uitgesteld. Die echte oplossing kan slechts bereikt worden door de bewoners zelf. Helaas kunnen ondertussen talloze slachtoffers vallen. Toch geloof ik dat we door zelf het voorbeeld te geven binnen Europa, we andere volkeren het best inspireren voor rechtvaardigheid en medemenselijkheid. Daarnaast kunnen we vluchtelingen in de regio de levensnoodzakelijke hulp en verzorging bieden.

67. *Fascisme*

Fascisme is een politiek systeem berustend op ultranationalistische, corporatistische, autoritaire en onverdraagzame beginselen. Fascisme staat voor alles wat gruwelijk is in de organisatie van een menselijke samenleving: geweld, onderdrukking, marteling, dood.
Eén partij of persoon heeft alle macht. Het fascisme is anticommunistisch, antiliberaal en extreem nationalistisch.

Het begrip 'fascisme' is niet eenduidig te definiëren. Het is een complex en gevarieerd verschijnsel dat moeilijk beknopt is te omschrijven. Toch heeft het fascisme een aantal basiskenmerken dat het onderscheidt van andere politieke stromingen. Deze zijn:
1   Het fascisme is de tegenstander van zowel de traditioneel linkse als rechtse politieke partijen
2   Het fascisme minacht contemporaine conservatieve instellingen

3   Het fascisme vereert machtsvertoon en het gebruik van geweld, voor zover dat is gericht op de omverwerping van de bestaande maatschappelijke orde
4   Het fascisme kent een autoritaire structuur met aan het hoofd daarvan een leider aan wie charismatische eigenschappen worden toegeschreven
5   Het fascisme streeft naar de instelling van een politieke dictatuur
6   Het fascisme streeft naar een totalitaire staat met volledige controle over het maatschappelijk leven en de sociale en culturele organisaties
7   Het fascisme is extreem nationalistisch
8   Het fascisme pleit voor een continue strijd om de eigen natie te kunnen doen overleven te midden van andere staten
9   Het fascisme berust in hoofdzaak op de maatschappelijke middenklasse
10 Het fascisme streeft naar sociale eenheid en de opheffing van alle bestaande klassen- en belangentegenstellingen.

Nazisme of nationaal-socialisme is een beweging op nationalistische en socialistische grondslag en extreem racistisch. Het nazisme is een aan het fascisme verwante ideologie die na de Eerste Wereldoorlog in Duitsland ontstond. Meestal wordt het woord gebruikt als omschrijving van de dictatuur die Duitsland beheerste van 1933 tot 1945 (ook bekend als de periode van het 'Derde Rijk').

68. *Een moslimvrij Europa*

Mijn bijdrage 'Moslims horen niet thuis in Europa' voor ThePostOnline van 30 september 2015 (zie § 112) lokte veel reacties uit. Omdat ik zelf een fervent antifascist en antiracist ben, is enige toelichting noodzakelijk.

Vluchtelingen altijd gastvrij opvangen

Het is vanzelfsprekend dat Europa vluchtelingen altijd gastvrij moet opvangen. Bij deze opvang staat een langere termijn-visie voorop. Om die reden gelden de volgende principes:
- opvang bij voorkeur in de eigen regio. Europa kan dit financieel en logistiek ondersteunen
- bij opvang in Europa altijd uitgaan van terugkeer zodra mogelijk
- ondertussen zorgen de vluchtelingen met een opleiding voor onderwijs, ziekenzorg en de organisatie van de opvangcentra
- jonge vrouwen en mannen die als vluchteling in Europa verblijven, volgen een opleiding in de legerkazernes. Daar bereiden ze zich voor op dienst in een vredeskorps, het reguliere leger of het politiekorps in de landen van herkomst. Dienst in een vredeskorps betekent dat de dienstplichtigen ook een beroepsopleiding kunnen volgen.

Immigranten blijven verantwoordelijk voor hun land van herkomst

Mijn uitgangspunt is dat het de heilige plicht is van de moslims in Europa om hun zusters en broeders in islamitische landen bescherming te bieden, zodat er in die landen vrede en voorspoed komt. Omdat het mijn diepste overtuiging is, die ik als pedagoog tijdens mijn verblijf in Afrika zelf heb ervaren, dat de intelligentie en de talenten over alle rassen en etnische groepen gelijk verdeeld zijn, moet dit zeker lukken. Als er verschillen zijn dan is dit te wijten aan sociale, culturele en historische factoren.

Ik vrees dat de ellende en het vreselijk oorlogsgeweld in het Midden-Oosten en in Afrika de volgende honderd jaar zal doorgaan indien niet van buitenaf wordt opgetreden. Soennieten en Sjiieten bijvoorbeeld bestrijden elkaar al duizend jaar. Die interventie van buitenaf kan niet vanuit het Westen komen, want dan is het neo-kolonialisme en we kunnen niet onze normen en waarden aan anderen opleggen. Slechts een massale terugkeer van de moslims naar de landen van herkomst zal vrede en voorspoed daar mogelijk maken. Europa kan hier solidair aan meehelpen.

Als in het Midden-Oosten en Noord-Afrika er vrede en voorspoed zal zijn, zullen allen spanningen tussen de moslims en Europeanen, Amerikanen en Aziaten als sneeuw voor de zon verdwijnen. Op die manier zal, dank zij de solidaire samenwerking tussen de moslims en Europa, extreem-rechts geen kans krijgen om aan de macht te komen.

Wat ook belangrijk is: als de vrede is bereikt zullen de islamitische landen samen met Europa een alliantie kunnen vormen om in geheel Afrika vrede en voorspoed te brengen. Het uiteindelijke resultaat van mijn voorstel zal zijn dat moslims en zwarten trots zullen kunnen zijn over de beschaving die zij in hun eigen landen hebben gerealiseerd.

In mijn boek 'Het landverraad van de EU' is er een ander belangrijk thema waar ik hier op wil wijzen: we moeten ons bevrijden van het hebzuchtig Amerikaans kapitalisme. Ik bedoel hier geen strijd tegen de Verenigde Staten, maar tegen die kleine groep die extreem rijk wordt door een onrechtvaardige verdeling van de winst en zonder verantwoordelijkheidsgevoel voor de toekomst van de mensheid. Die hebzucht leidt tot de vernietiging van de planeet Aarde. Net zoals de moslims hun verantwoordelijkheid moeten opnemen voor de islamitische landen, moeten wij Europeanen ons verantwoordelijk gedragen om het ecosysteem alsnog te redden. Dit zal lukken als we leren soberder te leven en ons losmaken uit de betovering van het consumentisme. Als de islamitische wereld en de Afrikaanse landen met ons Europeanen zullen samenwerken, zullen ook de toekomstige generaties in vrede en voorspoed kunnen leven. De toekomst van de mensheid is afhankelijk van een goede samenwerking tussen moslims, de zwarten in Afrika en de Europeanen.

69. *Wat is de kern van mijn boek 'Het landverraad van de EU'?*

Er zijn hier twee mogelijke antwoorden op.

Vanuit filosofisch oogpunt gaat het om het verschil tussen kennis en wijsheid. Kennis is veranderlijk en we weten nooit alles. Om die reden brengt kennis instabiliteit. We zien dat bijvoorbeeld in de verschillende politieke partijen, waarvan de aanhangers er van overtuigd zijn dat zij het gelijk aan hun zijde hebben.

Wijsheid is al meer dan vijfduizend jaar hetzelfde. Het gaat om normen en waarden die niet bij meerderheid van stemmen zijn gekozen. Het gaat om geboden die de wereld menselijk maken, want de grondslag is de liefde voor de medemens.

Kennis geeft macht. De wijsheid is liefde. Kennis is bedoeld om te be-'grijpen', dit is greep krijgen op, macht verwerven. Wijsheid is wat ik ontvang en onthaal om er aan te gehoorzamen. De wijsheid gehoorzaam ik uit liefde voor de naaste en voor de Schepping die ik heb ontvangen.

Als de mensen de wijsheid tot objectieve kennis proberen te herleiden, gaat de wijsheid verloren en komt er opnieuw verdeeldheid.

Een tweede antwoord ligt eerder op praktisch vlak. Mijn boek gaat over de twee grootste problemen van deze tijd:

1. de ellende in het Midden-Oosten en Afrika. Vrede en voorspoed kunnen daar alleen bereikt worden door een massale remigratie naar de landen van herkomst, met solidaire steun vanuit Europa
2. de destructie van ons ecosysteem met onder andere de luchtvervuiling en de klimaatverandering. Alleen een drastische verandering op grote schaal van ons gedrag kan nog redden wat er te redden valt.

Wat heeft de eerste invalshoek met de tweede te maken?

Het gaat om liefde voor de medemensen en voor de planeet Aarde. Wijsheid is hier verantwoordelijk gedrag. Kennis heeft veel ellende teweeggebracht, omdat we de consequenties van de technologische ontwikkelingen en de industrialisatie niet hebben voorzien en omdat de wapenwedloop helemaal uit de hand is gelopen. Kennis zonder wijsheid leidt tot een door de mensen gecreëerde Apocalyps. Kennis is macht, leidt altijd tot oorlog en dat kunnen we ons in dit tijdperk, wegens de beschikbaarheid van massa-destructiewapens niet meer permitteren.

70. Een voorbeeld van bottom up-beleid: de ouderenzorg

Ik houd een pleidooi voor een bottom up-beleid waarin de burgers vanuit netwerken van solidariteit zelf hun verantwoordelijkheid opnemen. In eerste instantie werken de netwerken op lokaal niveau. Een voorbeeld hiervan is de wijze waarop de ouderenzorg georganiseerd zou kunnen worden.

Om deze nieuwe beleidsvorm te verduidelijken, geef ik eerst de knelpunten aan in de ouderenzorg. Deze knelpunten kunnen per land verschillen of zij zullen pas in een nabije toekomst opduiken. De volgende knelpunten kunnen alvast worden opgesomd:

- de ouderenzorg wordt onbetaalbaar. De ouderen zullen hun spaargeld moeten besteden voor hun verzorging en daarna hun bezittingen verkopen
- er is veel vereenzaming omdat hun kinderen te ver weg wonen en het te druk hebben.

Bij een bottom up-beleid nemen de burgers zelf de verantwoordelijkheid op voor de ouderen. Dit kan vanuit netwerken van solidariteit. Dit zal pas goed functioneren als de arbeidstijd drastisch wordt ingekort en als de mensen blijven wonen en werken in de omgeving waar ze zijn opgegroeid en waar de uitgebreide familie woont. We beschikken over de technologische middelen om dit mogelijk te maken.

Deze twee voorwaarden zullen velen utopisch of irrealistisch vinden. Maar is dat zo? Het is een vreemde zaak dat ondanks de fantastische technologische ontwikkelingen de druk op de werknemers en de werktijd niet zijn verminderd. Alleen de hebzucht ten gevolge van het consumentisme kan dit verklaren. Een sobere levensstijl biedt een uitweg, maar soberheid mag niet verward worden met armoede. Soberheid kan leiden tot een enorme verrijking van ons sociaal leven.

Wat betreft het wonen en werken in de eigen omgeving, kan ik het volgende zeggen. Voor de meeste mensen geldt nog steeds dat ze niet verhuizen naar andere regio's. De kosmopolieten hebben echter grote invloed op de media of ze worden voorgesteld als modelmensen. Hierdoor ontstaat een verkeerd beeld van wat de meeste mensen werkelijk willen.

Een ander argument is dat de technologische ontwikkelingen, denk bijvoorbeeld aan D3-printing en ICT, het mogelijk maken zoveel mogelijk lokaal te produceren of vanuit de eigen woning te werken.

Als we als groep ons inzetten om die voorwaarden te realiseren, kunnen netwerken van solidariteit meer en meer verantwoordelijkheid voor onze medemensen opnemen. Dit geldt niet alleen voor de ouderenzorg, maar dit is ook toe te passen in de jeugdzorg, de geestelijke en lichamelijke gezondheidszorg of in de biodynamische landbouw.

71. De Europese moslims kunnen de mensheid redden

Dat Israël tweehonderd atoombommen heeft klaar liggen, is geen gevaar voor de mensheid. Dat Pakistan ze wel heeft, zal onherroepelijk leiden tot een nucleaire catastrofe. Onvermijdelijk komt de dag dat ook Iran en Saoudi-Arabië die wapens zullen bemachtigen. Als een klein land als Noord-Korea het kan, zal het hen ook lukken.

Van waar dit verschil tussen de joodse staat en de islamitische landen? Het judaïsme is geen veroveringsreligie en blijft uitsluitend bestemd voor het joodse volk. Hiervoor hoeft geen strijd gevoerd te worden. Alleen defensie is noodzakelijk.

Vanuit het standpunt van de moslims gezien is de islam de absolute en ene ware religie. De Koran is namelijk rechtstreeks door God gedicteerd aan de profeet Mohammed. De mens kan geen jota veranderen aan de bevelen van Allah die in de Koran staan beschreven. Het gaat om een goddelijke waarheid en de sharia-wetgeving heeft absolute geldigheid. Het is niet aan de mens om zelf wetten te maken. Wie de waarheid van de islam in twijfel trekt of ermee spot met karikaturen, begaat de ergste fout die een mens kan begaan. Hij beledigt hiermee God zelve. De moslims moeten daarom een heilige oorlog voeren, totdat iedereen die absolute waarheid respecteert.

Ondanks de noodzakelijkheid van de jihad is de islam een religie van de vrede, op voorwaarde dat iedereen moslim is. In een homogeen islamitisch land leven de mensen inderdaad in vrede en ze zijn gelukkig in het besef dat zij alleen de goddelijke waarheid kennen en respecteren. Zodra er sekten ontstaan binnen de islam of zodra de moslims moeten samenwonen met ongelovigen of met mensen met een andere religie, ontstaan er problemen, die slechts opgelost kunnen worden als de eindstrijd is voltooid. Soennieten en sjiieten bestrijden elkaar al duizend jaar en dat zal de volgend duizend jaar ook het geval zijn, als de mensheid het zo lang nog zal redden. De aanwezigheid van moslims in het Westen leidt onherroepelijk tot eindeloos geweld totdat alle ongelovigen en andersdenkenden onderworpen zijn. De Franse romanschrijver Michel Houellebecq heeft dat goed begrepen[5].

Als een islamitische staat over een atoomwapen beschikt, hebben de moslims een van de machtigste middelen ooit in handen om de wil van Allah te volbrengen. Dit is niet te vergelijken met de nucleaire afschrikking ten tijde van de Koude Oorlog. Beide partijen wisten toen dat een atoomaanval tot wederzijdse vernietiging zou leiden. Bij moslims is die vernietiging geen probleem, want dan gaan ze naar het paradijs als ze de ongelovigen verdelgd hebben en er zelf als martelaren bij omkomen.

Dit was gezien van uit het standpunt van de moslims. Christenen en humanisten zien het anders. In hun ethiek staat de verantwoordelijkheid voor de Ander centraal. De Ander is eender wie. Zelfs de vijand moet worden bemind. Ook voor de toekomstige generaties moet zorg worden gedragen, bijvoorbeeld door de planeet Aarde met fauna en flora goed te beheren. Christenen en humanisten heten iedereen welkom en ze trekken de wereld in om hulp te bieden waar het nodig is. De christelijke naastenliefde is onbaatzuchtig en onvoorwaardelijk. Uiteraard zijn er in het Westen ook veel mensen die zich hier niets van aantrekken en slechts aan hun eigenbelang denken.

De Europese moslims staan hier middenin. Ze leven niet in een islamitische staat en ze werden welkom geheten in Europa. Deze moslims kennen de vrede en de absolute zekerheid van hun eigen religie, maar ook de menslievendheid van het Westen. De Europese moslims zijn daarom bij uitstek geschikt om hun zusters en broeders in de islamitische landen te vrijwaren van de totale vernietiging. Alleen door een massale terugkeer naar de landen van herkomst kan dit lukken. Dan hebben zowel de moslims als de Europeanen en de rest van de mensheid nog een toekomst.

72. Ontkerkelijking: een hedendaagse vorm van antisemitisme

Een verwerping van de joodse erfenis, dit is van de geopenbaarde waarheid, zal leiden tot een nieuwe holocaust en ditmaal van de gehele mensheid, want zonder een correcte opvolging van de geboden wordt de wereld een hel en gaat de aarde naar de knoppen. We zijn al aardig op deze weg.

Zodra God zich terugtrekt uit het Zijn is het net zoals de geest die verdwijnt uit het lichaam: de dood of de totale vernietiging volgt. Het voortbestaan van de wereld is daarom afhankelijk van het gedrag van de mensen.

Het is niet helemaal correct het nieuwe antisemitisme bij de moslims te leggen. Hun antisemitisme wordt geïnspireerd vanuit hun geloof in de absolute waarheid van de Koran. Moslims bestrijden per definitie elke andere religie. In het Westen is de ontkerkelijking een verwerping van het fundament van de Schepping en daarom is het ernstiger. Het is antisemitisme omdat de bestaansreden van het joodse volk, dit is hun rol als bemiddelaar tussen God en de mensheid wordt ontkend. In seculiere termen gezegd: de joden haten en vervolgen is een afwijzing van de boodschappers, van diegenen die de wijsheid aan de mensheid hebben gegeven. Of ze nu die wijsheid als een openbaring van een God hebben ontvangen of dat ze die wijsheid zelf helder hebben geformuleerd door er voor open te staan en erdoor geïnspireerd te worden, doet er niet toe.

Door ons ethisch te gedragen houden we het Zijn in stand, omdat het Zijn dan zijn zin behoudt. De wereld bestaat en blijft bestaan omdat er mensen zijn die de anderen en de Schepping lief hebben. God kan er geen einde aan maken, zolang er liefde op aarde is. De mensen die zich verantwoordelijk gedragen, houden de wereld in stand.

De mens heeft een allesbepalende verantwoordelijkheid en dat ligt in het zijn-voor-de-Ander met inbegrip van het zijn-voor-het-Andere, wat identiek is aan de Schepping.

73. Wat indien de Afrikaanse landen nog Europese kolonies zijn?

Probeer eens de volgende vraag te beantwoorden: 'Hoe zouden de Afrikaanse landen er nu voor staan indien het nog steeds Europese koloniën zouden zijn?'. Met als bijkomende vraag: 'Hoe zou het kolonialisme ondertussen geëvolueerd zijn?'.

Je zou deze vragen kunnen stellen aan gewone burgers in Afrika.

Het kolonialisme zou wellicht geëvolueerd zijn: in plaats vanuit een superioriteitsgevoel en een patriarchale instelling, zou een relatie van broederschap, gelijkwaardigheid en wederzijds respect tot stand gekomen zijn. De vraag is wat dit heeft verhinderd en waarom de onafhankelijkheid tot zoveel ellende moest leiden.

Slavenhandel en bloedige stemmenoorlogen teisteren al eeuwen het Afrikaanse continent. In het begin van het koloniale tijdperk werden de Kongolese slachtoffers van die strijd door een onnozele Amerikaanse historicus toegeschreven aan de hebzuchtige politiek van Leopold II. Toen kwam er een einde aan de slavenhandel, heerste relatieve vrede en was er een begin van welvaart voor de bevolking. Met de onafhankelijkheid van die landen begon de ellende van voren af aan. Die Amerikaanse historicus zal de schuld van die meer dan honderd miljoen slachtoffers die toen vielen, wellicht leggen bij de Secretaris-Generaal van de Verenigde Naties.

74. De islamitische ethiek staat haaks op de Europese

Islam en Europa hebben elk een verschillende ethiek die haaks op elkaar staan. Het gaat om fundamentele verschillen in normen en waarden. In het bijzonder gaat het (1) om verschillen in hoe de relatie tot de Ander, tot de medemensen, wordt gezien en (2) om de relatie tot het geloof, tot wat in de Bijbel staat of in de Koran, of meer algemeen de manier waarop we de waarheid opvatten.

-1- de relatie tot de Ander, tot de medemensen

Bij christenen en humanisten staat de naastenliefde centraal. Deze liefde is onvoorwaardelijk en onbaatzuchtig. Ook de vijanden, andersdenkenden, ongelovigen, homo's hebben we lief. Er zijn natuurlijk mensen die zich daar niet aan houden.

Bij de moslims is de ongelovige, de christen, de jood de ander die niet gelooft in de absolute waarheid van de Koran. Het gaat om een tekst die door Allah persoonlijk werd gedicteerd aan de profeet Mohammed. Het niet geloven van die waarheid is een grove belediging van Allah. Spotten met Hem door een karikatuur te maken is het ergste kwaad dat een mens kan doen. De Ander moet worden onderdrukt, onderworpen en desnoods gedood want dat is onze plicht tegenover de almachtige God.

Dit is geen kritiek op de islam. Ik probeer het gewoon te begrijpen. Als de Koran inderdaad een tekst is die door God werd gedicteerd, dan hebben de moslims gelijk.

Het geweld in de Bijbel is meestal gericht tegen het joodse volk zelf. De vijanden van de joden zijn een instrument van God om de joden te straffen voor onrechtvaardig gedrag. Het geweld in de Koran is gericht tegen de ongelovigen, de andersdenkenden.

-2 - de relatie tot de Waarheid

In de Bijbel vinden we het Woord van God, maar hier is sprake van een dialoog. Profeten en aartsvaders gaan af en toe in discussie met God. Abraham wordt beschreven als de vriend van God. Studie en uitleg van de bijbeltekst is een belangrijke taak van de mensen om steeds dieper door te dringen in de waarheid van de Bijbel. Wie een vraag stelt of een kritische opmerking maakt over een tekst, krijgt alle aandacht. Zelfs een kind zou wel eens iets ontdekt kunnen hebben in de tekst, dat volwassenen over het hoofd hebben gezien.

Bij de moslims is de waarheid absoluut. De wetten volgens de Koran zijn absoluut. De mens kan hier geen jota aan veranderen. De mens kan niet zelf zijn wetten maken. Kritische vragen worden onmiddellijk zwaar bestraft. Wie afwijkt van de leer wordt streng veroordeeld. Afvalligheid is ondenkbaar. De islam is een dwingend systeem en wie daarin is opgegroeid kent het begrip vrijheid en vrijheid van meningsuiting niet.

Joden en christenen leren een kritische houding aan te nemen. In de Bijbel staat het vol met voorbeelden van aartsvaders en profeten die in discussie gaan met God, die het niet altijd eens zijn met God en ook weigeren te doen wat God van hen vraagt. Een voorbeeld van dit laatste is de vernietiging van Sodom en Gomorra: aan God wordt de vraag gesteld dat als er daar rechtvaardigen wonen, dan kan je ze toch niet doden?.

Een joods kind dat een kritische vraag stelt of een eigen interpretatie geeft aan een tekst uit de Bijbel, krijgt alle aandacht. Elke mens, elk kind kan een nieuwe betekenis ontdekken in die teksten. Een minutieuze en kritische studie wordt sterk aangemoedigd.

Die kritische geest is fundamenteel voor het wetenschappelijk onderzoek: minder dan één procent van de wereldbevolking is joods, maar 27 procent van de nobelprijswinnaars is jood.

De traditie van onderdrukking van de kritische geest, is er oorzaak van dat de islam weinig bijdraagt aan de cultuur en de wetenschap. De tolerantie tegenover een kritische houding heeft de democratie mogelijk gemaakt.

Ook dit is geen kritiek op de islam. Als de Koran de absolute waarheid is, dan is alleen leven volgens die waarheid het enige wat zin heeft. Binnen hun cultuur is voor de moslims een dictatuur of een totalitaire staat de meest voor de hand liggende.

75. Soberheid is geen armoede, maar rijkdom

In een interview zei de president van Shell dat kiezen voor geen gebruik van fossiele brandstoffen kiezen is voor armoede. Deze man kent het onderscheid niet tussen armoede en soberheid.

76. Een robot heeft meer vrijheid dan een moslim

Boualem Sansal is een Algerijnse schrijver die in zijn boek 2084[6], refererend naar 1984 van George Orwell, waarschuwt voor het islamitisch totalitarisme. Orwell voorspelde drie grootmachten die permanent met elkaar in oorlog zijn om de planeet Aarde te domineren; dat waren Oceania, Eastasia en Eurasia. Boualem voegt er Abistan als vierde bij. Abistan staat voor het islamitisch totalitarisme. Hij denkt hierbij niet zozeer aan de Islamitische Staat (IS), want die staat is zo crimineel en krankzinnig dat landen als Iran en Turkije er gauw genoeg van zullen hebben en IS zullen verpletteren. Abistan komt langzaam op gang. Dit proces gaat niet alleen via de weg van het geweld, maar ook via de rijkdom van sommige islamitische landen, de creatie van een eigen financieel systeem, de investeringen in islamitisch onderwijs, de media en de humanitaire activiteiten. Het gaat hier om een lange termijn-visie.

Iran kan gezien worden als een voorloper van Abistan. Iran weet handig gebruik te maken van het terrorisme om concessies van het Westen af te dwingen. Als Iran IS zal uitroeien, zal het worden gezien als het land dat ons gered heeft van een gevaarlijke terroristische organisatie. Ook Turkije is een kalifaat aan het worden met als doel het Ottomaanse Rijk te herstellen. Iran is door zijn strategische ligging in staat de meeste invloed uit te oefenen op de andere islamitische landen.

Boualem geeft toe dat alle religies tot geweld kunnen leiden. Elke religie kan tot doel hebben God lief te hebben en tegelijkertijd de mens af te keuren en de mensheid te haten. De katholieke kerk heeft in het verleden een kwalijke rol gespeeld toen het een sterke wereldse macht was. Dit was echter een afwijking van het ware christelijk geloof. Bij de islam is dit anders. De islam voert principieel een politieke strijd. De profeet Mohammed was een staatshoofd en een militair leider. De religie werd en wordt gebruikt met strategische en politieke doeleinden. Christus zei daarentegen dat zijn koninkrijk niet van deze wereld was.

De islamitische wetgeving of de sharia regelt alle aspecten van het leven van een moslim. Boualem zegt hierover: 'Een robot heeft meer vrijheid dan een moslim die zijn religie radicaal toepast'. Een ongelukkig aspect van de islam is dat er geen enkele ruimte is voor de interpretatie van de teksten. Dat werd al in de 12de eeuw beslist toen werd aangenomen dat de Koran het woord is van God en dat niemand erover kan discussiëren. Dit was een politiek besluit van de toenmalige kaliefen om hun wettelijk gezag te verstevigen. Dit besluit heeft geleid tot de ondergang van de oosterse beschaving. We kunnen ons hierbij afvragen of de dictatuur van het politiek correcte denken ook niet tot de ondergang van de westerse beschaving zal leiden.

Salsan Boualem vergelijkt de radicale islam met het nazisme. Beide zijn ideologieën die gebaseerd zijn op de verheerlijking van de charismatische leider, op de uitroeiing van alle tegenstanders en om de militarisering van de samenleving. De moslimbroeders bijvoorbeeld hebben zich laten inspireren door de ideologie van de nazi's. Er was een alliantie tussen de mufti van Jeruzalem en Hitler.

Zowel in Noord-Afrika als in Europa zijn er in de voorsteden getto's ontstaan waar de islamitische republiek in feite regeert. Daar komt de politie nauwelijks nog binnen. Om de invloed te keren werd in Algerije al in 1991 de hoofddoek verboden in de openbare ruimte. Dat heeft niet geholpen. De angst en het gebrek aan perspectief sturen de jongeren in de richting van de radicale islam. Zelfs autochtonen en seculieren bekeren zich tot de islam. In sommige regio's wint het islamisme op spectaculaire wijze terrein.

77. Tsimtsum of God die zich heeft teruggetrokken

Er is een joodse wijsheid die zegt dat de Schepper de wereld voor de mensen bewoonbaar heeft gemaakt. Daarna heeft God zich uit de wereld teruggetrokken. In de Kabbala, een vorm van joodse mystiek, heet deze terugtrekking tsimtsum. Dit betekent dat de alomtegenwoordige God zich bij de schepping heeft teruggetrokken. De oneindigheid heeft zich iets samengetrokken, om ruimte te maken voor de spirituele en fysieke wereld, waarin ook de vrije wil van de mens bestaat. Dit betekent dat God aanwezig is in zijn afwezigheid, zoals een spoor van een wezen dat weg is, maar in zijn spoor nog aanwezig is. Nu is er de dreiging van een tweede tsimtsum, waarin God niet meer aanwezig is en het universum zinloos zal dwalen in het Niets. Hoe dit verhinderen? Het is aan de mensen om de wereld bewoonbaar voor God te maken.

Voor wie niet in God gelooft, kan deze wijsheid als volgt vertaald worden: toen we geboren werden, hebben we de wereld en de mensen om ons heen aangetroffen. De mens heeft de wereld niet zelf geschapen. De wereld is een gift, waarin we een hele tijd best gelukkig kunnen leven. Hoe gaan we met deze gift om? Zullen we de wereld met respect behandelen, zodat ook anderen en volgende generaties er gelukkig in kunnen leven? Zullen we onze naasten met liefde behandelen, zoals ook zij ons in liefde hebben laten opgroeien?

Zoals de mensheid zich nu gedraagt, is een tweede tsimtsum mogelijk. Hierbij trekt God zich niet alleen terug, maar laat Hij het universum aan haar lot over in de chaos van het Niets. Een eeuwig dwalen zonder hoop.

78. *Een zondig leven*

Eisen dat hij zich integreert in de westerse samenleving is voor een moslim een grove belediging. Het staat gelijk aan hem aanzetten of verleiden tot een zondig leven.

79. *Een verborgen vorm van apartheidspolitiek?*

In meerdere teksten stel ik voor dat de Europese moslims terugkeren naar de landen van herkomst. Sterker nog, ik vind dat dit zou moeten gelden voor alle mensen waarvan de voorouders niet in Europa woonden. Het belangrijkste argument hiervoor is nog niet van kracht, maar ik vrees dat mijn voorstellen de enige oplossing zijn om een nieuwe holocaust te voorkomen in tijden van grote rampspoed. Wat die rampspoed concreet zal zijn, weet ik niet. Hoogstwaarschijnlijk dat een cumulatie van dramatische ontwikkelingen (terrorisme met nucleaire wapens, een mondiale epidemie, lange droogte in grote gebieden, een vulkaanuitbarsting die mislukte oogsten tot gevolg heeft, een beurscrash, ...) tot een explosie zal leiden.

In mijn visie is er geen oproep tot geweld en geen apart zetten van een bevolkingsgroep die als minderwaardig wordt beschouwd. Het gaat om een rationeel antwoord op wat komen gaat.

Is een verwijzing naar Levinas wel verantwoord? Ik vind dit een delicate kwestie, waar ik heel lang heb over nagedacht. Mijn voorstellen zijn namelijk bedoeld om het Europese continent machtig te maken, vanuit een sterke identiteit waarin de joods-christelijke en humanistische ethiek centraal staat. Alleen een machtig en coherent Europa zal haar verantwoordelijkheid voor de wereld kunnen opnemen. Met dit laatste sluit ik aan bij Levinas. Levinas is bij uitstek diegene die de Ander, zonder onderscheid naar ras of eender welke eigenschap, centraal stelt. Het ik moet zich verantwoordelijk gedragen voor eender welke Ander.

Levinas zegt ook dat we onze rede moeten gebruiken en dat we eerst onszelf moeten ontplooien om te kunnen geven, om onze verantwoordelijkheid te kunnen opnemen.

Op Europees niveau zeg ik dat Europa eerst en vooral krachtig moet zijn om solidair te kunnen zijn met de Ander (hierbij inbegrepen de mensen ver weg in ontwikkelingslanden en de moslims in het Midden-Oosten en Noord-Afrika). Die kracht wordt bepaald door een gemeenschappelijke moraal, door een gemeenschappelijk fundament. Omdat de ethiek van de islam haaks staat op onze moraal, is de massale aanwezigheid van de moslims in Europa een groot gevaar. Een burgeroorlog dreigt en dat zal ons erg verzwakken. We zien nu al de gevolgen van de massa-immigratie: de kosten zijn enorm en dat zal tot nog meer interne spanningen leiden, vooral als de economie het ook laat afweten.

Ik wil hier heel sterk benadrukken dat ik geen negatief oordeel wil uitspreken over de islam of over de moslims. Maar ook voor de moslims en de islam zou het een uitstekende zaak zijn als er vrede en voorspoed komt in het Midden-Oosten en Noord-Afrika; dit kan in mijn opvatting alleen als Europese moslims massaal terugkeren naar de landen van herkomst en hierbij de solidaire steun krijgen van Europa.

80. *De gesel Gods slaat Europa*

De overweldiging van Europa door miljoenen moslims is de gesel Gods om ons te straffen. De meerderheid van de Europeanen is ondankbaar tegenover de Schepper. Zij doen alsof ze de aarde en het leven zelf hebben gemaakt en doen alsof ze naar willekeur kunnen handelen. Maar de aarde en het leven zijn een gift. Bij onze geboorte hebben we een aarde aangetroffen die voor mensen bewoonbaar is en mensen die voor ons zorgen. De geboden dat er maar één God is en dat we onze ouders moeten eren, betekenen niets anders dan een verwijzing naar onze plicht dankbaar te zijn voor de gift van de aarde en van het leven. Over wat we hebben gekregen moeten we goed rentmeesterschap uitoefenen, want ook de anderen en de volgende generaties zijn er afhankelijk van. Dankbaarheid die zich moet uiten in het bewoonbaar maken van de wereld voor de Schepper en in verantwoordelijk gedrag of liefde voor de medemensen. Dit zijn de twee pijlers van een beschaving die de Oorsprong van het Al niet vergeten is en waarin de mensen zich voortdurend bezinnen over wat zin geeft aan hun leven.

Ik durf hier te beweren dat die dankbaarheid niets te maken heeft met al of niet in God te geloven. Het heeft niets te maken met de keuze om gelovig of om ongelovig te zijn. Het gaat erom of we ons boven de materie en de dieren stellen en ons verantwoordelijk willen gedragen ten aanzien van wat we hebben aangetroffen en wat niet door de mensen zelf is geschapen.

81. *Waarom kan de ethiek ons redden?*

De samenleving hangt aan elkaar dank zij een gemeenschappelijke ethiek, dit zijn gemeenschappelijke normen en waarden. Hierdoor voelen de mensen zich met elkaar verbonden. Die verbondenheid stelt ons in staat tot grote prestaties, tot solidariteit met elkaar en ten aanzien van anderen.

Dit houdt uiteraard ook een gevaar in: eendracht maakt macht. Verbondenheid is voorwaarde van macht. Macht kan misbruikt worden. Ik heb het liever over 'kracht': kracht om solidair te kunnen zijn.

Het tegengaan van misbruik van macht is een van de kernpunten van de joods-christelijke en humanistische ethiek. Hier wordt de macht gebruikt als een kracht om de Ander beter te dienen.

Er zijn periodes geweest waarin ook de Kerk haar macht heeft misbruikt, toen ze wereldse macht had en als er geen scheiding was tussen kerk en staat. Dat is echter tegen de geest van het christendom.

De islamitische ethiek staat haaks op de onze. Die religie is slechts een religie van de vrede in een homogeen islamitisch land. De islam kent geen scheiding tussen kerk en staat. Daarom staat macht centraal in de islam. De dictatoriale regimes die er vaak mee samenhangen zijn een gevolg van het misbruik van die macht.

De ethiek kan ons redden van twee grote gevaren: (1) de islam als veroveringsreligie die de Ander wil onderdrukken en (2) de reductie van onze normen en waarden tot consumeren, met als gevolg een destructie van ons ecosysteem. Het tweede gevaar acht ik veel groter dan het eerste, omdat de meeste moslims ook mensen van goede wil zijn. Ik wil alleen maar zeggen dat de islam anders is, zo anders dat ze niet verenigd kan worden met onze beschaving. Eisen van een moslim dat hij zich integreert in onze cultuur is voor hem een grove belediging. De islam is voor hem de absolute en definitieve waarheid.

Vandaar mijn voorstel om er zorg voor te dragen dat de moslims in een homogene islamitische cultuur in vrede en voorspoed kunnen leven en vandaar ook mijn voorstellen om sober te leven.

82. Is spontane terugkeer van de moslims geen utopie?

Als zij de kans krijgen een sleutelrol te spelen in het vredesproces en de opbouw van de landen van herkomst, worden de voorwaarden gecreëerd voor leven in landen waar ze echt thuishoren, waar hun wortels liggen, waar ze samenwonen met mensen met wie ze een duizendjarige geschiedenis delen.

Bovendien wonen ze dan in een land waar de islam inderdaad de religie van de vrede is.

Als Europeanen en moslims deze positieve doelen voor ogen houden, kan er een dialoog ontstaan en een politieke alliantie. Europa kan samen met de islamitische landen een waarborg zijn voor wereldvrede en goed rentmeesterschap over de planeet Aarde.

83. Is er een verband tussen de massa-immigratie en de gevolgen van de klimaatverandering?

Er is onder wetenschappers geen overeenstemming over dit verband, vooral omdat meerdere factoren een rol spelen om mensen ertoe te motiveren om te emigreren.

De burgeroorlog in Syrië begon in maart 2011 en was het resultaat van complexe, met elkaar verband houdende factoren zoals: het verlangen naar een ander politiek regime, religieuze en sociopolitieke factoren, de verslechterende economische situatie, de golf van hervormingsgezinde bewegingen in het Midden-Oosten en Noord-Afrika (de zogenaamde 'Arabische lente'), het watertekort en de gevolgen van de klimaatverandering. De langdurige droogte had een directe invloed op de economie van Syrië. In die regio zijn er al lang conflicten over de waterhuishouding.

Willen we het conflict in Syrië analyseren en zoeken naar oplossingen, dan moet rekening gehouden worden met een veelvoud van factoren en complexe verbanden.

84. Ik pleit voor zoveel mogelijk een rationele benadering: op die manier is het mogelijk een zekere afstand te bewaren en alle partijen recht te doen.

85. *Recht spreken over de derde*

Is het wel terecht te verwijzen naar Levinas? Wordt in mijn teksten de Ander niet afgewezen (Moslims horen hier niet)?

Naast het voor-de-Ander moet ook recht worden toegepast. De derde is ook verantwoordelijk voor de naasten. Ik kan de Ander niet aan zijn lot overlaten, als hij wordt belaagd door een derde die zijn verantwoordelijkheid niet opneemt. Dit is de belangrijkste taak van de rechtspraak in het politiek krachtenveld.

Mensen in landen van herkomst mogen door de emigranten niet aan hun lot worden overgelaten. Vooral als de middenklasse vertrekt, verliest het land de groep die een gematigde en verzoenende rol kan spelen.

Mijn grootste zorg is hoe voorkomen dat extreem-rechts aan de macht komt: dit wil zeggen dat we alles in het werk moeten stellen om te verhinderen dat er derden zijn die onze naasten via geweld en vernedering willen uitwijzen. Om de machtsovername van extreem-rechts te voorkomen, moeten we alles in het werk stellen om landen waar armoede en oorlog heerst te helpen. Het paradoxale is dat de moslims ons kunnen behoeden voor extreem-rechts, door te bewijzen dat in de landen van herkomst beschaving kan heersen.

86. *Immigratie*

Merkel redeneert vanuit economische motieven. Voor de groei van de economie en om de gevolgen van de vergrijzing tegen te gaan is massa-immigratie een goede zaak. Die stelling wordt vrijwel elke week benadrukt in het Britse weekblad The Economist, waar ik al twintig jaar op geabonneerd ben. En inderdaad, in de politiek zijn het vrijwel uitsluitend economische belangen die een rol spelen. Maar zijn het niet juist onze economische activiteiten die onze planeet naar de verdoemenis helpen. Of willen en mogen we dat niet zien?

Ik pleit ervoor spirituele motieven de hoofdrol te geven. De economie kan ten dienste staan van deze motieven. Vandaar dat ik economie definieer als een gezamenlijk project om armoede en miserie uit de wereld te helpen. Ik bedoel hiermee dat de mensen hun verantwoordelijkheid moeten opnemen voor de anderen, voor mensen ver weg, voor de mensen in de landen van herkomst en voor de toekomstige generaties.

Vandaar mijn oproep aan de Europese moslims om hun verantwoordelijkheid op te nemen voor hun zusters en broeders in de landen van herkomst. Met solidaire steun van Europa. De vrede en de voorspoed zullen in het Midden-Oosten en in Noord-Afrika niet bereikt worden met bombardementen. Er is goed onderwijs nodig, meer werkgelegenheid, sociale voorzieningen, een betrouwbare politiemacht, regeringsleiders die sober leven en het goede voorbeeld geven.

87. *Een godsdienst voor volwassenen*

Deze paragraaf is geschreven op basis van een lezing uit 1957 van Emmanuel Levinas in de abdij van Tioumliline in Marokko. Deze abdij werd in 1968 opgegeven op bevel van de Marokkaanse regering, want de islam en het christendom kunnen niet samenleven.

In een godsdienst voor volwassenen is de vrijheid van de mens een noodzakelijke voorwaarde. In hoeverre is deze individuele vrijheid in overeenstemming te brengen met het geloof in een almachtige en alomtegenwoordige God? Vrijheid betekent dat de mens niet in vervoering wordt gebracht of niet begeesterd wordt door bovennatuurlijke of magische krachten. In dit geval is religie puur magie of bijgeloof.

In een godsdienst voor volwassenen voelt de mens de tegenwoordigheid van God aan via zijn relatie met de Ander. Gedraagt hij zich rechtvaardig tegenover de Ander, dan treedt hij in relatie met God. De ethiek is niet iets dat voortvloeit uit ons geloof in God, maar is het geloof in God zelf. Dat God barmhartig is, wil zeggen dat ik barmhartig moet zijn tegenover de anderen. De kennis van God komt tot ons als een gebod, namelijk het gebod om zijn naasten lief te hebben. De kennis hiervan is de basis van alle realiteit. Onze band met God loopt via de naaste en valt samen met sociale rechtvaardigheid: dat is de geest van de Bijbel.

Een godsdienst van volwassenen gaat uit van een wereld die door God is geschapen. Het bewustzijn hiervan betekent dat ik de wereld en wat die wereld bevat niet zomaar wederrechtelijk kan toeëigenen. De wereld is een gift. *Bezitten is altijd ontvangen.*

De vrije mens is zelfbewust. Zijn zelfbewustzijn is een moreel bewustzijn. Dit laatste betekent dat ik niet zomaar voor mijzelf mag leven. Een godvruchtig mens is een rechtvaardig mens. Door rechtvaardig te zijn voor de Ander kom ik God heel nabij. Godsdienst is daarom geen kwestie van sentiment, maar van rechtvaardigheid.

Rechtvaardigheid is een eis die de mens in een uitzonderlijke positie plaatst. Het gaat niet om wederkerigheid: de Ander staat hoger dan het ik. Het ik moet niet als Kaïn de vraag stellen 'Ben ik de hoeder van mijn broeder'; de mens *is* de hoeder van zijn broeder. Ik ben niet de gelijke van de Ander. Ik heb verplichtingen tegenover de Ander. Verplichtingen die nooit ophouden. Ik kan nooit zeggen: 'Nu ben ik goed genoeg geweest'. Opdat er gelijkheid in de wereld zou komen, moeten er mensen zijn die meer van zichzelf eisen dan van anderen; mensen die zich verantwoordelijk voelen. Van die mensen hangt het lot van de wereld af. Deze mensen laten hun gedrag en hun oordeel niet afhangen van de loop der geschiedenis. Zij nemen hun eigen lot in handen, dit wil zeggen dat ze zich laten leiden door morele waarden die universeel zijn.

Past nationalisme in deze visie over een godsdienst voor volwassenen? Ja, op voorwaarde dat het nationalisme gebaseerd is op universele morele waarden. In dit geval is het doel van het nationalisme samen sterk te zijn om rechtvaardigheid voor andere volkeren mogelijk te maken. Nationalisme in dienst van de wereldgemeenschap. Politiek is dan een gemeenschappelijk project om vrede en recht te laten zegevieren. Economie is dan een gemeenschappelijk project om de armoede en de miserie uit de wereld te helpen. Bezitten is inderdaad altijd ontvangen, daarom moeten we zelf kunnen geven. Dat is de ware religie voor volwassenen.

88. *Een positieve invalshoek*

Mijn motivatie om te schrijven vloeit voort uit het besef dat in deze tijd er twee grote risico's zijn, die tot noodlottige ontwikkelingen kunnen leiden. Ik wil eerst en vooral benadrukken dat een positieve boodschap in mijn boek prioriteit heeft, met name vrede en voorspoed brengen in het Midden-Oosten en Afrika en ons gedrag zodanig veranderen dat onze planeet bewoonbaar blijft.

Wat er allemaal voor vreselijk is gebeurd in de vorige eeuw zou een voorproef kunnen zijn voor wat er in de 21ste eeuw staat te gebeuren. Ik probeer in mijn publicaties de vraag te beantwoorden hoe we dit kunnen vermijden.

De twee risico's waaraan ik denk zijn ten eerste de polarisatie van de samenleving ten gevolge van de vermenging van twee culturen, waarvan de normen en waarden haaks op elkaar staan. De ethiek van het Westen en die van de islam botsen voortdurend met elkaar. Dit tast de sociale cohesie aan. Dit zien we op Europese schaal, maar ook op nationale schaal. In sommige landen staat al dertig procent achter extreem-rechts. Gebrek aan cohesie verzwakt Europa hopeloos.

Ten tweede geloof ik niet dat internationale verdragen of het huidige politiek beleid ons milieu zullen redden. Economische belangen, zeg maar hebzucht, spelen een te grote rol. We horen steeds wat er over 20 of 30 jaar moet veranderd zijn, terwijl de miljarden mensen hun dagelijks gedrag *nu* moeten veranderen.

Welke oplossingen zie ik voor me? In het kort denk ik aan het volgende: (1) alles in het werk stellen om vrede en voorspoed in het Midden-Oosten en Noord-Afrika te brengen. Dit zal slechts lukken als een massa van immigranten terugkeert naar de landen van oorsprong en met solidaire hulp vanuit Europa deze doelen realiseert. In eerste instantie zal een vredeskorps georganiseerd moeten worden bestaande uit jonge moslims. Daarnaast moet Europa over een groot leger beschikken om de binnenlandse veiligheid te waarborgen. (2) via netwerken van solidariteit moeten de burgers zelf initiatieven nemen om nog te redden wat er te redden valt van ons ecosysteem en om de regionale, nationale en internationale solidariteit in concrete daden en acties vorm te geven. Deze netwerken vervangen het top down-beleid door een bottom up-beleid.

89. *Een school voor terroristen*

Een tijd geleden gaf ik een lezing op een school waar een van de terroristen die een bloedbad aanrichtte in de Bataclan in Parijs, toen leerling was. Om mijn lezing goed voor te bereiden had ik vooraf de school bezocht en enkele leerkrachten geïnterviewd. De school bestond uit 95 procent allochtone leerlingen. Het waren voornamelijk jongens en meisjes die uit andere scholen wegens hun wangedrag waren verwijderd en die nergens anders nog welkom waren.

In die school heerste een moedeloze sfeer. Ik kreeg niet de indruk dat de leerlingen een gedegen opleiding kregen waardoor hun toekomstperspectief enigszins zou verbeteren. De afdeling autotechniek bijvoorbeeld was gevestigd in een donkere kelder waar enkele oude autowrakken stonden. Het ontbrak gewoon aan het materiaal om hen moderne technieken aan te leren.

Noch de directie, noch de leerkrachten valt hier iets te verwijten. Na het bloedbad in de Bataclan, waarbij 89 doden vielen, heeft het stadsbestuur van Brussel nog geprobeerd de schooldirecteur de zwarte piet toe te spelen, maar dat vond ik beschamend.

Willen we met deze zeer moeilijke groep leerlingen nog iets bereiken, dan moet op meerdere fronten tegelijkertijd worden gewerkt. Dat is een kostbare zaak, maar als het lukt om de helft van de leerlingen zodanig op te leiden dat ze later werk zullen vinden en zodanig te inspireren dat ze positief staan tegenover onze samenleving, dan is de investering op de langere termijn uitermate winstgevend.

Wat bedoel ik met werken op meerdere fronten? Op de school moet bijvoorbeeld een afdeling van jeugdzorg worden gevestigd. De jeugdhulpverleners kunnen dan zorgen voor de begeleiding van de gezinnen, voor actieve deelname van de jongeren aan buitenschoolse activiteiten, voor huiswerkbegeleiding en andere vormen van bijscholing, voor sociale vaardigheidstrainingen. Ook kunnen de jeugdhulpverleners contacten leggen met moskeeën, met kleine bedrijven waar die leerlingen stage kunnen lopen en met vrijwilligers die iets willen doen voor deze jongeren en de gezinnen. Op die manier ontstaat rondom de school een 'netwerk van solidariteit', waardoor de jongeren en hun ouders ervaren dat de samenleving om hen geeft.

Daarnaast moeten natuurlijk de beste vakmensen worden aangetrokken voor deze moeilijke groep die overal elders mislukt is. Die leerkrachten verdienen een flinke salarisverhoging. Zij moeten kunnen beschikken over het beste lesmateriaal.

Hoe de leerlingen van deze school motiveren voor de opleiding? Ik deed tijdens mijn lezing een 'krankzinnig' voorstel: biedt deze leerlingen een militaire opleiding! Het doel hiervan is dat zij na deze opleiding deelnemen aan een vredeskorps. Dit korps zal meewerken aan het herstel van de vrede en de opbouw van de landen waar deze leerlingen of hun ouders vandaan komen. Tijdens die militaire opleiding doen ze ook de nodige vakkennis op om aan die vredesmissies mee te werken.

Krankzinnig? Indien Europa zo iets zo organiseren zou de terrorist die zoveel leed heeft veroorzaakt, nu een opbouwwerker zijn in Syrië of Libië.

90. *De tunnelvisie van de machthebbers*

De politieke machthebbers verkeren in hun eigen kringen, waardoor ze een tunnelvisie ontwikkelen. Dit zien we bij Merkel en Hollande en de lilliputters doen wat de grote jongens zeggen.

Een doorbraak is slechts mogelijk als de massa in beweging komt. Dat kan een revolutie zijn, maar er is ook de dreiging dat het volk massaal voor extreem-rechts zal stemmen. In sommige Europese landen behalen extreem-rechtse partijen al 30 procent van de stemmen en het gaat economisch nog niet eens slecht. De gepensioneerden zijn er al 20 procent in koopkracht op achteruitgegaan. Nu is het de beurt aan de uitkeringstrekkers. Als de middenklasse ook armer zal worden, dan gaan de poppetjes dansen.

Een doorbraak kan ook komen bij zeer dramatische gebeurtenissen, bijvoorbeeld als met een vuile bom in een stad of regio honderdduizend mensen hun huis niet meer kunnen verkopen.

Mijn boek kan worden gezien als een handboek om hierop voorbereid te zijn. Ik geef een alternatief om menselijkheid op de wereld te laten zegevieren.

91. *Eenheid door een gemeenschappelijke moraal*

Elk land moet het eigene ontwikkelen, zodat het ten dienste kan staan van de wereld en kan meewerken aan de eenheid van de wereld. Met eenheid wordt bedoeld dat alle volkeren één familie vormen met de wereld als ons gemeenschappelijk huis. In dat huis wordt de eigenheid van elk lid gerespecteerd en krijgt ieder zijn kans zich persoonlijk te ontwikkelen.

Dat we één familie zijn betekent ook dat we gericht zijn naar de anderen, dat we achter alle tegenstellingen ook de eenheid zoeken. Die eenheid is geen uniformiteit, ieder land kan zichzelf zijn zoals elk lid in de familie zichzelf kan zijn, maar we leven wel samen. We zijn, met andere woorden, verantwoordelijk voor elkaar en ik meer dan de anderen.

Israël is hier een voorbeeld van: de joden die er komen wonen behouden hun Franse, Poolse, Russische of Noord-Afrikaanse wortels. Ieder brengt zijn eigenheid mee, maar ze vormen wel één solidaire staat met een gemeenschappelijke moraal.

92. *Islam en geweld*

Gaat de islam samen met extremisme, fanatisme en terrorisme? De meeste moslims willen niets met IS te maken hebben. Het zijn trouwens voornamelijk moslims die het slachtoffer zijn van IS en van andere islamitische fanatici. Elke religie kent of heeft extremistische sekten gekend, maar die sekten komen wel voort uit een al of niet vermeende zuivere toepassing van de leer.

Het Einde der Tijden

In de islamitische traditie leeft het idee dat er een tweede kalifaat op komst is, dat het begin zal zijn van het Einde der Tijden. De val van het Ottomaanse rijk betekende het einde van het eerste kalifaat, waarna in de islamitische wereld tirannen aan de macht kwamen. IS proclameert het tweede kalifaat, dat volgens de traditie gepaard zal gaan met een apocalyptische strijd met de ongelovigen. Hoe meer bloed van ongelovigen vergoten zal worden, hoe sneller het Einde der Tijden bewerkstelligd zal worden. Daarna zal de heilstaat worden gevestigd.

Een zwak en verweekt Westen met zwakke politici

Het Westen kan met dit geweld niet omgaan. We leven al zeven decennia in vrede en welvaart, zodat we verwend en verweekt zijn geraakt en geweld het liefst zo ver mogelijk van ons afschuiven. Het Westen is daarom een makkelijke prooi voor fanatici.

Het Westen gelooft heilig in diplomatieke oplossingen om via onderhandelen en het afsluiten van verdragen tot compromissen te komen. Tegenover islamitische fanatici is dit de slechtst denkbare strategie en uitermate naïef. Sommige groepen zullen weliswaar op een gegeven moment een overeenkomst willen aangaan, maar dit wordt gezien als een tijdelijk middel om tijd te rekken en zich nog beter voor te bereiden op de eindstrijd.

De strijd komt steeds dichter bij Europa. IS in Lybië bevindt zich op enkele honderden kilometers van Europa. Af en toe komen de strijders op ons grondgebied aanslagen plegen. De dreiging is altijd voelbaar aanwezig, want de militairen zijn uit ons straatbeeld niet meer weg te denken.

Europa is helaas vergrijsd, risicomijdend, er is geen vechtlust meer, er is nauwelijks sprake van een echt leger en Europa wordt geleid door zwakke politici. Bovendien werkt Europa niet samen met de logische bondgenoten in de strijd tegen de veroveringsreligie die de islam in werkelijkheid is. Die logische bondgenoten zijn Rusland en Israël. De Nederlandse trendwatcher Adjieid Bakas noemt een bondgenootschap van Europa met deze twee landen *de As van de Hoop*. We zien echter dat Europese politici Israël willen boycotten en de Amerikanen hitsen Europa binnen de Navo op tegen het Rusland van Poetin. Europa is nooit zo zwak geweest.

Een massa jongeren zonder toekomstperspectief

Europa verliest ook op een ander front: zowel in het Midden-Oosten als in heel Afrika is er een demografische explosie waardoor een massa jonge mannen, die in hun eigen landen geen toekomstperspectief hebben, klaar staat om het vergrijsde Europa te overrompelen. Als deze massa gehersenspoeld wordt om die overrompeling te zien als een religieuze strijd voor de islam, dan zijn er tienduizenden die willen sterven voor de hogere zaak. Zelfopoffering voor een wereld die gezuiverd wordt van de westerse hebzucht en verdorvenheid, is hun manier om zich een held te voelen en om iets te betekenen in de wereld. De Moslimbroederschap bijvoorbeeld is gebaseerd op de volgende principes: 'God is ons doel. De Koran is onze constitutie. De Profeet is onze leider, Strijd is onze weg en de dood omwille van God is onze hoogste ambitie'. Deze godsdienstwaanzinnigen zijn ondertussen diep geïnfiltreerd in onze samenleving.

De bron van IS is de islam

Uit het bovenstaande kunnen we concluderen dat de oorzaak van het islamitisch terrorisme niet gelegd kan worden bij de armoede en de uitzichtloze situatie van massa's jongeren. Er zijn veel gebieden in de wereld waar de miserie even erg is, maar die geen brandhaarden zijn voor geweld en terreur. Fundamentalistisch terrorisme is een gevolg van het geloof zelf, dat geen kritiek toelaat en die de niet-moslims ziet als mensen die moeten worden onderdrukt of gedood totdat de islam de hele wereld heeft veroverd.

Zowel in het Westen als in de islamitische wereld moet erkend worden dat de bron van IS de islam is. Om die reden is een hervorming of renaissance van de islam hoogst noodzakelijk, zodat de moslims hun religie op een andere manier beleven en de moslimgeleerden de massa inspireren tot een geloof dat bijdraagt aan een betere wereld.

Dat ook de armoede en de uitzichtloosheid bestreden moet worden is evident. Hierdoor kunnen de voorwaarden gecreëerd worden voor een hervorming van de islam. Emancipatie van de vrouwen is hiervoor een absolute voorwaarde, want goed opgeleide moeders zijn de beste waarborg voor een opvoeding die kinderen voorbereidt op de wereld van vandaag. In de islamitische landen hoeft er geen armoede en uitzichtloosheid te zijn. Nu heeft in die landen twee procent van de bevolking nagenoeg alle rijkdom in handen. Het gaat dus eerder om het bevorderen van rechtvaardigheid.

Het Westen kan ook bijdragen aan een verbetering van de levensomstandigheden voor mannen en vrouwen in de islamitische landen. Persoonlijk zie ik de belangrijkste rol weggelegd voor de moslims die nu in Europa verblijven: als zij massaal terugkeren naar de landen van herkomst kan eindelijk een islamitische renaissance tot stand komen. Op die manier hoeft het Westen de democratie niet op te dringen in die landen, maar kunnen de moslims zelf beslissen welk systeem het best past bij hun traditie en cultuur.

Strijd tegen fanatici is noodzakelijk

IS en alle andere islamitische terroristische organisaties moeten op alle fronten worden aangevallen en vernietigd. Europa moet uit haar zwakke positie worden gehaald. Een bondgenootschap met Rusland en Israël is dringend noodzakelijk. In die strijd moeten we zorgen dat het leven van de burgers wordt beschermd en dat onze liberale waarden van verdraagzaamheid en rechtspraak niet in het gedrang komen. Er zijn massa's mensen op de vlucht voor IS: hen weigeren op ons grondgebied, kan ook bij hen de haat tegen het Westen aanwakkeren. Tijdelijke opvang, eventueel voor enkele jaren, is geboden, maar het doel moet blijven dat zij terugkeren om hun landen opnieuw op te bouwen. Voor de strijd tegen IS zijn grondtroepen nodig. Massa's immigranten kunnen getraind worden om deel te nemen aan die strijd, eerst in een regulier leger, daarna binnen een vredeskorps. Tenslotte moet de strijd tegen de fanatici steeds samengaan met diplomatie: de logische weg lijkt het creëren van federale staten zodat Soennies, Sjiieten, Alawieten en Koerden samen kunnen leven en toch zelfbeschikkingsrecht hebben.

93. *Ontkerkelijking*

Onderzoek toont aan dat in Europa de ontkerkelijking toeneemt en dat steeds meer mensen niet meer in God geloven. Dit lijkt een overwinning van de rationaliteit op de magie en een bevrijding van vooroordelen. Er is echter meer aan de hand. Het gaat niet zozeer om het geloof in een God of om het behoren tot een kerkgemeenschap. In wezen gaat het om het al of niet aanvaarden dat er geboden zijn die niet van de mensen zelf komen. Geboden die van buiten de mensen of van bovenaf komen. Aanvaardt men dat niet, dan gehoorzamen we slechts geboden die de mensen zelf hebben vastgesteld. Dit betekent dat alle geboden of, met andere woorden, onze normen en waarden relatief zijn. Zij worden bepaald door de mensen met het meest overtuigingskracht of met de meeste macht of ze worden bij meerderheid bepaald. We kunnen dus in een situatie terechtkomen waarin de meerderheid beslist dat vrouwen zich ondergeschikt aan de mannen moeten gedragen of dat naastenliefde beperkt moet worden tot mensen van het eigen ras.

Wie tegen dit laatste fel protesteert en roept dat vrouwen en mannen gelijkwaardig zijn en dat dit evenzeer geldt voor alle rassen, moet komen uitleggen wie dat heeft bepaald.

In zekere zin willen de mensen die niet in God geloven en niet willen behoren tot een kerkgemeenschap, kennis alle prioriteit geven. Zij maken geen onderscheid tussen kennis en wijsheid. Kennis is echter veranderlijk want de menselijke intelligentie is beperkt. Een oneindigheid van factoren bepaalt de verschijnselen die we wensen te verklaren. Dit geldt ook voor normen en waarden: in de loop van de geschiedenis is zowat alles ooit aanvaard geweest als de absolute waarheid. Ook in onze tijd kunnen tussen volkeren en groepen de opvattingen over normen en waarden diametraal tegenover elkaar staan, zodat compromissen niet mogelijk zijn.

Wijsheid echter is al meer dan 5000 jaar onveranderlijk. Neem bijvoorbeeld de Tien Geboden: die lijken toch wel essentieel te zijn voor menselijkheid en menswaardig leven op deze aarde. Helaas, elkaars vrouw niet begeren is moeilijk te accepteren, dus houden we het liever bij kennis...

Joden gaan minstens een keer in de week naar de synagoge en moslims naar de moskee. De seculiere westerse mens, de overgrote meerderheid van de Europese bevolking, gaat nooit meer een kerk binnen of slechts bij een huwelijk of een begrafenis. De westerse mens bewijst daarmee dat hij een consument is: alleen zijn eigen behoeften tellen. Dit is het ultieme kwaad, maar dit dringt niet door tot het bewustzijn van de mensen.

Het gaat er hier niet om dat de mensen weer als brave christenen elke zondag naar de kerk moeten gaan. Het gaat erom dat in de samenleving een wekelijks moment van gezamenlijke bezinning noodzakelijk is. De zondagsrust herstellen en geen winkels openen op die dag hoeven we niet per se te zien als religieuze maatregelen, maar als middelen om wat verstandiger te leven door elke week een dag te wijden aan bezinning en gewoon samenzijn.

De studie van de Heilige Schriften is noodzakelijk voor elke mens, want daarin ligt de Wijsheid die niet door de mensen zelf werd verzonnen of bedacht. Open staan voor die Wijsheid verheft de mensheid van animaal naar spiritueel niveau. Op animaal niveau voeren we oorlog en verwoesten we ons ecosysteem. Op spiritueel niveau voelen we ons verantwoordelijk voor alle andere mensen en zijn we goede rentmeesters over de planeet Aarde.

Kortom, het gaat niet om de ontkerkelijking, maar om de dwaasheid de essentie van menselijkheid te verwaarlozen. We leven niet in een verlichte tijd, bevrijd van religie, maar in een algemene verdwazing. Een algemene verdwazing van weldenkende mensen. Zogenaamd.

94. *De mens als eenzaam subject*

Sinds de Eeuw van de Verlichting is het een typisch westers verschijnsel de mens te zien als een subject, als een individu. Daarvoor en in andere culturen nog steeds, waren en worden de mensen bepaald door de collectiviteit waartoe zij behoren. Dit laatste wil zeggen dat de religie, het beroep of de etniciteit bepaalt hoe de mens zich hoort te gedragen of wat van hem wordt verwacht en hoe hij wordt beoordeeld. De identiteit van de mens ligt in de collectiviteit.

De westerse mens heeft zich bevrijd van deze gebondenheid aan de collectiviteit. Hij is een autonoom wezen. Hij is vrij en alle mensen hebben gelijke rechten. Een gevolg hiervan is dat de moderne mens eenzaam is. Eenzaamheid is daarom de meest voorkomende vorm van lijden in de huidige wereld. We zouden zelfs kunnen stellen dat we terecht zijn gekomen in een tijdperk waarin een pathologische nadruk wordt gelegd op de autonomie van het subject.

Hoe kan eenzaamheid worden opgelost? In eerste instantie denken we aan het gezin en de bredere familie. Maar in het gezin en de familie zijn de leden niet vrij en er zijn geen gelijke rechten tussen ouders en kinderen, tussen de kinderen onderling of tussen meisjes en jongens.

Er is een hiërarchie en er zijn verschillen. De onderlinge relaties worden bepaald door de moraal of door geboden en verboden.

Het familieleven is echter grondig verstoord. Het kerngezin wordt aangetast. Ten gevolge van de mobiliteit leven de mensen niet meer bij bloedverwanten in de omgeving waar hun voorouders eeuwen hebben gewoond. Echtscheidingen zijn frequent. De gezinsleden hebben allen een overdrukke agenda, zowel professioneel als in de vrije tijd. Communicatie tussen man en vrouw en tussen de ouders en de kinderen beperkt zich volgens onderzoek tot enkele minuten per dag. De rest van de tijd is men druk doende, ook via de moderne media, of men zit urenlang te gamen en tv te kijken.

De relaties van deze autonome, maar eenzame individuen staan vooral in verband met economische activiteiten: er wordt gewerkt, geproduceerd, verkocht en gekocht. Het sociale leven is in deze tijd synoniem met economisch leven. De sociale mens wordt hier gedefinieerd als een consument die de dingen koopt die iedereen koopt. Dit betekent dat de materie ons leven bepaalt. We zijn slechts subjecten die werken om de aangeprezen dingen te kunnen kopen. Moest Socrates terugkeren, dan zou hij zeggen dat we gek zijn geworden omdat we allemaal slaven zijn van de materie. We zouden kunnen stellen dat in vergelijking met vroegere tijden de moderniteit niet per se vooruitgang betekent.

Ook het nationaal gevoel creëert geen verbondenheid meer. Dit wordt duidelijk als we het beleid van de Europese Unie in beschouwing nemen. De natie-staat wordt steeds verder afgebroken en bij Europeanen is nauwelijks sprake van een gevoel van Europese verbondenheid. Europa en de Europese naties daarbinnen worden bepaald door het bruto nationaal product, de handelsbalans, de werkloosheid en andere economische factoren.

Kunnen we nog genezen worden van dit doorgeschoten individualisme? Ik zie twee strategieën die tegelijkertijd moeten worden toegepast. Ten eerste kunnen we ons bevrijden van de economische verslaving door onze behoeften te beperken tot het hoogst noodzakelijke. Dit is bevrijding van de hedendaagse slavernij door soberheid. Misschien lukt het dan om de arbeidstijd sterk te beperken, zodat er meer tijd vrij komt voor zinvolle relaties en activiteiten.

De tweede strategie staat in verband met de vraag wat zinvolle relaties en zinvolle activiteiten zijn. Verbondenheid met anderen kan ontstaan als we zinvolle activiteiten voor en samen met anderen ondernemen. De kernvraag hierbij is wat zinvol is, wie dat bepaalt. Ik zou zelf durven stellen dat het hier gaat om de vraag wat de zin is van een mensenleven. De zin wordt niet bepaald door de materie of door de fysieke wetten, want dit zou betekenen dat we gedetermineerd worden door de natuurwetten en dus niet vrij zijn. Hier zou het gaan om verbondenheid op basis van fysieke wetten. Puur heidendom. Een moraal gebaseerd op het recht van de sterkste en behoud van de soort. De soort is dan vooral bepaald door het ras. In dit heidendom blijft de zin beperkt in de tijd en verliest zij alle betekenis met de dood of nog sterker: in het licht van de dood.

De ware zinvolle relaties worden bepaald door wat buiten de natuur ligt. Door de geest. Hier komt de idee van de Schepper die buiten de wereld valt, die de fysieke realiteit transcendeert. De idee van de Schepper die de wereld ex nihilo heeft gecreëerd en daarom buiten de fysieke wetten staat, want ex nihilo betekent dat er geen oorzaak is. Het is daarom ook de Schepper die bepaalt wat zinvol is en dat vinden we terug in de Bijbel. Meer kan ik er hier niet over zeggen. Dit moet duidelijk genoeg zijn: willen we de gekte van deze tijd doorbreken, dan moeten we ons opnieuw laten inspireren door de wijsheid van de Heilige Schriften.

Die wijsheid die door het joodse volk op de wereld werd gebracht is heel simpel te herleiden tot de liefde voor de naaste. Zinvol is wat ons in staat stelt die liefde mogelijk te maken en getuigt van goedheid voor de Ander, onafhankelijk van zijn kenmerken, onbaatzuchtig en onvoorwaardelijk. De revolutie die ons zal bevrijden van de slavernij aan de materie of uit het heidendom, zal betekenen dat zowel de politiek als de economie als doel zullen hebben de menselijke opdracht tot goedheid voor de Ander uit te voeren. Het gaat niet om de vraag of we al of niet in God geloven, maar om de vraag of we aanvaarden dat de mens een roeping heeft die noch door de mens, noch door de natuur wordt bepaald.

Het is de taak van de mens de wereld bewoonbaar te maken voor God. Dan komt God tussen ons wonen en is het Messiaanse tijdperk aangebroken.

95. *Mensen die in duisternis leven*

Een jonge Koerdische vrouw werd in maart 2016 op de dag van haar bruiloft in Duitsland door haar neef doodgeschoten. Deze vrouw had een hogere opleiding afgerond en had een mooie functie. Zij had gekozen voor de man die zij liefhad, tegen de beslissing van de familie dat zij met haar neef moest trouwen. De vader stond echter wel achter zijn dochter.

Voor deze moord is het gehele Koerdische volk verantwoordelijk. De moord is een gevolg van de bij hen heersende cultuur. Een cultuur waar mensen blijkbaar het recht kunnen opeisen een ander mens te doden, zonder dat het gaat om zelfverdediging. De moordenaar speelde voor God, want God heeft die jonge vrouw geschapen en het leven geschonken.

Wie voor God speelt, leeft in duisternis. Hoe kunnen de Koerden zich bevrijden uit deze duisternis? Vinden ze het Licht niet in de Koran, dan moeten ze dringend de joodse Bijbel of het christelijk evangelie bestuderen. Daar vinden ze misschien de ethiek die hen zal helpen zich uit de duisternis te bevrijden.

Voor de goede orde: er zijn veel volkeren die in duisternis verkeren. Wie zich zo gedraagt dat onze planeet, - ook de schepping van God - , naar de knoppen gaat, speelt ook voor God. Het consumentisme moet even sterk veroordeeld worden. Als de mensheid als geheel de duisternis wil verlaten, dan moeten we de Heilige Schriften voortdurend bestuderen om de Weg naar het Licht te bewandelen.

96. *Twee bedreigingen*

Ik geef een positieve oplossing voor de twee grootste bedreigingen van deze tijd. Het alternatief is de oplossing die extreem-rechts biedt en dat zou leiden tot een catastrofe.

Die twee grootste bedreigingen zijn: (a) de vermenging van twee culturen in Europa waarvan de moraal van de een haaks staat op die van de andere cultuur en (b) de overheersende macht van het hebzuchtig Amerikaans kapitalisme waardoor onze planeet naar de knoppen gaat.

Ik wil hier bij de eerste bedreiging aan toevoegen dat ik de islam niet veroordeel. Het gaat om de vermenging in de joods-christelijke en humanistische cultuur die te grote risico's inhoudt. De islam is een religie van de vrede in een homogeen islamitisch land.

Bij de tweede bedreiging gaat het niet om een oordeel over de Verenigde Staten. Uit dat land komt enorm veel goeds en Amerikanen zijn zeer genereus om anderen te helpen. Het gaat ook niet tegen het kapitalisme, want dat creëert werkgelegenheid en welvaart. De dreiging ligt bij de hebzucht van een kleine groep die over enorme kapitalen beschikt en alleen uit is op nog meer winst en vermogen.

97. *De oorzaken kunnen niet worden teruggedraaid*

Iedereen, alle partijen, links of rechts, zal het ermee eens zijn dat vrede, veiligheid en voorspoed in het Midden-Oosten en Noord-Afrika een prioritair politiek doel moet zijn, niet alleen voor de mensen die daar wonen, maar ook voor de vrede en de veiligheid in Europa en de rest van de wereld.

Over hoe dat bereikt kan worden verschillen de meningen. Als we kijken naar wat de afgelopen jaren daar is gebeurd, dan is er geen oplossing gevonden en het ziet het nog steeds niet naar uit dat het in het Midden-Oosten en Noord-Afrika beter zal worden. Er zijn honderden miljarden besteed aan militaire interventies in die landen, zonder de beoogde doelen te bereiken.

Nu kunnen we gaan discussiëren over de oorzaken van al die ellende. Maar wat levert dat op? Het is beter het doel voor ogen te stellen en alles in het werk te stellen om dat te bereiken.

Moeten de oorzaken dan niet aangepakt worden?

Dat lijkt een logische vraag, maar dat kan vaak niet. Gebeurtenissen uit het verleden kunnen niet altijd teruggedraaid worden. Het is beter een situatie te creëren waarin die oorzaken geen of nauwelijks invloed hebben. Deze strategie sluit nauw aan bij wat ik in mijn klinische praktijk heb geleerd: als mensen het gevoel hebben dat anderen om hen geven, dat anderen hen waarderen, dan stijgt hun zelfvertrouwen en kunnen ze beter weerstand bieden tegen de gevolgen van de trauma's uit het verleden.

Die strategie haal ik onder andere uit mijn ervaring met jonge criminelen. Over oorzaken zijn duizenden boeken verschenen. Neem bijvoorbeeld verwaarlozing of mishandeling tijdens de kinderjaren als mogelijke oorzaak van probleemgedrag. Die verwaarlozing of mishandeling kan niet worden teruggedraaid. Daarom richt ik mij als hulpverlener naar een situatie waarin de jonge crimineel zich verbonden weet met mensen die om hem geven en die een positieve invloed op hem uitoefenen. Bijvoorbeeld een ondernemer die zo'n jongen een kans wil geven op werk.

Dat laatste zou ik ook willen toegepast zien op het Midden-Oosten en Noord-Afrika. Daarvoor zie ik een grote rol voor de moslims die nu in Europa verblijven. Zij moeten zich het lot aantrekken van hun broeders en zusters in de islamitische landen. Europa zal hen hierbij solidair steunen. Op die manier ontstaat een situatie waarin de moslims daar de solidariteit van anderen aanvoelen. Als in het Midden-Oosten en Noord-Afrika er vrede en voorspoed zal zijn, kunnen de moslims daar in hun eigen cultuur leven. De islamitische landen kunnen dan samenwerken met Europa om in heel Afrika de mensen een menswaardig leven te bezorgen.

98. Is er een geopenbaarde waarheid?

Vanaf hier tot paragraaf 110 gaat het om overwegingen bij 'L'âme de la vie' (de ziel van het leven) van de talmoedgeleerde Haïm de Volozine (1759-1821). Dit is geen samenvatting van dit boek, maar mijn persoonlijke overwegingen bij de studie ervan.

Kwaad is een afwezigheid van het goede. Het universum en de mens zijn geschapen, daarna heeft God zich teruggetrokken (tsimtsum) om plaats te maken voor de mens. Het is de taak van de mens om het goede in de wereld te brengen. Dank zij de inspanning van de mens wordt de wereld gemaakt tot een plaats waar God kan komen wonen. Kwaad is datgene wat verhindert dat God in de wereld komt, wat verhindert dat de schepping leidt tot een vereniging met de Oneindige. Kwaad is datgene wat ertoe kan leiden dat God de mensheid beu wordt.

Alles moet EEN worden, dit wil zeggen één met de volmaaktheid van God, met de Alomtegenwoordige, met de Eeuwige.

De Heilige Schriften geven aan wat het goede is dat dit doel mogelijk moet maken. Met andere woorden: het goede is niet een kwestie van intuïtie of van menselijke logica, maar is een geopenbaarde waarheid. Wij hebben die Schriften nodig en de studie van de Schriften is de prioritaire opdracht van de mens. Dit markeert ook het verschil tussen *kennis* en *wijsheid*. Kennis is datgene wat we verwerven door goed observeren en redeneren. Wijsheid betreft de zaken die we niet kunnen observeren en die er al waren voordat de mensen kunnen redeneren. Beide vullen elkaar aan: wijsheid zonder kennis leidt tot magie en bijgeloof; kennis zonder wijsheid leidt tot oorlog en totalitarisme.

Er zijn meerdere Heilige Schriften in de wereld. Elke cultuur of elke beschaving heeft er een. Die Schriften vormen de identiteit van een beschaving of het fundament waarop de beschaving berust. Zo is er een joods-christelijke beschaving met de Bijbel als fundament. Een islamitische beschaving met de Koran als fundament. Een Boeddhistische beschaving en andere beschavingen die soms slechts een mondeling overgeleverde openbaring als fundament hebben. Na Babel is de mensheid verdeeld in verscheidene volkeren met elk een eigen taal en een eigen identiteit. Elk volk heeft zijn eigen beschaving die wordt opgebouwd vanuit een identiteit die overeenstemt met de Heilige Schrift die dit volk inspireert.

Elke beschaving verdient het hoogste respect. Er zijn veel wegen om het goddelijke in de wereld te brengen. Wie pleit voor integratie of verwacht dat massa-immigratie tot assimilatie zal leiden, is in wezen een atheïst die niet beseft dat voor elke beschaving er een specifieke geopenbaarde waarheid is. Ieder mens moet zijn eigen beschaving helpen opbouwen tot een plaats waar God kan komen wonen.

Is er een geopenbaarde waarheid of hebben de mensen zelf alles bedacht en besloten? Is de moraal een kwestie van rationele overwegingen en democratische besluitvorming of was de moraal er al voordat de mens er was? In dit laatste geval werd en wordt de moraal geopenbaard aan de mens.

99. *Geen overdreven subjectiviteit*

We moeten vermijden het Kwaad te rationaliseren. Het is beter gewoon actie te ondernemen om het goede in de wereld te brengen, dit is door de liefde voor de Ander en voor het Andere (respectievelijk zorg voor de naasten en voor het milieu). Door deze liefde is er minder gevaar voor een overdreven spiritualiteit waar de nadruk ligt op de innerlijke beleving. Deze spiritualiteit kan ook leiden tot hoogmoed, dit is tot misprijzen voor wie die hoge spiritualiteit nog niet heeft bereikt.

Door de excessieve nadruk op het innerlijke of door de subjectiviteit te zien als het enig zingevende, kan de mens zijn verantwoordelijkheid verwaarlozen. Ook een goede intentie hebben is niet genoeg. Het gaat in een mensenleven om concrete daden. Bewustzijn moet meer zijn dan mooie dromen.

De Bijbel of andere Heilige Schriften zeggen ons hoe we ons horen te gedragen overeenkomstig de wil van de Absolute. Het gaat hier niet om een naïef geloof in God, maar om de acceptatie dat de mens niet zelf kan bepalen hoe hij zich hoort te gedragen, net zoals de mens niet zelf de wereld heeft geschapen. Er is een hogere, absolute en eeuwige macht, die tot ons spreekt in de moraal waaraan de mensen zich moeten houden.

Studie van de Heilige Schriften is daarom een eerste prioriteit. Deze studie oriënteert de mens in zijn strijd om het leven over de dood te laten triomferen, om Licht te brengen in de duisternis, om het Zijn te laten triomferen over het Niets. Door zich te gedragen overeenkomstig de geopenbaarde Waarheid treedt de mens in contact met de Oneindige, een contact dat zich voltrekt door bemiddeling van de Heilige Schriften. Die Schriften openen voor de mens de weg naar het Transcendente, dit is tot wat het Zijn overstijgt.

Een beschaving wordt gevormd door de studie en de uitleg van de Heilige Schriften, waardoor een gemeenschap van mensen en volkeren zich laat inspireren. Traditie en voortdurende innovatie gaan hier samen, want de Heilige Schriften of het Woord van de Absolute nodigen uit tot een dialoog. Dit is in het bijzonder het geval bij de Bijbel, want daarin lezen we op meerdere plaatsen hoe de aartsvaders en de profeten in discussie gaan met God.
Voor Europa is het van belang dat de mensen zich voortdurend bezinnen over onze joods-christelijke identiteit. Hierdoor wordt onze beschaving veilig gesteld en werken we eendrachtig samen in onze verantwoordelijkheid voor de rest van de wereld.

100. *Hoe de Apocalyps vermijden?*

We zijn op weg naar een door de mensen gecreëerde Apocalyps. De destructie van het milieu, de overbevolking, de radicalisering en de polarisatie, de aanwezigheid van massa-destructiewapens, het risico op onbeheersbare epidemieën, de vermenging van culturen met een tegengestelde ethiek of andere gevaren zijn zichtbare risico's voor vernietiging op grote schaal van leven op de planeet Aarde.

Individuele acties kunnen hier niet helpen. Het moet gaan om de massa die in beweging komt. Dit zal slechts lukken als de mensen geïnspireerd worden om zich verantwoordelijk te gedragen. Waar komt deze inspiratie vandaag? Het eerste antwoord is dat charismatische leiders de massa kunnen begeesteren. Maar waar halen zij hun charisma? Deze leiders worden zelf geïnspireerd door hogere waarden en zo komen we bij de bron van alle wijsheid. Charisma kan ook leiden tot het absolute Kwaad, als de leider zich laat inspireren door de haat tegenover de Ander. Charisma leidt tot het Goede als de leider wordt geïnspireerd door de Liefde voor de medemensen. Deze liefde is per definitie onvoorwaardelijke en onbaatzuchtig; zij geldt voor alle mensen onafhankelijk van hun eigenschappen en kenmerken.

De Wijsheid van de Liefde moet ons opnieuw inspireren, zodat we op verantwoordelijke wijze omgaan met onze medemensen, ook de mensen ver weg en de toekomstige generaties. Daarnaast moeten we op verantwoordelijke wijze omgaan met ons leefmilieu, met dieren en planten.

Die inspiratie kan slechts de nodige kracht hebben als we aanvaarden dat deze wijsheid door een Hogere Kracht werd geopenbaard. Het gaat om een appel van het Hogere op de mens. Daarom moeten we ons laten inspireren door de Heilige Schriften, want daarin wordt beschreven hoe we ons horen te gedragen. Een joodse wijsheid zegt dat de Bijbel er al was voordat de wereld werd geschapen. De Bijbel en God zijn identiek.

Zoals de mens leeft dank zij de geest die zijn lichaam bezielt en sterft als die geest hem verlaat, zo bestaat de wereld ook dank zij een geest die haar bezielt. Volgens joodse schriftgeleerden houdt de studie van de Bijbel die geest in stand en dus ook de wereld. Het universum valt onmiddellijk terug tot het Niets als de studie van de Bijbel stopt. We zouden dit als volgt kunnen vertalen: de mensen zijn door door hun materiële behoeften zodanig betoverd geraakt dat zij geen aandacht meer hebben voor het Woord. Dit laatste betekent dat zij hun gevoel van verantwoordelijkheid voor de medemensen en voor onze planeet aan het verliezen zijn. Hierdoor verdwijnt de geest die het universum in stand houdt steeds verder in het Niets. We zien inderdaad dat het consumentisme steeds meer vernietiging veroorzaakt. We zien ook dat onze Europese beschaving ontworteld raakt door de toevloed van mensen die, door een tegenstrijdige ethiek, vijandig staan tegenover onze beschaving.

Om een door de mensen gecreëerde Apocalyps te voorkomen moeten we massaal ons consumptiegedrag veranderen en moeten immigranten terugkeren naar de landen van herkomst om daar hun verantwoordelijkheid op te nemen.

101. *Alleen de wijsheid biedt vrijheid*

De mens kan niet uit zichzelf het spiritueel dynamisme vinden om zich tot de transcendente realiteit te verheffen. Dit lukt slechts via de studie van de Heilige Schriften. In gewone taal gezegd: hij moet de bronnen van wijsheid die al sinds duizenden jaren van generatie op generatie worden overgeleverd, regelmatig raadplegen om zich te bezinnen over wat waarachtig zin geeft aan een mensenleven.

Zich tot de transcendente realiteit verheffen betekent dat de mens ontsnapt aan het natuurlijk determinisme. Hij ziet de diepere betekenis van de verschijnselen rondom hem. Dit inzicht biedt de mens de vrijheid om te beslissen.

De toegang tot de wijsheid van de Heilige Schriften is een individuele zaak. Er zijn geen biologische, politieke of sociale hindernissen die het individu kunnen verhinderen die teksten te bestuderen. Het individu heeft in die studie en bezinning een directe relatie tot de Hogere Kracht die de bron is van deze wijsheid. Er is geen profeet en geen goeroe nodig. De mens hoeft niet te wachten op een miraculeuze gebeurtenis of op de komst van een soort messias-figuur. De wijsheid is gewoon voorhanden.

Die individuele en onmiddellijke toegang tot de bronnen van wijsheid betekent ook dat de mens zelf nieuwe interpretaties kan geven en nieuwe betekenissen kan ontdekken. Op die manier kan ieder mens zijn eigen vrije bijdrage leveren aan de ontwikkeling van de wereld. Een mensenleven is geen herhaling van voortdurend hetzelfde. Elke mens heeft scheppende kracht. Elke mens heeft de kans nieuwe betekenissen en zingeving te ontdekken, op voorwaarde dat hij openstaat voor de in de Heilige Schriften geopenbaarde wijsheid en met grondige aandacht de teksten bestudeert.

Het gaat er bij deze studie en bezinning niet om dat een hogere kracht macht uitoefent over de mens. Het gaat erom dat het individu zelf ontdekt waar zijn verantwoordelijkheid ligt. In zekere zin is de Hogere Kracht (God) afhankelijk van de mens, want het is aan de mens om de zin te ontdekken en de ethiek te verwezenlijken. De consequentie hiervan is dat de vrijheid van de mens betekent dat hij zelfs ten aanzien van God een vrij wezen is.

Vrijheid is onlosmakelijk verbonden met verantwoordelijkheid. Maakt de mens gebruik van zijn vrijheid om het goede in de wereld te brengen of verricht hij het kwade? Door de dialoog met de Hogere Kracht die de studie van de Heilige Teksten in wezen is, ontdekt de mens wat het Goede is. De mens kan hiervoor kiezen en brengt aldus op de wereld wat de Hogere Kracht van hem verwacht of, met andere woorden, wat de wijsheid van de Heilige Teksten hem openbaart. De uiterste consequentie hiervan is dat de mens de Hogere Kracht of de wil van God in de wereld kan brengen. Vrij vertaald: door het Goede op de wereld te brengen, - wat vaak indruist tegen zijn biologische, psychologische en sociale belangen -, verheft de mens de wereld tot een plaats waar God thuishoort. Het Goede is een schepping van de mens. In zijn vrijheid om het Goede op de wereld te brengen is de mens de gelijke van God.

102. Vergeten wijsheid

Zoals in eerdere teksten al vaak gezegd gaat het mij niet om al of niet geloven. Het gaat ook niet om een keuze voor het christendom, de islam, het boeddhisme of een andere religie en levensbeschouwing. Waar het om gaat is dat ik mij niet wil laten beperken tot de kennis die de menselijke rede heeft voortgebracht. De kennis die de mensheid heeft opgebouwd is verbluffend. Twee zaken kunnen we echter niet ontkennen: ten eerste heeft kennis ook zijn negatieve kanten, want onze rede heeft haar beperkingen. We kunnen ons vergissen. We zijn niet in staat de oneindigheid van invloeden, uit het verleden en heden, op de verschijnselen in de fysieke wereld te omvatten. Om die reden is het ook meestal onmogelijk de gevolgen van ons handelen te voorspellen. De wetenschappers moeten voortdurend vergissingen bijstellen. Kennis is ook macht en die macht kan worden misbruikt. De technologische ontwikkelingen bijvoorbeeld zijn enerzijds wonderbaarlijk, anderzijds hebben ze ook geleid tot milieuvernietiging en tot de productie van vreselijke wapens. Ten tweede kunnen we via de rede niet de zin ontdekken van ons leven. De moraal is geen kwestie van rationele overwegingen of van een democratische besluitvorming. De moraal en zingeving zijn een kwestie van wijsheid.

Het is daarom van groot belang een onderscheid te blijven zien tussen kennis en wijsheid. Kennis wordt met onze rede opgebouwd, waarbij we ons het liefst baseren op wat observeerbaar en meetbaar is. Wijsheid vinden we in de overlevering en in de Heilige Schriften. Beide vullen elkaar aan. Wijsheid zonder rede leidt tot magie en bijgeloof. Kennis zonder wijsheid leidt tot oorlog en totalitarisme. Het kan niet zijn dat atheïsme, agnosticisme of eender welke verwerping van geloof betekent dat we de wijsheid die de mensheid al duizenden jaren koestert, afwijzen. Dit laatste zou betekenen dat we ons volledig overgeven aan de Rede: een afgod die geen onderscheid maakt tussen goed en kwaad.

Het terrorisme en de destructie van het ecosysteem zijn de grootste gevaren van deze tijd. Een efficiënt beleid om deze gevaren aan te kunnen wordt enerzijds verhinderd door ontkenning, verdringing of minimalisering. Anderzijds door de verwachting dat een rationele aanpak uiteindelijk tot een oplossing zal leiden. Over de eerste belemmerende factoren hoef ik hier niet uit te weiden, want als het probleem niet wordt gezien, blijft een aanpak uit. Op de beperkingen van een rationele aanpak zal ik verder ingaan.

In de westerse beschaving is er een bijna volkomen verwaarlozing van wijsheid. Met de Verlichting is de Rede onze god geworden. Op die manier heeft de westerse beschaving een grote macht opgebouwd, maar tegelijkertijd ontbreekt de wijsheid om met die macht om te gaan. Meer concreet: bij die macht gaat het vrijwel uitsluitend om economische macht. Economische belangen zijn de hoofdfactor in het politieke beleid. De EU gaat eraan ten onder, de VS roept meer en meer weerstand op bij de slachtoffers van het hebzuchtig kapitalisme, en in de islamitische landen heerst grote armoede en een zeer hoge werkloosheid, terwijl een kleine bovenlaag zwemt in het geld. We denken dat het terrorisme zichzelf zal oplossen als er voldoende economische groei zal zijn in de islamitische landen en we hopen dat de technologie de gevolgen van de milieudestructie zal weten te beperken. Wat we vanuit ons rationalisme niet zien is dat mensen vooral gedreven worden door emoties.

Wat heeft wijsheid met emoties te maken? Hoe kan de wijsheid de macht van het rationalisme in goede banen leiden? Op grond van mijn therapeutische ervaring is een gevoel van basisveiligheid, samen met verbondenheid, de belangrijkste emotie om stoornissen te voorkomen. Terrorisme en milieudestructie beschouw ik ook als stoornissen. Gestoord is ook extreme rijkdom die in hetzelfde land samengaat met extreme armoede.

Basisveiligheid is aanwezig als we het gevoel hebben verbonden te zijn met mensen die ons vertrouwen. De diepste emotionele ervaring is te ervaren dat een ander mens echt om je geeft. Waarom zouden we een ander vertrouwen en waarom zouden we om een ander geven? Met andere woorden: waarom zouden we onze verantwoordelijkheid opnemen voor anderen? Die laatste verantwoordelijkheid geldt ook ten aanzien van de toekomstige generaties, die zullen moeten leven op de planeet die we voor hen achterlaten.

Op al deze vragen biedt de wijsheid een antwoord. De zorg, de liefde of de verantwoordelijkheid voor de Ander is de roeping van de mens. Compassie is de kern van alle Heilige Schriften. Alle reden dus om die Schriften voortdurend te raadplegen en als leidraad te nemen. Dank zij deze wijsheid wordt de politiek gedefinieerd, niet als een oorlog van allen tegen allen, maar als een gezamenlijk project om vrede en welzijn te brengen. Economie is niet bedoeld om steeds rijker te worden, maar is een gezamenlijk project om de armoede uit de wereld te helpen. Opvoeding wordt gedefinieerd als het bieden van een omgeving waarin het kind wordt geïnspireerd om een goed mens te worden.

Bij dit alles blijft de rede natuurlijk zeer belangrijk. De politiek moet ook gebaseerd zijn op objectieve analyses van maatschappelijke ontwikkelingen. De economie is gediend met hoogwaardige technologische innovaties. De opvoeding is ook bedoeld om het kind kennis en vaardigheden bij te brengen. Maar de kern van de zaak is dat we ons moeten laten inspireren door de wijsheid van de Heilige Schriften.

Nog een laatste woord in dit verband over de bestrijding van terrorisme. De moslims zijn de risee in de wereld van vandaag. Dit is te vergelijken met de situatie van zwarten in de Verenigde Staten. Wonen in een westers land en tussen blanken maakt het voor beide groepen ontzettend moeilijk om zich veilig te voelen en verbonden met mensen die om hen geven. Een minderheid zoekt zijn toevlucht bij lotgenoten die zich afzetten tegen de dominante cultuur. Voor moslims komt er een oplossing als er vrede en voorspoed komt in de islamitische landen, zodat ze kunnen leven volgens de wijsheid van de Koran. Kunnen de Europese moslims zich niet door deze wijsheid laten inspireren om de islamitische landen op te bouwen, zodat alle moslims er in onderlinge verbondenheid en in veiligheid kunnen leven?

103. *De ongelovige gelooft*

Bij alles wat hieronder staat gaat het niet om geloof in God. Het begrip God wordt hier slechts gebruikt als symbool voor het Goede, het opnemen van verantwoordelijkheid voor andere mensen, de naastenliefde. 'Geloven in God' kan hier evengoed vervangen worden door 'Compassie hebben met de medemens'. Dit wil niet zeggen dat het begrip God arbitrair is. Dit begrip wijst er op dat het appel om het Goede te doen niet van de mens zelf komt. Een Hogere Kracht, iets dat buiten de zichtbare werkelijkheid ligt of, met andere woorden: 'aan gene zijde van het Zijn', doet een appel op ons om compassie te hebben met de medemensen.

Alle macht die een mens heeft, is een macht die hij heeft gekregen. Dit geldt ook voor wat hij bezit: alle bezit is een gift. De mens heeft ook de macht om God te ontkennen, dood te verklaren, te vervloeken. Volgens het christendom kan de mens God kruisigen! Omgekeerd heeft de mens de macht om God in de wereld te brengen, namelijk door zijn goede daden, door zijn liefde voor de medemens. In termen van een 'ongelovige': het Godsrijk is een samenleving waar het Goede heerst, waar de mensen zich verantwoordelijk gedragen tegenover de medemensen en tegenover de natuur.

Brengt de mens het Licht in de wereld of de Duisternis? Het Licht wordt gebracht door daden, woorden en gedachten overeenkomstig de wijsheid van de Heilige Schriften. Er komt Duisternis als de mens geen gehoor geeft aan het appel zich verantwoordelijk te gedragen. Oorlog, de destructie van onze planeet, de extreme armoede, de onverschilligheid, de eenzaamheid van velen, de ontrouw en dergelijke brengen de Duisternis onder de mensen.

Het groot aantal echtscheidingen kan dienen als teken aan de wand van hoe we in Duisternis zijn terecht gekomen. De ware liefde is onvoorwaardelijk, dit wil zeggen dat er nooit een argument kan worden gevonden om de ander te laten vallen. Dit moet niet gezien worden als een veroordeling van echtparen die gescheiden zijn. Het is niet aan ons om te oordelen. Ik wil er alleen op wijzen dat trouw aan elkaar een doodserieuze zaak is en dat we onze kinderen moeten opvoeden in de geest van wat de wijsheid zegt. Men zegt soms 'de liefde maakt blind', maar veel erger is het blind te zijn voor de liefde. Dit laatste is het geval als men niet inziet dat echte liefde slechts onvoorwaardelijk kan zijn. Dat is pas duisternis.

In zekere zin is God afhankelijk van de mens: het is aan de mens om God op de wereld en onder de mensen te brengen. Bij elke daad van goedheid is God aanwezig. In de nazi-concentratiekampen heerste de diepste duisternis voor de kampbeulen, maar groot was het Licht voor de vervolgden die elkaar in de bitterste omstandigheden een woord of gebaar van liefde schonken.

'God is afhankelijk van de mens' betekent ook dat de mens verantwoordelijk is voor het universum. Om dit goed te begrijpen moeten we ons voorstellen wat het verschil is tussen leven en dood. Het lichaam van de mens leeft dank zij de geest in hem. Verlaat de geest het lichaam, dan sterft de mens. Op een hoger niveau is ook het voortbestaan van de wereld en van het universum afhankelijk van de geest die de wereld en het universum bezielt.

De mens die sterft, leeft voort in de daden die hij heeft gesteld. Het universum blijft bestaan zolang er mensen zijn die daden van liefde stellen. Alleen de liefde geeft zin aan de schepping. Zonder de liefde voor de schepping, gaat de destructie van de planeet steeds verder door en sterven dieren en planten uit. Totdat de planeet Aarde lijkt op Mars en zinloos door het universum dwaalt.

Of we nu geloven in God of niet. In Hem geloven doet er niet doe, want dat zijn slechts woorden. De essentie is dat we gehoor geven aan het appel dat van buiten ons oproept compassie te hebben, niet alleen in woord maar vooral door onze daden. Een wereld die zin heeft, vergaat niet.

104. *Gebrek aan bezinning*

Hoe komt het dat de westerse mens nauwelijks of helemaal niet reflecteert over de normen waaraan hij zich moet houden? Hoe komt het dat er geen belangstelling meer is voor uitnodiging tot reflectie, zoals bij de joden en moslims in synagogen en moskeeën? En wat is er in de plaats gekomen?

De reflectie gaat over kennis die verder gaat dan de zichtbare, tastbare wereld. Het is kennis van diegene die open staat voor het Hogere, voor de overgeleverde wijsheid in de Heilige Schriften, die de mensen al duizenden jaren inspireren en waarvoor mensen heel hun leven in dienst hebben gesteld.

Bij dit gebrek aan reflectie: hoe kunnen we ons dan in onze activiteiten wijs gedragen in overeenstemming met onze verantwoordelijkheid?

Door dit gebrek verliezen we de band met God. Wat zijn de gevolgen hiervan? Dat het Kwaad kan regeren, omdat de weerstand ontbreekt.

Is een radicale verandering mogelijk in de geesten van de mensen, zodat zowel Europeanen als moslims vrede en naastenliefde nastreven en bereiken? Wij Europeanen moeten daarvoor de bron van onze waarden en normen weer erkennen en herkennen, dit als leidraad nemen voor ons gedrag. Dus sterk opkomen vanuit een diepe overtuiging en continue bezinning over onze ethiek, dit uitdragen en dan gebeuren er wonderen. Daarbij kunnen we hopen dat deze bron al onze tijdgenoten zal inspireren.

Er zijn superieure mensen, dat zijn niet de rijken of de machtigen, maar diegenen die handelen overeenkomstig de ethiek. Die mensen moeten kansen krijgen om anderen te inspireren. Deze mensen vormen de ziel van de wereld en houden de menselijkheid in stand.

105. *Een bezielde wereld*

De wereld van de dingen is ook 'bezield': het feit dat een ding bestaat betekent dat aan dit zijnde 'zijn' is gegeven. Het transcendente is aanwezig in het immanente. Het immanente moeten we daarom evenzeer respecteren en met verantwoordelijkheid behandelen als de naasten tegenover wie we verantwoordelijk moeten handelen. De wereld is van God en het is de taak van de mens om die band met God te handhaven. Dit laatste wil zeggen dat de mens overeenkomstig de goddelijke wil met de wereld moet omgaan. Niet alleen de mens moet heilig worden, maar ook de wereld.

De toekomstige wereld ligt in handen van de mens. Die wereld wordt gevormd door wat de mens in zijn leven presteert. Hoeveel Licht, hoeveel Kracht, hoeveel Heiligheid heeft hij in de wereld gebracht? Het Goede is datgene wat eeuwig blijft bestaan. Daar tegenover staat de mens die Duisternis brengt over de wereld. Het kwaad dat hij verricht blijft hem achtervolgen. Deze kwade daden doven uit als bij een bloedzuiger. Het Kwaad vernietigt en eindigt in het Niets.

De kleinste daad en elke gedachte van de mens heeft repercussies tot in het oneindige. Niets gaat verloren. Positieve daden en gedachten, liefdevolle daden en gedachten heiligen de wereld. Wat onbetamelijk is, bouwt een valse wereld, ruïneert en vernielt. Woorden hebben grote kracht in positieve en in negatieve zin. Woorden kunnen vreselijk leed veroorzaken. Daarom moeten we uiterst voorzichtig zijn met de woorden die we uitspreken en die we schrijven. Hoe kwetsend kunnen we niet zijn! Aan de andere kant kunnen onze woorden van een oneindige liefde getuigen. Om dit onderscheid voortdurend voor ogen te houden en waakzaam te zijn bij het spreken en schrijven, bieden de Heilige Schriften een houvast. Dank zij die schriften ontstijgt de mens het bestiale in hem. Bij gebrek aan reflectie en door verdringen van onze roeping, zoals die wordt beschreven in de Bijbel of in andere Heilige Schriften, verlagen we ons tot het animale.

Kortom, de mens moet meewerken aan zijn bezieling. De Weg daartoe loopt via de studie van de Heilige Schriften.

106. *Wat men de mens aandoet, doet men God aan*

God lijdt door de mensen. We moeten onze fouten herstellen omwille van het leed dat het Hogere werd aangedaan. De mens is in staat zijn fouten te herstellen. We moeten berouw hebben 'omwille' van God. Onze gebeden moeten gericht zijn op de behoeften van God, want dit brengt zegen en heiligheid in het universum en versterkt de band van God met de werelden. We moeten ons hart bevrijden van de ijdelheden van de wereld, om ons volledig te richten op de behoeften van God en op de ontmoeting met God. We moeten er voor zorgen dat God geen spijt heeft over zijn Schepping. Daarom zijn we medeverantwoordelijk voor die Schepping. Die verantwoordelijkheid geldt zowel de mensen als de natuur. Religie of geloof is in wezen niets anders dan zich verantwoordelijk voelen en gedragen.

De monniken die zich uit de wereld terugtrekken, brengen God in de wereld. Zonder de monniken is de wereld een plaats die slechter is.

Elk gebed heeft een eigen spiritueel doel in het herstel van de werelden. Het precieze effect van het gebed hangt af van het moment waarop wordt gebeden en van de wereld waarin de woorden van het gebed geworteld zijn. Het essentieel doel van de gebeden is het versterken van de band tussen God en de werelden. Het gebed moet uit de ziel komen, want dat verhoogt de zuiverheid. Dit gebed verbindt en verenigt de werelden met het Hogere. Bidden is zijn ziel verbinden met het Hogere. Bij het bidden sluiten we de ogen om alle andere gedachten en prikkels te neutraliseren, zodat we ons hart naar boven kunnen richten. Onze wil wordt in het gebed verbonden met het Hogere, doordat we geen aandacht hebben voor wereldse zaken. Wie bidt bevindt zich als het ware in de hemel. Het is alsof hij niet meer tot deze wereld behoort en deel uitmaakt van de wezens die hoger staan dan de wereld. In het gebed verlaat de ziel het lichaam om bij God te zijn. Dit is de betekenis van 'zijn ziel uitstorten'.

107. *In wezen is er niets anders dan God*

Wat is leven? Leven is bewegen, handelen, denken, spreken, voelen, willen. Dood is stilstand, geen handelen meer, geen denken, geen spreken, geen voelen en geen willen. Wat houdt het leven in stand? Dat werd de ziel genoemd, maar wat is dan de kracht achter de ziel? Zonder die kracht vervalt alles tot het Niets. Door die kracht is alles één. Die kracht kunnen we God noemen. God vervult de wereld als een immanente kracht en God omvat de werelden als een transcendente kracht. God staat tegelijkertijd aan onze zijde en aan gene zijde van de mensen en van de wereld. God is waarneembaar in wat levend is en in alles wat bestaat. God is de onkenbare die boven en buiten alle Zijn staat. Dit is de paradox van een aanwezigheid in de afwezigheid. De afwezige God of de God die overheen het Zijn staat, gaat ons begripsvermogen te boven. Dit niet kunnen begrijpen geldt ook voor de wijzen. De God aan gene zijde van het Zijn is de God die er al was vóór de Schepping, die buiten de tijd en de ruimte staat. Hier kan de mens niets onderzoeken.

Er is geen verandering in God, geen voor, geen achter, geen hoger of lager, alleen een totale absolute gelijkheid. Dit is de verborgen God, die buiten ons begrip valt. Als we zeggen 'God in de hemel', dan is dit vanuit een menselijk perspectief.

We leven in duisternis als we ons afsluiten van God die het Licht in de Schepping heeft gebracht. Dit betekent concreet dat we ons afsluiten voor de Ander en geen gehoor geven aan het appel dat van andere mensen op ons afkomt. Dan leven we in en met de dingen en steeds minder met mensen. Of de communicatie verloopt via apparaten in een virtuele wereld die realiteit mist. De Ander 'verdingt', dit wil zeggen dat we niet meer zijn gelaat zien, maar hem zien in functie van onze behoeften. 'Zijn gelaat niet zien' wil zeggen dat we geen gevoel hebben voor het appel dat van de Ander uitgaat, namelijk een appel om ons verantwoordelijk tegenover hem te gedragen of simpel gezegd: een appel tot naastenliefde. In dit geval zien we niet alleen de mens niet meer, maar ook God niet. God is dan uit onze wereld verbannen, alsof de wereld leeg is.

God kunnen we ook uit onze wereld verbannen door sterren, idolen, dieren of andere door de mensen verzonnen afgoden te erkennen en te aanbidden als de krachten die de wereld leiden. Geloof in God daarentegen is geen enkele andere kracht aanbidden, niets aanbidden buiten Hem.

Nemen we onze verantwoordelijkheid op voor de anderen en voor de natuur, dan is God in ons midden. Godsdienst is inderdaad niets anders dan zich verantwoordelijk gedragen. Want we gedragen ons verantwoordelijk 'omwille van'. Het maakt niets uit of we zeggen dat we het doen omwille van de mensen, onze naasten, of omwille van God. God is in de naaste die ik ontmoet.

108. *De wereld is voor de Bijbel geschapen*

Religie mag niet alleen een kwestie zijn van studie en innerlijke beleving. Dat leidt makkelijk tot perversies. Religie is ook het in praktijk brengen van de geboden. Dit is de concrete vervulling van onze verantwoordelijkheid.

Godvrezend zijn wil zeggen de wet zo goed mogelijk leren kennen, zich engageren om de wet in praktijk te brengen en berouw hebben over gemaakte fouten. Dan is God aanwezig. God is de Bijbel: de studie van de Bijbel is een instemmen met de wil van God. Deze studie brengt het Licht in de wereld. Er is vrede in de hemel en op aarde dank zij de studie van de Bijbel. De studie door de mens is analoog aan de Schepping (door het Woord), daarom houdt de studie van de Bijbel de wereld in stand. Het is een voortdurende Schepping. In zijn studie van de Bijbel is de mens een compagnon van God. De wereld is slechts voor de Bijbel geschapen.

In zijn studie kan de mens nieuwe betekenissen ontdekken. Op die manier creëert hij een nieuwe wereld. De nieuw ontdekte wijsheid stijgt op en voegt zich bij de oude wijsheid. Het gaat erom de Bijbel te 'openen' en nieuwe betekenissen bloot te leggen. Dit is in tegenstelling tot wat historici zeggen: de nieuwe betekenissen mogen niet in de oude teksten gezocht worden, want dat gaat tegen de oorspronkelijke betekenis. Bij de studie van de Torah echter ontdekken we steeds nieuwe betekenissen. Het gaat om een continu proces van de openbaring.

Door de studie van de Bijbel wordt het goddelijk project van de Schepping feitelijk, want de Bijbel was het doel van de Schepping. Die studie leidt tot vreugde bij God en bij de mensen. De mens die studeert bevindt zich elke dag zoals de joden bij de openbaring op de berg Sinaï. Hij ontvangt opnieuw de Bijbel. Daarom moeten we luisteren naar iedereen die de Bijbel bestudeert, ook als het gaat om een kind. Door wat zij daarin ontdekken, brengen ze nieuw Licht op de wereld.

109. *De Bijbel biedt de ware vrijheid*

Wie het juk van de Bijbel op zich neemt, bevrijdt zich van het juk van de wereld. Wie de Bijbel niet bestudeert en er zich niet aan houdt, wordt een slaaf. Wie de Bijbel bestudeert en er zich aan houdt, heeft geen behoefte aan wapens, hoeft zich niet te beschermen, alle zorgen van de wereld worden van hem afgewend. Dank zij de studie van de Bijbel komen we tot inzichten die ons bevrijden van het natuurlijk determinisme. Deze studie brengt ons in een intieme relatie met het Hogere. Dank zij de studie straalt het Hogere over naar diegene die de Bijbel bestudeert. Die mens dringt door tot het bovennatuurlijke.

Gehoorzaamheid aan de Wet leidt tot goedheid in de toekomstige wereld. Alleen de Bijbel beschermt tegen de hel en redt ons uit de duisternis die de wereld probeert te verspreiden. Dank zij de studie van de Bijbel raken we bekend met het hogere geloof. Dan verlaat God ons niet meer. Ook in deze wereld krijgen we dan 'rijkdom en eer', bereiken we volheid in ons leven. We worden erdoor bevrijd, want geen enkele wereldse macht heeft nog vat op ons.

Dank zij de studie van de Bijbel bereiken we de totale vrijheid, ontsnappen we aan de onderdrukking van de staat en zullen we ook genieten van de vrijheid in de toekomstige wereld. Wie de Bijbel bestudeert is als een boom die naast het water is geplant: de grote warmte hoeft hij niet te vrezen en zijn bladeren blijven groen. In de opstanding der doden zal de Bijbel ons voorgaan en onze deugden in herinnering roepen. Wie de wijsheid niet verwerft, bereidt zich een hel voor.

'U bent allen goden, zonen van de Allerhoogste' staat er in de Bijbel, vandaar ook de onsterfelijkheid, maar die raakt verloren als we ons niet houden aan de Bijbel door studie en het onderhouden van de Wet.

De wijsheid van de Bijbel is God zelf. Als we de wijsheid volgen en leven overeenkomstig deze wijsheid, blijven we gevrijwaard van alle kwaad dat ons overkomt in de wereld. De geboden die via de Bijbel naar ons zijn gekomen, zijn de weg naar een vrij en gelukkig leven. Dit leven staat in tegenstelling tot een leven dat beheerst wordt door hebzucht, eigenbelang, een continue strijd en heel veel onrechtvaardigheid.

Door de studie van de Bijbel in praktijk te brengen kunnen we de armoede en miserie uit de wereld helpen, wordt geen lijden veroorzaakt, de Ander (in de breedste betekenis) wordt gerespecteerd.

Dit is ook wat in de opvoeding moet worden overgedragen. Door te leven volgens de wijsheid van de Bijbel, inspireren we de kinderen om zich als goede mensen te gedragen. Die wijsheid is ook essentieel in onze gepolariseerde maatschappij waar het elk voor zich is en er weinig respect en mededogen is voor mensen die verschillend zijn. De kern van die wijsheid is de dienstbaarheid voor de Ander en voor het Andere, of met andere woorden: behoud van de wereldvrede en van de planeet Aarde is afhankelijk van gedrag dat door de wijsheid van de Bijbel wordt geïnspireerd. Daarom is het noodzakelijk dat alle mensen regelmatig samenkomen om zich te bezinnen over de wijsheid van de Bijbel.

Kortom, willen we de identiteit van Europa versterken, dan is Bijbelstudie gedurende meerdere uren per week in de scholen noodzakelijk. Dit moet ook gelden voor het openbaar onderwijs, want het gaat om de wijsheid waarop onze beschaving is gefundeerd. Maar dit wordt een felle strijd!!!
Wat we ook kunnen: zo vaak en zo verspreid mogelijk mensen confronteren met de Bijbelse wijsheid.

110. *Licht door studie*

De noodzaak van de studie van de Bijbel: hierdoor verheft de mens zich. Hierdoor wordt de mens zelf schepper van het Licht in de wereld. Hierdoor verkrijgt de mens een zuivere ziel.

Als de Bijbel wordt genegeerd, dan wordt de wereld het goede ontnomen en neigen de mensen naar het negatieve. Die negatie komt voort uit hoogmoed die het goede afstoot, zodat het zich niet kan manifesteren in de wereld.

Open staan voor wat van buiten ons komt, openstaan voor wat komt van het Hogere, is een permissie voor een menswaardige wereld. De studie van de wijsheid die al zo lang is overgeleverd moet een wezenlijk onderdeel zijn van de opvoeding van de kinderen. Die studie moet centraal staan in de politiek en de economie.

Wie de Bijbel negeert is indirect verantwoordelijk voor de ellende in de wereld. Hij verzwakt de krachten van het Hogere in de wereld.

Zolang de Bijbel de mensen blijft inspireren, dank zij hun studie en het opvolgen van de geboden, verheugt God zich in Zijn Schepping. De hemelen en de aarde worden er door bevestigd in hun bestaan. De wereld wordt gered door de studie van de Bijbel, want hierdoor wordt de kracht van God sterker. Wie zich van de Bijbel verwijdert, verwijdert zich van God, want beiden zijn identiek. Misprijzen en afwijzen van de Bijbel is een ernstiger kwaad dan afgoderij, incest of moord. Het niet bestuderen van de Bijbel is spotten met Hem die de wereld heeft geschapen door het Woord. Hij heeft geen band met God, neemt geen deel aan het Heilige, hij stapt in duisternis. *Een land gaat ten onder als het volk de Bijbel verwaarloost.* Dit laatste is een weigering zich met God te verbinden. Hierdoor vermindert het Licht en vermeerdert de duisternis in de wereld. In plaats daarvan worden de mensen verbonden met de onzuivere elementen die hen in hun greep hebben. God rust niet op hen.

Wie de Bijbel bestudeert, wordt beschermd door de hogere en de lagere krachten. Dank zij de Bijbel verbinden we ons met God die alle leven van alle wezens verwekt.

Dank zij de Bijbel brengen we nu al het Licht in de wereld. De tijd is een lege vorm, we moeten het opladen met spirituele energie. Door studie van de Bijbel maken we van de wet een levende wet.

Hoe de mensen laten zien wat ze zien en niet zien? Er is duisternis en er is de mogelijkheid om Licht in de duisternis te brengen. Duisternis dat is het animale, het geweld, het naar zich toetrekken, kortom leven ten koste van de Ander en van het Andere. We moeten zien tot wat dit leidt, hoeveel lijden en dood dit tot gevolg heeft. Zo ook moeten we zien wat het goede brengt. Dit sluit aan bij de overgeleverde wijsheid in de Heilige Schrift. Studie daarvan is daarom noodzakelijk om bewust te worden en te blijven van onze verantwoordelijkheid om het Licht in de wereld te brengen.

De vraag is hier welke tekenen zijn er nu van de duisternis over de wereld, in Europa doordat de meesten geen enkele aandacht meer hebben voor de Heilige Schrift. *Er is geen wijsheid meer*: dat zien we in de politiek en in de manier waarop de economie nu draait. De rede zonder wijsheid is totalitarisme. Er is geen opening meer naar aan-gene-kant-van-het-Zijn. Wat betekent dit? Hoe wordt dit zichtbaar of hoe kan het voor de mensen zichtbaar worden gemaakt?

Misschien komt het gebrek aan wijsheid naar voren in het volgende:
- er is een continue oorlog; namelijk het consumentisme dat de begeerde goederen naar zich toetrekt, ten koste van de Anderen en van het Andere
- ik-zucht en hebzucht zijn de norm
- alles is relatief, want met de dood houdt het zijn van de mens op en er is niets over het zijn heen (volgens deze mensen). We leven uitsluitend in de objectieve werkelijkheid, waardoor we objecten zijn geworden en elkaar als objecten zien en bejegenen
- waarom zouden we nog het goede doen (het goede doen is onbaatzuchtig en onvoorwaardelijk)? Als deze motivatie en dit engagement ontbreken, wat voor gevolgen heeft dit en hoe wordt dit zichtbaar? Bijvoorbeeld in het aantal echtscheidingen, in de eenzaamheid, in het tekort aan zorg, in het egocentrisme, in de hebzucht.

Zijn er gevolgen waardoor de mensen tot bezinning zullen komen? Dit alles wordt nog niet zichtbaar omdat er nog steeds resten zijn van het verleden, waar de wijsheid wel aanwezig was onder de mensen. Een andere reden: de mensen zijn betoverd door de dingen. Wegens die resten is er nog veel engagement en naastenliefde. Is er daarom geen reden tot pessimisme of een negatief wereldbeeld? Er zijn wel degelijk ontwikkelingen en toestanden die aangepakt moeten worden, zoals gebrek aan naastenliefde en het gebrek aan liefde voor de Schepping.

Er moet iets escaleren om het zichtbaar te maken en om de betovering te doorbreken. Wat en hoe? Als een agglomeratie onbewoonbaar wordt, dan dringt het besef door hoe dreigend onze wereld is geworden. De oplossing ligt in de scheiding van tegengestelde groepen, onderlinge solidariteit en vandaar uit solidariteit met de wereld. We moeten eerst terug naar de veilige geborgenheid van het gezin, de familie, de stam die een geschiedenis deelt, die een moraal deelt. Dan vinden we opnieuw de kracht om de wereld met ons voorbeeld te inspireren.

De studie van de Bijbel is belangrijker dan het gebed. Het gebed is namelijk gericht op het moment. De Bijbel is gericht op het eeuwig leven. Het gebed is volledig afhankelijk van de studie van de Bijbel, want alleen de Bijbel geeft leven, heiligheid en Licht. De Bijbel biedt de specifieke inhoud van het gebed en haar spirituele kracht. De Bijbel bewaart in zijn kern alle kenmerkende kwaliteiten van zijn goddelijke oorsprong. De Bijbel leert ons dat God niet hetzelfde is als de natuur. God is boven-natuurlijk.

We moeten de geest van de Bijbel zien. De Bijbel heeft een lichaam en de kleren zijn de verhalen. De dwazen zien slechts de verhalen. De echte wijzen hebben aandacht voor de ziel van de Bijbel en voor de toekomst van die ziel. We hebben geen waarlijk leven zonder die spiritualiteit. Spiritualiteit dat is openstaan voor wat buiten ons is: namelijk de Ander die als naaste tot ons spreekt en een appel op ons doet. Een gebrek aan spiritualiteit in de samenleving leidt tot nihilisme, zinloosheid, sterfelijkheid zonder toekomst.

Slechts de woorden van de Bijbel kunnen een mens volledig zuiveren. Al wie de Bijbel bestudeert, wordt een bron die zichzelf voortdurend versterkt. Het Licht van de Bijbel leidt hem naar het goede. De mens kan hierdoor de wereld restaureren en opnieuw in verbinding brengen met de oorsprong van het Al. Al wie de Bijbel bestudeert is vrij en leeft in de ware zin. Dank zij de Bijbel zijn we op weg naar volmaaktheid voor onszelf en voor de wereld. Een authentiek superieur leven wordt gegeven door de studie van de Bijbel, want dan leven we in verbondenheid met God. Wie zich met de ijdele dingen van de wereld bezighoudt, verwijdert zich van het echte leven en levert zich over aan zijn instincten. Door de studie van de Bijbel wordt het scheppingsproject voltooid en wordt het universum hersteld in zijn goddelijke essentie. 'In de beginne was het Woord': dit wil zeggen dat het bij de Schepping gaat om het begin van een project. De mens heeft een opdracht!

Tot zover mijn bezinning bij 'L'âme de la vie' van Haïm de Volozin.

111. *Als alle niet-moslims zijn uitgeroeid is er vrede*

(Gepubliceerd op ThePostOnline, 9 april 2016)

Volgens de Franse psychoanalyticus en filosoof Daniel Sibony, die als kind in Marokko opgroeide en Arabisch als moedertaal heeft, mag er geen twijfel over bestaan dat geweld inherent is aan de islam. Dit wil niet zeggen dat alle moslims gewelddadig zijn of terroristische aanslagen zullen plegen. Maar zodra om persoonlijke redenen of onder invloed van geloofsgenoten en predikers een moslim terug wil keren naar de zuivere islam, ligt de weg naar gewelddadig gedrag open.

Diegenen die de stap zetten naar geweld zijn eerst gematigde moslims geweest. Vandaar dat de familie en vrienden vaak zeggen dat die terrorist zo'n kalme jongen was, zo hoffelijk, zo hulpvaardig. Op een bepaalde dag viel hij op een tekst uit de Koran en zo kwam hij tot geweld, omdat geweld tegen de ongelovige juist de wortel is van de islam.

De andere zijde van islam

Het is voor iedereen zichtbaar dat overal waar geweld is of aanslagen worden gepleegd de islam er meestal bij betrokken is. Niettemin zijn de meeste moslims van goede wil. Tot hun verbijstering ontdekken zij de andere zijde van de islam. Dit is de radicale islam die geweld tegenover de Ander predikt. De Ander dat is de jood, de christen, de ongelovige. Dit staat haaks op wat in de westerse beschaving als het hoogste ethisch principe gezien wordt: de naastenliefde, die zover gaat dat ook de vijand bemind moet worden. Dat is de reden waarom we hier gevangenen humaan behandelen en geen laffe aanslagen plegen.

Het geweld is alomtegenwoordig in de fundamentele tekst van de islam, de Koran. In de Koran is er heel weinig dat hiertegen enig tegenwicht biedt. Als het bijvoorbeeld gaat over de plaats van joden in een islamitisch land, dan moeten zij zich onderwerpen, ze moeten geloven in Allah en in zijn profeet. Ook in de Bijbel is er sprake van geweld. Dit geweld is echter vrijwel altijd gericht tegen de joden zelf en de vijanden van de joden worden gezien als instrumenten van God om de joden te straffen als zij zich zondig hebben gedragen.

Godsdienstvrijheid geen sacrosanct principe

Zij die zeggen dat het geweld van IS en andere terroristen niet de islam is, zijn daarom geen leugenaars. Deze mensen zijn zodanig geshockeerd door het geweld van andere moslims, dat ze een soort 'kleine islam' voor zichzelf creëren. Hun als het ware 'privé-islam' wordt gekenmerkt door vriendelijkheid, liefdadigheid, gastvrijheid, het dagelijks gebed, enzovoort. Die kleine islam wordt echter steeds opnieuw tegengesproken door de realiteit.

Niet alleen voor westerlingen, maar ook voor de moslims zelf is het zeer beangstigend dat er 1,5 miljard moslims in de wereld zijn die de overige vijf miljard mensen als vijandig zien of moeten zien, als ongelovigen die uitgeroeid of onderworpen moeten worden. De moslims die de islam zien als een religie van de vrede uiten een wens, ze willen niet dat de islam zo gewelddadig is, maar helaas is geweld een fundamenteel kenmerk van de islam. Het is daarom van belang dat we met deze moslims de dialoog aangaan in plaats van hen te zien als vijanden of als potentiële moordenaars. Ook moeten we in het Westen onze wetten durven toe te passen. Godsdienstvrijheid is geen sacrosanct principe: indien onder het mom van religie haat wordt gepredikt, of geweld tegen vrouwen en andersdenkenden, dan moet de staat ingrijpen.

Vredeskorps van Europese moslims

In onze tijd van globalisatie en een wereldomspannend netwerk van communicatie, wordt het voor de moslims heel moeilijk gemaakt gematigd te blijven. De islam is heel lang een religie van de vrede geweest, maar dan in vrij homogeen islamitische landen. De ongelovige was in die landen niet aanwezig of gedroeg zich onderworpen. Zodra de islam in contact komt met een andersdenkende, in casu de 'ongelovige' en 'geperverteerde' westerse mens, wordt de gewelddadige kern van de islam geactiveerd. Dit geldt in het bijzonder voor de moslims die in Europa zijn komen wonen. Eerst passen ze zich zo goed mogelijk aan, maar zodra ze onze normen en waarden overnemen worden zij er op gewezen dat volgens de Koran deze normen en waarden slecht zijn. Aanpassing wordt gezien als verraad aan de religie.

In plaats van het conflict aan te gaan, kunnen we beter naar constructieve oplossingen zoeken. Vanuit het axioma dat de islam incompatibel is met de westerse moraal, moeten we streven naar vrede en voorspoed in het Midden-Oosten en Noord-Afrika.

Als de Europese moslims een vredeskorps oprichten en massaal terugkeren naar de landen van herkomst, kan dit doel worden bereikt. Europa zal hen hierin solidair ondersteunen.

112. *Een moslimvrij Europa*

(Gepubliceerd op ThePostOnline op 17 april 2016)

De politieke ontwikkelingen leiden onherroepelijk naar een moslimvrij Europa. Dat zal een goede zaak zijn, zowel voor moslims als voor de Europeanen. Anti-racisten en anti-fascisten zullen steigeren bij het lezen van deze titel. Een moslimvrij Europa staat haaks op hun ideaal van een multiculturele samenleving. Een samenleving waar de verschillende bevolkingsgroepen in harmonie samenleven en allen solidair meewerken aan vrede en voorspoed. Ik deel hun afschuw tegen elke vorm van racisme, discriminatie of onderdrukking van mensen omwille van hun etnische afkomst of geloof. Mijn visie gaat over een wereld waar allen terugkeren naar de landen waar hun wortels liggen, om daar hun verantwoordelijkheid voor vrede en voorspoed op te nemen. Ik durf te beweren dat een massale terugkeer van de moslims naar de landen van herkomst geen deportatie of gedwongen vertrek zal zijn, maar een spontane beweging die, eenmaal op gang gekomen, niet meer te stuiten zal zijn. Het voorbeeld van de moslims zal Aziaten en Afrikanen inspireren om eveneens terug te keren naar de landen van hun voorouders.

Honderdmiljoen emigranten staan klaar

Waarom leiden de politieke ontwikkelingen onherroepelijk naar een moslimvrij Europa? Tientallen miljoenen verdrukten uit het Midden-Oosten willen de uitzichtloze burgeroorlogen ontvluchten. In Afrika staan meer dan honderdmiljoen jongeren klaar om de oversteek naar Europa te wagen. Dit zal niet alleen de Europese samenleving ontwrichten en extreem-rechts in de kaart spelen. Ook de landen van waaruit massaal wordt geëmigreerd zullen voor de achterblijvers een nog grotere hel worden. Het is bekend dat als de middenklasse en de goed opgeleiden vertrekken, de bevolking vatbaarder wordt voor extremisme. Libanon is een van de trieste voorbeelden.

We moeten daarom nadenken over een beleid dat eindelijk kan leiden tot vrede en voorspoed in bovengenoemde regio's. De Arabische lente is mislukt. Zwart Afrika wordt al decennia lang geteisterd door stammenoorlogen. In feite al eeuwen lang. Alleen gedurende de tweede helft van de koloniale periode was er relatieve vrede en een begin van welvaart voor de gewone mensen. In deze regio's zullen de mensen niet zichzelf met de haren uit het moeras kunnen trekken. Een militaire interventie door westerse landen biedt ook geen oplossing en kan makkelijk ontaarden in een vorm van neo-kolonialisme.

Jihadisten als voorlopers

Wat de islamitische landen betreft zijn het de moslims die nu in Europa verblijven die hun broeders en zusters een betere toekomst kunnen bieden. Zij hebben de kennis, de vaardigheden en de middelen om de landen van herkomst op te bouwen. De jihadisten die uit Europa zijn vertrokken om te gaan strijden in het Midden-Oosten zijn in zekere zin de voorlopers van een nieuwe beweging. Het is nu aan de rechtgeaarde Europese moslims, ook van de derde of vierde generatie, om massaal een constructieve bijdrage te gaan leveren voor de opbouw van de landen van hun voorvaderen.

Stel dat dank zij een massale terugkeer van goed opgeleide en vredelievende moslims het onderwijs, de ziekenzorg, de werkgelegenheid, de sociale voorzieningen en de politiek in de landen van herkomst tot een hoog niveau wordt gebracht, dan ontstaat een volstrekt nieuwe verhouding tussen de Europeanen en de moslims. Een verhouding van gelijkwaardigheid en wederzijds respect. Hieruit kan een alliantie ontstaan die leidt tot een nieuwe wereldmacht.

Geen nieuwe Orde, geen sterke leider

Het gaat hier niet om een nieuwe wereldorde. 'Orde' roept associaties op met een sterke leider die op dictatoriale wijze een nieuwe Orde wil opleggen. In mijn optiek gaat het om een nieuwe wereld*gemeenschap*, waar de individuele burgers zich verenigen om hun verantwoordelijkheid op te nemen. Eerst in eigen land, omdat een sterke natie een basis is om solidair met anderen landen te kunnen zijn. Daarna volgt een mondiale beweging om een einde te maken aan de armoede, de burgeroorlogen en de destructie van de planeet Aarde.

Krachtig opkomen voor de eigen identiteit

We zijn beland in een tijdperk van extreme processen op politiek, religieus, economisch en klimatologisch gebied. Juist deze cumulatie van spanningen is een explosief mengsel. Willen we de uitdagingen van deze tijd aangaan, dan moet het volk van elke natie krachtig verenigd zijn rondom een gemeenschappelijke ethiek van verantwoordelijkheid. Minderheden die zich niet kunnen integreren worden bij dramatische ontwikkelingen tot zondebok gebombardeerd, waartegen radicale maatregelen zullen worden genomen. De opkomst van extreem-rechts is een teken aan de wand. Om de tragiek van de vorige eeuw te vermijden, moet iedereen zich afvragen waar hij echt thuishoort en waar hij zich verbonden weet met mensen die gemeenschappelijke normen en waarden delen.

Dialoog met anti-racisten

Deze tekst is bedoeld als een uitnodiging tot een dialoog met moslims, met anti-racisten en anti-fascisten over de manier waarop in Europa het gevaar van extreem-rechts een halt kan worden toegeroepen, over de manier waarop een einde kan komen aan de burgeroorlogen in islamitische landen en over de manier waarop Europa en de islamitische wereld kunnen samenwerken om een humane wereldgemeenschap te realiseren die de extreme uitdagingen van dit tijdperk aankan. Mijn droom is dat Europa samen met het Midden-Oosten en Noord-Afrika een alliantie vormt, die als nieuwe wereldmacht een voorbeeld is voor de rest van de wereld.

Volgend jaar Jeruzalem

Elk jaar vieren de joden Pesach, het joods paasfeest. Het is een eeuwenoude traditie elkaar „tot volgend jaar in Jeruzalem' toe te wensen. Dit verlangen terug te keren naar het land van oorsprong kunnen we zien als een paradigma voor de komende tijd. Ieder mens heeft de plicht voor zijn volk op te komen en van zijn land een land van melk en honing te maken.

113. *Moslims geven het goede voorbeeld*

(gepubliceerd op ThePostOnline op 20 december 2016)

Al vanaf de oertijd is er een strijd gaande tussen sedentair levende mensen en de nomaden. Kaïn die een landbouwer was vermoordde de herder Abel. Romulus trok de grenzen van de nieuwe stad die zijn naam kreeg. Zijn tweelingbroer Remus bespotte hem door over de kleine stadsmuur te springen en Romulus stak hem daarom dood. Het joodse volk zwalkt tussen een sedentair en een nomadisch leven. De patriarchen zijn geboren bij nomaden in Babylon. Daarna verbleven de joden 270 jaar bij de sedentairen bij uitstek: het

Egyptische volk. Daarna zwierven ze veertig jaar in de woestijn om tenslotte in Kanaän opnieuw een sedentair leven te leiden.

Vikingen, immigranten en Roma

Het is de algemene regel dat de volkeren op de wereld hetzij sedentair, hetzij nomade zijn. Sedentairen en nomaden haten elkaar. Volgens de sedentairen is alles wat beweegt bedreigend. Dat waren destijds de Vikingen, nu zijn het de immigranten en de Roma. De nomaden verafschuwen op hun beurt de sedentairen.

Het antisemitisme is een logisch gevolg van deze conflictueuze verhouding tussen sedentairen en nomaden. Joden zijn namelijk beide. De jood is altijd de ander voor de anderen. Als ze leven als nomaden, dan verwijt men hen dat ze vaderlandloos zijn. Dit was de slogan van de nazi's, die trouwens ook de Roma hebben vernietigd. De Arabische wereld verwijt de joden zionisten te zijn en dit is sedentair.

Erdogan en Gülun

De globalisering zet de aloude tegenstellingen tussen sedentair en nomadisch weer op scherp. De immigranten en de kosmopolieten zijn de moderne nomaden. De haat tegen die groep wordt aangewakkerd door extreem-rechts en door al wie houdt van de heimat. Ook op andere terreinen zien we dezelfde tegenstelling. In Turkije wordt Erdogan vooral gesteund door een achterban die sedentair leeft op het platteland. De door hen nu zo gehate Gülen-beweging is kosmopolitisch, want gericht op een interculturele dialoog en een internationale samenwerking die moet leiden tot een allesomvattende beschaving.

Een nieuw Duits-Frans conflict

Zelfs binnen de Europese Unie zien we dezelfde tegenstelling opduiken: de Duitse economie is vooral gericht op de export, dus nomadisch. De Franse daarentegen op de interne markt en daarom sedentair. Dit zal onvermijdelijk tot een nieuw Duits-Frans conflict leiden, omdat door die gerichtheid op de interne markt de Franse economie de Duitse nooit kan evenaren. De handelsbalans in 2015 was voor Duitsland 246 miljard euro positief en voor Frankrijk 59 miljard negatief. De sociale en economische verschillen tussen beide landen maken op den duur het delen van eenzelfde munt onmogelijk.

Harmonie tussen sedentair en nomadisch

Is deze tegenstelling tussen sedentairen en nomaden ooit te harmoniseren? Is het antwoord nee, dan blijft de menselijke geschiedenis onherroepelijk gekenmerkt door opeenvolgende conflicten en oorlogen. Waar ligt dan de oplossing?

In deze tijd van globalisering is een harmonieus samenleven van sedentairen en nomaden slechts mogelijk als beide groepen een fundament gemeen hebben. De joden bijvoorbeeld hebben hun tradities, hun geboden, hun rituelen. De gelovige jood is overal thuis, want hij draagt zijn tradities met zich mee. Hetzelfde geldt voor de gelovige moslim: waar hij zich ook bevindt, hij kan zich vijf keer per dag in zichzelf terugtrekken, met de Koran, met zijn gebedstapijtje, zodat hij bij zichzelf opnieuw 'thuis' is. Joden en Moslims geven hierdoor het goede voorbeeld van de wijze waarop we we in deze tijd de eeuwige conflicten tussen sedentairen en nomaden kunnen voorkomen.

De seculiere Europeaan heeft zijn traditions verloochend. Door het verloochenen van zijn geschiedenis en de fundamenten van zijn cultuur, heeft hij geen vaste grond meer onder zijn voeten. Om die reden staan we als Europeanen uitermate zwak tegenover de moslims die het sedentaire en het nomadische in zich weten te verenigen door middel van hun geloof.

Een spirituele leegte

Wie de permanentie van geloof en traditions niet in zichzelf heeft, is ofwel een pure nomade, ofwel een sedentair die in een spirituele leegte leeft. De nomaden worden opgeslorpt door de globalisering. Ze horen nergens meer echt bij. Ze spreken Engels als een soort Esperanto. Ze proberen overal wat geld te verdienen, maar als de economische omstandigheden veranderen, worden ze verstoten. Ze leven in continue angst hun inkomen te verliezen en zelfs hun verblijfsvergunning.

De sedentairen die hun traditions hebben verloochend, worden in deze periode van globalisering bekoord door de amerikanisering. De spirituele leegte die hiervan het gevolg is wordt perfect geïllustreerd door de kerstman die het kerstekind heeft vervangen. Terwijl de kerstperiode een periode van vrede zou moeten zijn, trekt de massa nu naar de kerstmarkten waar in plaats van een Stille Nacht in kerstmannen verkleedde zuiplappen, na het overmatig drinken van glühwein en ander alcoholische dranken van bedenkelijke kwaliteit, met elkaar slaags raken. Als op die markten een aanslag wordt gepleegd, dan zit God er wellicht achter.

N.B.
Deze bijdrage werd geschreven vóór de terroristische aanslag op de kerstmarkt in Berlijn op 20 december 2016. De zin 'dan zit God er wellicht achter' moet goed worden begrepen: dit is niet gebaseerd op een geloof in God, want die kennen we toch niet. In de geest van mijn tekst gaat het over de spirituele leegte van het Westen, waardoor we onze kracht aan het verliezen zijn. Als ik schrijf dat de moslims het goede voorbeeld geven, dan heb ik het uitsluitend over de kracht waarmee zij van onze zwakte gebruik kunnen maken. De aanslagen zijn hier een gevolg van. De ironie van de titel zal de aandachtige lezer niet ontsnapt zijn.

114. *De EU: een gestoord project*

Ook de samenleving kan psychisch gestoord zijn. We spreken in de psychologie van een stoornis als de normale ontwikkeling van een persoon wordt belemmerd, als leed wordt teweeggebracht bij de persoon zelf of bij anderen, als het sociaal en maatschappelijk functioneren verward raakt en als het niet van voorbijgaande aard is. Een stoornis is vooral ernstig bij een cumulatie van problemen.

Toegepast op de EU zit de stoornis voornamelijk in de onmacht van individuele burgers en van landen tegenover een anonieme administratie. Hierdoor worden ze geremd in hun ontwikkeling.Technocraten zonder enig charisma creëren een klimaat van vervreemding. Er is op allerlei gebieden sprake van uniformering. Dit leidt bij burgers en volkeren tot een gevoel als manipuleerbaar object te worden behandeld. Een typisch voorbeeld hiervan is het immigratie-beleid van de EU: men doet alsof mensen zomaar kunnen worden ingepast zonder rekening te houden met hun culturele en historische achtergrond. Immigranten voelen zich makkelijk gediscrimineerd. Bij de autochtone bevolking wordt het leed vooral veroorzaakt door een toegenomen onveiligheidsgevoel en de angst voor terrorisme.

De EU is de nieuwe Toren van Babel

Op allerlei gebieden is er in de Europese samenleving onzekerheid en verwarring. Denk bijvoorbeeld aan de zorgen over de euro of over de massa-immigratie. Hele dorpsgemeenschappen komen in opstand als de toestroom van asielzoekers hen te veel wordt.

Deze ontwrichting binnen de EU lijkt een moderne analogie te worden van de Toren van Babel. Hedendaagse joodse exegeten geven bij Bijbelse verhalen vaak verrassende interpretaties die inzicht verschaffen in actuele verschijnselen. David Banon, hoogleraar Joodse Studies aan de universiteit van Straatsburg, maakte een deconstructie van het verhaal van Babel in eigentijdse termen. Dit wil ik hier toepassen op de EU. Net zoals ten tijde van Babel probeert de EU alle landen te verenigen onder één regering. Het beleid is erop gericht verschillen weg te werken, zodat alle burgers dezelfde politieke en economische doelen nastreven. Ook het onderwijs moet eraan geloven door uniformiteit van opleidingen en diploma's.

Velen menen dat deze uniformering een lofwaardige doelstelling is. Eendracht maakt macht. Conflicten zullen verminderen als we allemaal dezelfde normen en waarden respecteren. Gestreefd wordt naar een wetgeving die op alle gebieden voor alle landen gelijk is. Deze uniformering betekent echter dat er geen verschillen meer mogen zijn. Er moet daarom een Big Brother komen die iedereen en elk land in de gaten houdt om afwijkingen meteen de kop in te drukken.

Unie = kuddegeest

Met Babel is het slecht afgelopen. Dit project eindigde in chaos en verwarring. Het is goed wijsheid uit een ver verleden te respecteren en er lessen uit te trekken voor de actualiteit. Volgens Banon was het doel van de generatie van Babel de mensen te verenigen, want ze vreesden versnippering. Vereniging stond echter gelijk met uniformering. De mensen werden gezien als objecten. Er ontstond een kuddegeest. Alleen wat nuttig en efficiënt was, kreeg aandacht. De subjectiviteit werd ontkend en vervangen door het 'men'. Het onpersoonlijke, het anonieme en het neutrale beheersten het dagelijks leven. Ook het denken werd één. De macht over de mensen kwam in handen van een tiran. De mensen werden weliswaar in de Toren van Babel bij elkaar gebracht, maar ze kwamen terecht in een ontologisch isolement. De mens in Babel is bij uitstek eenzaam, ondanks de massa waarin hij zich bevindt. In de eenvormige massa is geen plaats voor individualiteit. Dialoog werd hier een monoloog. De Staat werd een repressieve autoriteit en de samenleving totalitair. Toen greep God in, zodat de mensen de waarde en de eigenheid van elk individu zouden terugvinden.

De EU wordt totalitair

De gelijkenissen met de EU zijn opvallend. We zien een toenemende en onoverbrugbare afstand tussen de burger en de anonieme politieke macht in Brussel. De EU wordt beleefd als een vreemde macht, die vanuit Brussel ingrijpt in het individuele leven van de mensen. Er wordt nauwelijks rekening gehouden met de eigenheid van de volkeren. De verkrampte reactie van Europese politici op het Oekraïne-referendum in Nederland is er een voorbeeld van en lijkt op een psychiatrische aandoening. Er is geen dialoog meer, maar een monoloog vanuit de EU. De EU wordt totalitair als een anonieme en onpersoonlijke administratie. De persoonlijke ontwikkeling van individuen en de identiteit van landen raken hierdoor in de verdrukking.

Burgerinitiatieven

Het is niet God die nu zal ingrijpen, want sedert Nietzsche is Hij overleden. De mensen zelf veroorzaken de Babelse verwarring. De oplossing ligt daarom bij de individuen zelf, maar dat lukt niet via democratische besluitvorming. Democratie is de dictatuur geworden van een door de machthebbers gemanipuleerde meerderheid. Democratie biedt geen oplossing voor de huidige problemen. Dit wil niet zeggen dat er een charismatische leider moet komen die orde op zaken stelt. Integendeel, het totalitaire karakter dat de EU meer en meer verkrijgt, kan slechts worden bestreden als de burgers in eigen kring initiatieven nemen om zich verantwoordelijk en solidair te gedragen. ITT biedt hier ongehoorde mogelijkheden. Initiatieven als Airbnb en Uber zijn een pril begin van burgers die het heft zelf in handen nemen. Als overal netwerken van solidariteit ontstaan, kunnen we een anonieme administratie of totalitair systeem overbodig maken en worden we opnieuw geestelijk gezond.

115. *Pleidooi voor een constructieve houding*

Om de huidige malaise en polarisatie tegen te gaan, is de beste remedie het stellen van positieve doelen.

In deze tijd kan aan twee doelstellingen prioriteit worden gegeven:

(1) Vrede en voorspoed realiseren in het Midden-Oosten en Noord-Afrika en daarna in geheel Afrika.
(2) De wereldbevolking massaal motiveren voor verantwoordelijk gedrag ten aanzien van het milieu.

Hoe kunnen we deze doelstellingen verwezenlijken? Welke concrete stappen kunnen worden genomen?

Er kan geen sprake meer zijn van neo-kolonialisme. Er bestaan geen superieure rassen. We moeten respect hebben voor de cultuur en de ethiek van andere volkeren. Om die reden kan het eerste doel het best bereikt worden door de moslims die zich nu in Europa bevinden. Zij kunnen hun broeders en zusters in de landen van herkomst helpen om die landen op te bouwen. Een eerste concrete stap zou kunnen zijn het organiseren van een vredeskorps. Dit vredeskorps zou niet alleen militair interveniëren, waar dat nodig is, maar vooral bestaan uit goed opgeleide moslims en vakmensen. Het onderwijs, de gezondheidszorg en investeringen in het bedrijfsleven om werkgelegenheid te creëren zouden door dit vredeskorps worden gestimuleerd. De moslims worden in al deze activiteiten solidair gesteund vanuit Europa.

Wat het tweede doel betreft moet een wereldomvattende inspanning worden gedaan om de armoede uit de wereld te helpen en om alle kinderen onderwijs van goede kwaliteit te geven. Een concrete stap zou kunnen zijn dat de subsidies voor ruimtevaart, defensie, wetenschappelijk onderzoek en gezondheidszorg voor enkele decennia worden gehalveerd en de vrijkomende gelden worden besteed aan armoedebestrijding en onderwijs.

Ik vermoed dat in een verre toekomst men het volstrekt onbegrijpelijk zal vinden dat we nu zulke enorme kapitalen besteden aan defensie, aan ruimtevaart en aan wetenschappelijk onderzoek terwijl in grote delen van de wereld honderden miljoenen mensen in diepe armoede leven en hun kinderen geen kansen krijgen om zich te ontwikkelen.

Om deze wantoestand ooit eens te kunnen doorbreken moeten we de economie definiëren als een gezamenlijk project om de armoede uit de wereld te helpen. Een andere concrete stap kan zijn dat we het consumentisme vervangen door een sobere levensstijl met meer nadruk op sociale contacten, solidariteitsacties en milieubescherming. Al wie een leidinggevende positie heeft moet hier het voorbeeld geven om de massa mee te krijgen.

116. *Waarom is er een universum?*

(Vanaf deze aantekening en tot nummer 133 laat ik mij inspireren door een exegese van het Scheppingsverhaal: Tapiero, M. (ed.)(2010). Fondements de l'Humanité. Paris: Les Éditions du Cerf)

Waarom is er iets en niet niets? Waarom is er een universum? Waarom is het universum zoals het is? Waar komen we vandaan? Waarom zijn we op deze wereld? Wat zit er achter dit alles?

Als we het antwoord zouden weten op deze vragen, weten we wat onze oorsprong is. Daar ligt het antwoord op de ware zin van ons leven. Daar liggen de ankerpunten van de mensheid.

De Scheppingsverhaal in Genesis geeft deze antwoorden. De wijsheid van de Bijbel zegt dat het menselijke het ultieme doel is van de Schepping. De mens is een bondgenoot van God om de wereld tot vervulling te brengen. Het doel is harmonie te brengen, waarin de alteriteit wordt gerespecteerd en waar recht en vrijgevigheid heersen. Die harmonie wordt verstoord door individuele fouten en door samenlevingen waar het onrecht en de hebzucht heersen. Gelukkig zijn deze verstoringen tot nog toe nooit fataal gebleken. De mens wil zijn fouten herstellen en wereldrijken komen en gaan. In deze tijd moeten we fouten herstellen zoals de destructie van ons ecosysteem, de vele burgeroorlogen, de toename van de verschillen tussen rijk en heel arm, het gebrek aan bindingen en de ontrouw tussen de mensen.

De Bijbel leert ons hoe dit te herstellen of welke normen en waarden onze leidraad moeten zijn voor onze omgang met andere mensen (de Ander) en met de natuur (het Andere). Om deze reden moet de Bijbel continu in onze aandacht zijn.

117. *Het einddoel van de wereld*

Wetenschap, mythologie en Bijbel

Er zijn twee wereldbeschouwingen die het idee verwerpen van een Schepper, die het universum uit het niets heeft geschapen. De eerste is de natuurwetenschappelijke visie die de evolutie ziet als het resultaat van toeval. De tweede omvat de mythologieën waarin de natuurverschijnselen vereenzelvigd worden met goden die er altijd geweest zijn. In beide gevallen wordt elk idee van een oorsprong ontkend. De natuurwetenschap geeft geen antwoord op de vraag naar het begin. Die wetenschap is gericht op wat realiteit is en niet op de oorsprong. Het gevolg is dat de wetenschap ook niets kan zeggen over het doel en de zin van het leven op aarde of van het universum in het algemeen. Ook de mythologische verklaringen geven geen antwoord. De mythologieën verschillen tussen de volkeren en in de loop van de geschiedenis en zijn door de mensen zelf verzonnen.

De kern van het bijbels scheppingsverhaal is dat voordat het universum bestond, dus voordat er een ruimte en voordat de tijd bestond (één dag in het scheppingsverhaal kan daarom miljarden jaren betekenen), er een God was die buiten de orde van de immanentie valt. Wat buiten de immanentie valt, is met de rede niet te begrijpen. Het ontsnapt per definitie aan de ervaring. Dit idee van een goddelijk wezen kan alleen worden geopenbaard. Het scheppingsverhaal is de eerste manifestatie van die openbaring.

Een gewild universum

Volgens de Bijbel ligt *een wil* aan de basis van het bestaan van het universum: God heeft uit vrije wil de wereld geschapen. Die transcendente God is in deze zin ook een immanente God, die deelneemt aan de wordingsgeschiedenis van de mens. Aan de Schepping ligt een plan aan de basis. Het is een project en alleen de mens is in staat zich hiervan bewust te worden. Het scheppingsverhaal begint met 'In de beginne ...': het begin dus van iets, van een bepaald plan. De Bijbel is in wezen bedoeld om dat plan te verduidelijken en om aan te geven hoe de mensen zich moeten gedragen om dat plan te helpen verwezenlijken.

De Schepping betekent dat er een God is die anders is, die buiten de wereld staat. Het betekent ook dat een relatie van geven en liefde aan de basis ligt van het bestaan van de mens. De mens is weliswaar afhankelijk van God, maar hij is een autonoom wezen *die geroepen is deel te nemen aan het scheppingswerk*. Doordat de Schepping een gevolg is van de wil van God is de Schepping intrinsiek goed. We mogen er vertrouwen in hebben. Alle negatieve gebeurtenissen die in de loop van de geschiedenis voorkomen, kunnen worden overkomen zolang de mensen blijven geloven in hun roeping. De ethiek die in de Bijbel wordt aangereikt, houdt een appel in om mee te werken aan de realisatie van het goddelijk project.

Vier destructieve krachten

Een beschaving is niets anders dan een manier om bij te dragen aan het einddoel van de Schepping. Elke beschaving doet dit op haar eigen wijze. Er zijn echter krachten die ingaan tegen de realisatie van het goddelijk project. We onderscheiden vier krachten in een menselijke samenleving die de mensheid belemmeren in haar wezenlijke opdracht:

1   een samenleving die gefundeerd is op macht, op het domineren van anderen, op onderwerping en waar de weerstand hiertegen wordt gebroken
2   een samenleving waar de absolute prioriteit ligt op de bevrediging van de materiële behoeften, waar het verwerven van rijkdom en bezit onverzadigbaar is, waar de mensen op gepassioneerde wijze materialistisch zijn
3   een samenleving waar geen plaats is voor het individuele of het singuliere. Er heerst een totalitair regime waar slechts wat conform is aan de heersende ideeën wordt aanvaard en elke alteriteit wordt uitgebannen. De rationaliteit beheerst alle relaties. Er is geen ruimte

voor intuïtie en voor openheid voor het transcendente. In deze samenleving heeft de mens veel kennis, maar weinig wijsheid

4   een samenleving die destructief en agressief is. Hier gaat de menselijkheid verloren. Er is geen respect voor de schepping en de vernieling van al het mooie gaat gestadig door.

Door het gebrek aan een hogere zin worden deze vier samenlevingsvormen gekenmerkt door spirituele leegte. De mens leeft hier eerder op animale wijze. Hij is zijn menselijkheid verloren. Willen we terugkeren op het pad naar een menswaardige wereld, zoals in de Bijbel aangegeven, dan moeten we opnieuw openstaan voor de geopenbaarde wijsheid. De vier genoemde negatieve krachten die mensonwaardige samenlevingen kenmerken, kunnen slechts bestreden worden door een externe kracht. Het joodse volk gelooft dat een messias de mensheid opnieuw op de juiste weg kan helpen. Maar zijn we niet allen messias, in zoverre we meewerken aan het goddelijk project? Kunnen we niet zelf van deze 21ste eeuw een *'eeuw van de spiritualiteit'* maken?

De eeuw van de spiritualiteit

De eeuw van de spiritualiteit is de eeuw waarin een nieuwe wereld tot stand zal komen, waar de mens menselijk zal zijn en zal meewerken aan het doel van de Schepping. Dit doel is niets anders dan het goede op de wereld te brengen. Het goede is een Schepping uit het niets, omwille van niets, zonder baatzucht. Het goede voor de Ander en voor de Schepping in het algemeen, is wat de wijsheid ons voorhoudt.

Om ons duidelijk voor te stellen wat die spirituele wereld zal zijn, moeten we vaststellen wat hier wordt bestreden: (1) macht over anderen en onderwerping; (2) onverzadigbare economische groei en materialisme (3) het totalitarisme dat alle singulariteit uitbant en de eenzijdigheid van het rationalisme en (4) de destructie van mens, maatschappij en natuur.
Het gaat om een messiaanse overwinning van het goede op alle negatieve krachten die de wereld tot nog toe te veel hebben beheerst. In de nieuwe wereld zal elke beschaving of elke samenleving op haar eigen manier deelnemen aan het goddelijk project: een menselijke gemeenschap die gefundeerd is op respect en engagement voor de Ander, waar de Ander volstrekt gerespecteerd wordt in zijn uniekheid. In deze samenleving is politieke of eender welke macht slechts bedoeld om rechtvaardigheid in de menselijke omgang te realiseren. De geschiedenis wordt in plaats van een opeenvolging van oorlogen, een ontwikkeling naar een steeds menselijker en menswaardige wereld. In plaats van een top down-beleid wordt radicaal gekozen voor een bottom up-beleid, zodat de burgers zelf kunnen bepalen hoe en op welke manier ze zullen bijdragen aan de nieuwe wereld.

Die spiritualiteit en wijsheid in de nieuwe wereld zal slecht mogelijk zijn als de mensen minder gericht zijn op het materiële, minder bezorgd om de eigen behoeften en meer open zullen staan voor de roeping die van elders komt. Die roeping is de essentie van de Bijbel en van andere Heilige Schriften. Kortom, willen de we van de 21ste eeuw een eeuw maken zonder oorlogen en vernietiging van ons ecosysteem, dan is er slechts één weg: de ethiek die in de Heilige Schriften aan de mensheid is geopenbaard. Of moet er toch een messias komen die de mensen wakker schudt?

Mijn vorig boek 'Het landverraad van de EU:Waarom ethiek Europa kan redden' is niets anders dan een gepassioneerde oproep om open te staan voor de geopenbaarde waarheid. Slechts deze waarheid kan ons redden.

118. *Mens en dier*

Elke diersoort die door menselijk toedoen uitsterft is een genocide in de dierenwereld. De mens is niet alleen verantwoordelijk voor zijn naaste, maar ook voor de dieren waarmee hij al miljoenen jaren samenleeft. In bijbelse termen: elke diersoort die uitsterft is een ernstige belemmering van het scheppingsproject.

Hoe gaan we om met onze huisdieren? Ik heb het geluk gehad het leven op de boerderij grondig te leren kennen. Mijn schoonvader was een landbouwer, in een in tijd waarin de traditionele landbouw nog niet helemaal was verdwenen. Twee voorvallen zijn mij altijd bijgebleven. Ik bevond mij eens in een stal waarin een koe op het punt stond te kalven. Ik zag hoe die koe op de betonnen vloer met zijn poten wat stro bijeenschraapte om een nest te maken. Dit instinctieve gedrag was een overblijfsel van miljoenen jaren geleden, ondanks een duizendjarige domesticatie. Toen besefte ik hoe belangrijk het is rekening te houden met het instinctieve gedrag van onze huisdieren. De geïndustrialiseerde veeteelt is hier een aanfluiting van.

De tweede anekdote was triest. Op de boerderij van mijn schoonvader waren er tot het midden van de vorige eeuw twaalf paarden. Met de komst van de tractoren werden die paarden overbodig. Mijn schoonvader hield er nog één om de randen van de akkers te ploegen. Ik was aanwezig toen dat trekpaard wegens ziekte en hoge ouderdom naar het slachthuis gebracht zou worden. Dat was de enige keer dat ik mijn schoonvader zag huilen. Een heel mooie tijd waarin de mens samenwerkte met zijn dieren was definitief voorbij. Ook de trots van de boer die ooit twaalf paarden bezat.

119. *De evolutie van het Europees bewustzijn*

Het zijn niet alleen de plant- en diersoorten die in de loop der tijden een evolutie doormaken, waarbij sommige soorten uitsterven en andere zich zodanig hebben ontwikkeld dat ze miljoenen jaren stand houden. Mieren en bijen bijvoorbeeld gedragen zich al miljoenen jaren in ongewijzigde vorm en hebben blijkbaar de ultieme harmonie met hun omgeving gevonden.

Naast de evolutie van planten en dieren evolueert ook het universum, dat na de oerknal nog steeds verder uitdijt. Ook het menselijk bewustzijn maakt een evolutie door. Een bepaalde diersoort heeft zich tot mens ontwikkeld door een soort mutatie die niet aan het toeval of aan een natuurlijk selectieproces kan worden toegeschreven. Het gaat om een levend wezen dat op een gegeven moment over een vrije wil beschikte. Geen enkel ander levend wezen kan handelen tegen zijn instincten in. Geen enkel ander levend wezen kan door na te denken de wereld grondig veranderen.

De Europese mens heeft een unieke evolutie doorgemaakt, dank zij talloze grote denkers en wetenschappers, dank zij het onderwijs en dank zij de communicatie via boeken, media en internet. Die evolutie kan positief of negatief zijn, afhankelijk van de wijze waarop we onze kennis en vaardigheden, onze levensbeschouwing en onze technologie op verantwoorde manier toepassen.

Bij andere volkeren is de evolutie gestagneerd. Dit kan het gevolg zijn van natuurlijke omstandigheden, die de mensen dwingen al hun energie te besteden aan overleven. Maar ook de levensbeschouwing kan tot stagnatie leiden, als bijvoorbeeld de vrijheid van denken op totalitaire wijze wordt verhinderd.

Een groot probleem ontstaat indien deze laatste volkeren de beschikking krijgen over in Europa gemaakte technologieën, waarvoor hun bewustzijn onvoldoende geëvolueerd is om er verantwoord mee op te gaan. Een typisch voorbeeld is de invoer van wapens waarmee Afrikaanse stammenoorlogen kunnen worden uitgevochten. Een ander voorbeeld is het moslimterrorisme.

Het zou kunnen dat in de loop van de evolutie die volkeren zullen uitsterven of zichzelf zullen uitroeien die onvoldoende ontwikkeld zijn om in de huidige tijd zich verantwoordelijk te gedragen. Om deze rampen te voorkomen moet er alles aan gedaan worden om via onderwijs en charismatische of inspirerende mensen die volkeren op een hoger bewustzijnsniveau te brengen. Dit is echter een kwestie van lange adem. We moeten hier denken in termen van drie of vijf eeuwen. Die tijd hebben we niet, gezien de toename van ernstige dreigingen.

Wat rest ons als oplossing? Kunnen we de evolutie van het bewustzijn van andere volkeren een handje helpen? Ja, door als Europa zo krachtig mogelijk het goede voorbeeld te geven en overal ter wereld die mensen bij te staan die zich willen engageren voor het onderwijs en voor de vrijheid van denken en handelen. Misschien moeten we deze mensen eerst met open armen ontvangen in Europa om ze later massaal uit te zenden naar de landen van herkomst. Een moderne vorm van missionering, maar nu vanuit de eigen cultuur van elk volk.

120. *Leven zoals het de bedoeling is*

Het is onzinnig de vraag te stellen naar het doel van de natuur of naar het doel van het leven van een hond. De natuur volgt de natuurwetten en de hond zijn instincten. Op dit terrein liggen de acties en de evolutie onverbiddelijk vast of via het toeval ontstaan nieuwe ontwikkelingen. In de natuur en in de levende wezens is er geen wil die in vrijheid kiest welke weg gevolgd zal worden of wat wordt nagestreefd.

Geldt dit ook voor de mens? Hij is ook materie en hij is ook een zoogdier. Wat maakt de mens menselijk of waarin is hij wezenlijk verschillend van de rest van de natuur? Zijn er naast de natuurwetten ook wetten die alleen voor de mens gelden en die hij op vrijwillige basis kan opvolgen?

We willen in deze paragraaf nagaan hoe de Bijbel deze vragen beantwoordt en hoe een antwoord gegeven kan worden zonder beroep te doen op een geopenbaarde waarheid.

Volgens de Bijbel zijn er wetten voor de mens, die door God zijn opgelegd. Die wetten zorgen ervoor dat de mens een menselijk gelaat heeft. Een dier heeft geen gelaat. We noemen iemand menselijk als hij een goed mens is. Dit is een eigenschap die niet toegekend kan worden aan een dier. Een goed mens is onder andere iemand die trouw is in de liefde, die zich opoffert voor anderen, die voorrang heeft aan de behoeften en noden van anderen, die respect heeft voor andermans integriteit en eigendom, die de goede naam van anderen geen schade toebrengt. Kortom, de wetten die door God zijn opgelegd zijn de Tien Geboden die al duizenden jaren bekend zijn, eerst bij het joodse volk, daarna via het christendom over de gehele wereld. Als God aparte wetten voor de mens heeft gemaakt, dan heeft hij een bepaalde bedoeling. De mens wordt gezien als een partner in het scheppingswerk.

Wat gebeurt er als we niet meer in God geloven? Als God dood is? Als wordt aangenomen dat de Bijbel een sprookje is? Wordt de mens dan minder menselijk? Wordt de vraag naar het doel van een mensenleven dan even onzinnig als het stellen van die vraag bij de materie en bij honden?

Ik wil eens proberen het menselijke te bepalen zonder gebruik te maken van een godsidee. Ik zoek namelijk naar argumenten om een goed mens te zijn, zonder dat ik mij daartoe verplicht voel door een goddelijke wet.

Het minste wat ik kan zeggen is dat ik mijn leven te danken heb aan mijn ouders. Via mijn ouders moet ik vier grootouders dankbaar zijn, Ga ik verder in de genealogie dan zijn er talloze mensen aan wie ik mijn leven heb te danken en ook mijn identiteit. Die band deel ik met al diegenen die in dezelfde stamboom voorkomen. Samen met hen deel ik een cultuur of beschaving en een geschiedenis. Al die mensen uit het verleden hebben die cultuur en die geschiedenis opgebouwd. De ene generatie draagt de normen en waarden die eigen zijn aan hun cultuur aan de volgende over. Met de verwanten in het heden deel ik deze erfenis, draag ik er verder aan bij en geef ik het door aan de volgende generaties.

Verbondenheid met elkaar heeft mij gemaakt tot wie ik nu ben. Ik maak deel uit van een gemeenschappelijk project, waaraan vorige generaties hebben samengewerkt en die we nu voortzetten. We zouden steeds verder in het verleden kunnen gaan op zoek naar de eerste oorsprong. Dit heeft rationeel gezien weinig zin. De cultuur, de geschiedenis en de verwantschap die ik nu deel, is grotendeels gedurende de laatste eeuwen opgebouwd. Met deze mensen van de voorbije eeuwen heb ik de meest concrete en tastbare band.

Werken aan ons gemeenschappelijk project, het verdedigen en trouw zijn aan de waarden en normen die ons project hebben gemaakt tot wat het nu is, is de roeping die ieder van ons heeft meegekregen. Hier ligt de basissolidariteit.

Als we God en Zijn Wet niet meer als referentiepunt willen nemen, dan is de verbondenheid en dankbaarheid binnen een gemeenschappelijk project, met de mensen waarmee ik verwant ben, het referentiepunt voor mijn leven. Dat project moet bewaakt en versterkt worden om solidariteit in een breder verband, met de rest van de wereld, een fundament te geven. Wees nationalistisch om kosmopolitisch te kunnen zijn.

Ik vrees dat de krachten die de verbondenheid van mensen die met elkaar een cultuur en een geschiedenis delen verzwakken, oorzaak zijn van de toenemende agressie in de wereld. De mensen raken losgeslagen. Steeds meer mensen voelen zich niet meer verplicht ten aanzien van de gemeenschap. Steeds meer mensen zijn niet meer trouw aan de waarden en normen die onze voorouders aan ons hebben meegegeven. We zien die losgeslagenheid in het enorm aantal huwelijken dat mislukt, in het vandalisme en hooliganisme, in het op grote schaal ontbreken van verantwoordelijk gedrag ten aanzien van het milieu en de landschappen, in het racisme en de discriminatie over en weer tussen etnische groepen die met elkaar geen cultuur en geschiedenis delen.

Willen we onze beschaving herstellen en verder opbouwen, dan moeten we beginnen met de band te herstellen tussen mensen die een cultuur en geschiedenis delen. Iedereen terug naar het land van herkomst en het nationaal gevoel koesteren, om van daaruit solidair te kunnen zijn met de rest van de wereld.

121. *De totaliteit doorbreken*

De titel van deze paragraaf zal velen vreemd in de oren klinken. Toch gaat het om het meest wezenlijke in een mensenleven. Met totaliteit wordt bedoeld een geheel waarbinnen vaste wetten heersen. Binnen een totaliteit is geen vrijheid. Vandaar ook dat we spreken over een totalitaire staat als een staat waarin de vrijheid van de burgers aan banden wordt gelegd.

Hier gaat het niet zozeer om de totalitaire staat. Het leven van het individu kan ook een totaliteit zijn. Om dit te verduidelijken, geef ik het voorbeeld van een hond. Het gedrag van een hond wordt bepaald door zijn instincten en de prikkels waarop hij instinctmatig reageert. De hond is niet vrij. Hij leeft in de totaliteit van reflexen, instincten en materiële prikkels.

Ook mensen leven voor een groot deel in een vergelijkbare totaliteit en sommigen helemaal. Dat zijn mensen die zich puur laten leiden door hun behoeften, hun instincten, en door de prikkels die de omgeving hen aanbiedt. Die invloed geldt voor ons allemaal. Het kenmerk hiervan is dat we in deze totaliteit niet vrij zijn. Een extreem voorbeeld hiervan is de mens die bezeten is van een zucht naar macht of naar bezit. Bezetenheid is een ernstige vorm van onvrijheid. Het betekent letterlijk: 'In bezit genomen door', in dit geval door de zucht naar macht of naar geld.

Waar begint de vrijheid van de mens? Het is te simpel om te zeggen dat de mens vrij is in de keuze van reageren op de prikkels, in de prioriteiten die hij legt in zijn behoeften en in de wijze waarop hij zijn behoeften wenst te bevredigen. Dat is weliswaar ook een vorm van vrijheid, maar toch blijft het een vrijheid binnen een totaliteit, namelijk de totaliteit van zijn behoeften en van de prikkels. We kunnen onderzoek doen naar de wetmatigheden in het gedrag van de mens binnen deze totaliteit. De empirische psychologie gaat niet verder dan dit gebied. De hedendaagse psychologen die de ideologie van het empirisme aanhangen, zijn de vazallen van een toekomstige totalitaire staat.

De mens kan echter iets doen waar een dier niet toe in staat is. De mens kan tegen zijn eigen behoeften en instincten in, voorrang geven aan de behoeften en noden van een Ander. Dat noemen we liefde voor de medemens of goedheid. Hier doorbreekt deze mens de totaliteit! De wetmatigheden die de totaliteit kenmerken worden hier radicaal doorbroken.

Als we de totaliteit doorbreken, in welk gebied komen we dan terecht? We verlaten de wereld van het lichamelijke om ons te begeven in het rijk van de geest. De geest is het onzichtbare. Het rijk van waarden en normen en van zingeving. Waar die waarden en normen vandaan komen, is voor de mens met zijn zintuigen ontoegankelijk. En toch is dit werkelijkheid. De geest ontkennen, is ontkennen dat de mens vrij is. Het is ook ontkennen dat het leven een zin heeft. Dit houdt grote gevaren in, onder andere een gebrek aan verantwoordelijkheid door het relativeren van alle waarden en normen.

Het gaat erom hoe we onze vrijheid gebruiken. Laten we ons al of niet inspireren door de geest? En welke geest dan? De liefde of het kwaad? Het is evident dat we moeten kiezen voor de Liefde. Door de Liefde brengen we niet alleen de goedheid binnen de totaliteit, maar verhinderen we ook de dierlijke struggle for life tussen mensen.

Hoe de mensen, ook hooligans, criminelen, extremisten, terroristen en hebzuchtige kapitalisten hiervoor inspireren? Hoe kunnen we een geest van liefde voor de medemens en van verantwoordelijkheid voor onze planeet over de wereld laten waaien? Zoals Nelson Mandela in staat was een heel volk te behoeden voor wraakacties, hebben we leiders nodig die de mensen op dezelfde manier inspireren. Merkwaardig was dat Mandela geen dreigende taal moest gebruiken en geen wapens moest aanschaffen om zijn doel te bereiken.

Religie zou in feite niets anders moeten zijn dan zich laten inspireren door wat buiten onze totaliteit is. Niet gevangen blijven binnen het immanente, maar openstaan voor het transcendente.

122. Goed rentmeesterschap

De biodiversiteit is een basisvoorwaarde voor het leven op onze planeet. De levende wezens, zowel planten als dieren, zijn van elkaar afhankelijk op alle plaatsen van de aarde. Voor de continuïteit van leven op aarde is biodiversiteit noodzakelijk. Behoud van de biodiversiteit is daarom een fysieke en morele plicht van de mens. Het verhaal van Noach is daar een voorbeeld van: van *alle* levende wezens moest een exemplaar in de ark worden opgenomen, zowel het mannelijke als het vrouwelijke (Genesis 6,19).

De mens heeft aan alle planten en dieren een naam gegeven. Hij heeft ze verdeeld in soorten en een classificatie gemaakt. Een naam geven aan iets, is in zekere zin er meesterschap over uitoefenen. De namen en de soorten betekenen dat er een zekere orde is in al wat leeft op aarde. Orde gaat samen met regels, zoals bijvoorbeeld wat de voortplanting betreft. De voortplanting is slechts mogelijk tussen levende wezens van dezelfde soort. Het is niet aan de mens om wanorde te creëren in het leven op aarde. Hij moet niet alleen de biodiversiteit in stand houden, maar hij moet ook zorgen voor het behoud van het evenwicht in de natuur.

Dit laatste wil zeggen dat de mens respect moet hebben voor de omgeving waar planten en dieren leven. Dat hij zich moet onthouden van destructie van het leefmilieu. Dat de natuurlijke bronnen niet verspild mogen worden. Gebrek aan respect voor de natuurlijke omgeving zal leiden tot een gebrek aan respect voor de menselijke waardigheid. In de joodse Midrash wordt op twee plaatsen de verantwoordelijkheid van de mens voor natuurbehoud benadrukt. Eerst wordt gezegd dat als een boom wordt geveld, zijn zuchten wordt gehoord van het ene einde van het universum tot het andere einde. Verderop staat geschreven: als we een boom aan het planten zijn en we krijgen het bericht dat de messias in aantocht is, dan moeten we eerst verder gaan met het planten van die boom.

Noach heeft ervoor gezorgd dat alle planten- en diersoorten de zondvloed hebben overleefd. Vanaf het begin der tijden werd de mens opgeroepen om een goed rentmeester te zijn over de Schepping. De enorme destructie van ons ecosysteem en de gigantische verspilling van grondstoffen moeten we hoogdringend stopzetten, want het druist in tegen een van de meest fundamentele wijsheden uit het Oude Testament.

123. Allah houdt van Israël

(gepubliceerd op ThePostOnline op 7 juni 2016)

De meeste Europeanen tegenwoordig noemen zich atheïstisch of agnostisch. Zij beschouwen de Bijbel of de Koran als door mensen verzonnen sprookjes, die best gevaarlijk kunnen zijn als gekken er misbruik van maken. Iedereen is vrij om te denken wat hij wil. In deze bijdrage wil ik mij slechts inleven in de situatie van gelovige mensen, om hun eigen argumentatie toe te passen op een van de grootste problemen van deze tijd. Ik bedoel het terrorisme en het verband met de haat tegen Israël.

Volg het bevel van Allah

Abraham is zowel voor de joden als voor de moslims de aartsvader. Abraham kreeg van Allah het bevel om naar Israël te gaan en het land in bezit te nemen. Op momenten dat het joodse volk niet trouw was aan dit gebod, zoals onder Mozes, werden zij gestraft en moesten gedurende veertig jaar rondzwerven in de woestijn. Het joodse volk kreeg altijd berouw en volgde uiteindelijk het bevel van Allah op. Allah zegende het volk en zorgde voor vrede en voorspoed. Dat is de reden waarom het joodse volk al duizenden jaren haar identiteit heeft weten te behouden. Ondanks alle rampen, verbanningen en catastrofes als de holocaust, hebben de joden als volk overleefd. Wie dat geen godswonder vindt, moet wel erg blind zijn voor transcendente krachten.

Sinds de vorige eeuw zijn de joden massaal teruggekeerd naar het Heilige Land. Trouw aan het bevel van Allah hebben ze het land van de Palestijnen in bezit genomen. Allah is hen zeer welgevallig geweest: Israël is een welvarende democratie geworden. Landbouw en industrie behoren tot de top van de wereld. De Israëliërs leveren op cultureel en wetenschappelijk gebied prestaties van het hoogste niveau. Ze beschikken over een van de machtigste legers ter wereld. Het is duidelijk dat Allah erg veel houdt van Israël zoals we het nu kennen.

Houdt Allah niet van moslims?

Twee vragen rijzen hier op: (1) houdt Allah misschien niet van de moslims, gezien de ellendige situatie in veel islamitische landen? en (2) waarom houden de moslims niet van de joden die het bevel van Allah trouw willen blijven?

Met rationale argumenten is niemand te overtuigen van het recht van de joden om Israel te bezetten. Rationaliteit helpt evenmin om bovenstaande vragen te beantwoorden. Het gaat om waarheden gebaseerd op de Bijbel of op de Koran. Als een moslim zo overtuigd is van zijn waarheid, dat hij zichzelf opblaast om zoveel mogelijk mensen te doden en om op die manier in het paradijs te komen, wat blijft dan nog over om hem te doen twijfelen? Alleen even krachtige religieuze argumenten, dacht ik.

Vanuit bovenstaande bewijsvoering zouden we kunnen concluderen dat de moslims zich nu in dezelfde situatie bevinden als de joden onder Mozes toen ze rondzwierven in de woestijn. Allah zal hen opnieuw welgevallig zijn als de moslims de joden het land gunnen dat Allah aan hen heeft toegewezen en met de joden samenwerken omdat ze broeders zijn, met Abraham als gemeenschappelijke stamvader.

De joodse exegeet Bernard Paperon, verbonden aan de Sorbonne, meent dat moslims het bestaan van de joodse staat Israël slechts zullen aanvaarden, als de Israëliërs consequent vasthouden aan de waarden waarvoor ze staan en respect afdwingen door hun trouw aan de goddelijke geboden. In plaats van te *sterven* in naam van God, moeten de joden een voorbeeld zijn van *leven* in naam van God. Slechts op die manier kunnen de joden de moslims inspireren om samen in vrede en voorspoed te leven.

124. *Feminisme verzwakt Europa*

(gepubliceerd op ThePostOnline op 27 juni 2016)

Het feminisme heeft de westerse beschaving ernstig verzwakt. Door vrouwen in een mannenrol te drukken, is de kans verkeken een hoger beschavingspeil te bereiken. Als mannelijke autoriteit tekort schiet, leidt het feminisme tot de ondermijning en een verzwakking van onze maatschappij. Eerst wil ik de verkeerde veronderstellingen van de feministische beweging verduidelijken. Daarna wordt aangegeven welke rol vrouwen kunnen spelen om een nieuw elan te geven aan Europa. Vrouwen moeten worden bevrijd van een opgedrongen rol die hen niet past. Hierdoor wordt de weg geopend naar een meer harmonieuze en daadkrachtige samenleving.

150 gram minder hersenen

Hoeveel vrouwen lijden niet in de rol waarmee ze zitten opgescheept door de zogenaamde vrouwenemancipatie? Bij emancipatie denkt men algauw dat vrouwen manwijven moeten worden. Ook berust het feminisme op de verkeerde aanname dat man en vrouw gelijk zijn.

Uiteraard gaan velen hysterisch gillen bij de uitspraak dat man en vrouw niet gelijk zijn. Allerlei visioenen duiken op van mannen die vrouwen onderdrukken en vrouwen die hun plekje krijgen bij het aanrecht en de zorg voor de kroost. Mijn stelling vergt daarom enige toelichting. Niemand zal ontkennen dat er biologische verschillen zijn tussen mannen en vrouwen. Dat geldt niet alleen voor de genitaliën, de borsten en de spiermassa, maar ook voor de hersenen die bij vrouwen 150 gram minder wegen. Het zij zo. Is er dan helemaal geen verschil op psychologisch vlak? Het zou wel heel raar zijn dat de verschillen exclusief biologisch zijn, vooral omdat de mens een eenheid is, waarin het biologische en het psychische innig met elkaar verweven zijn. Alleen al het feit dat vrouwen fysiek zwakker zijn dan mannen, moet een invloed hebben op hun psyche.

Het feminisme pleit voor gelijke rechten op juridisch, politiek, economisch, sociaal en cultureel vlak. Dat klinkt zeer aannemelijk. Toch legt dit de basis voor stagnatie en verval. Het gaat om de vraag wat de essentie is van een menselijke samenleving. Wordt de samenleving gedragen door de interacties tussen mensen op politiek, sociaal, economisch en cultureel vlak? Of wordt de samenleving gedragen door mannen en vrouwen die met elkaar een huwelijksrelatie aangaan? De feministen doen precies hetzelfde als dominante mannen: zij willen de macht veroveren in de publieke ruimte. De betekenis van de huwelijksband en het gezinsleven wordt door hen gemarginaliseerd. Dit laatste ondergraaft en verzwakt de samenleving.

Macht bevestigen

De situatie in islamitische landen en in zwart Afrika kan mijn standpunt verduidelijken. In die landen worden vrouwen zwaar onderdrukt en zij spelen een ondergeschikte rol. In deze samenlevingen gaat het voornamelijk om de macht. Diegenen die de macht hebben willen dit voortdurend bevestigen door hun landgenoten onder de knoet te houden, desnoods met onvoorstelbare wreedheid. Hierdoor hebben vrouwen nauwelijks invloed. Dat is ongetwijfeld de belangrijkste oorzaak van de economische en culurele achterstand van die landen. Een simpel voorbeeld kan dit verduidelijken: de eerste levensjaren zijn voor kinderen van cruciaal belang voor de intellectuele ontwikkeling. Niet of nauwelijks opgeleide moeders, die in die levensperiode een centrale rol spelen, stimuleren hun kinderen te weinig. Hierdoor lopen de meeste kinderen een niet meer in te halen achterstand op. Dit geldt trouwens ook voor veel allochtone kinderen in onze landen.

Wat bewijst deze verklaring van de achterstand van islamitische en Afrikaanse landen? Vrouwen spelen een cruciale rol in de ontwikkeling van hun kinderen en in de overdracht van normen en waarden. Een stabiele huwelijksband maakt dit mogelijk. Dat zoveel zwarte mannen het laten afweten en hun vrouwen aan hun lot overlaten is een ramp voor die cultuur. Een sterker bewijs voor de fundamentele rol van het gezin als hoeksteen van de samenleving is niet te vinden.

De kinderloze Angela Merkel

In tegenstelling tot landen waar vrouwen onderdrukt worden, projecteren vrouwen in het gefeminiseerde Westen hun behoefte aan zorg verlenen in de publieke sector. Zij verwarren macht met zorg. Hierdoor raakt de samenleving steeds verder gepolariseerd. Een recent voorbeeld is de heilloze weg die de kinderloze Angela Merkel heeft gevolgd door zorg te verwarren met machtspolitiek en kansloze vluchtelingen zomaar te verwelkomen. In ons land menen de dames en de verwijfde mannen van Groenlinks dat de samenleving één grote familie is waar iedereen welkom is. Dat de anderen ondertussen meer en meer de macht overnemen, ontgaat hen.

Willen we ooit oorlogen en geweld doen afnemen in de wereld, dan zullen we een samenlevingsmodel moeten kiezen waarin niet de machtsrelatie centraal staat, maar de huwelijksband tussen man en vrouw. In dit geval staat de publieke ruimte in dienst van het gezin en niet omgekeerd. Dit is de ware betekenis van het gezin als hoeksteen van de samenleving. Hierna wil ik onderzoeken wat de betekenis is van de vrouw in een samenleving waarin het gezin weer centraal staat.

Geen machtsrelatie in het huwelijk

Het feminisme maakt de fundamentele fout de man-vrouw relatie in het huwelijk gelijk te stellen met een sociale relatie. In het huwelijk gaat het niet om de macht. Man en vrouw vormen een eenheid. Ze spreken een gemeenschappelijk taal, bijvoorbeeld als gezegd wordt 'Mijn vrouw en ik denken dat … ' of 'Ik wil dit, maar mijn vrouw vindt dat …'. De sociale taal of de taal in de publieke ruimte en de taal tussen gehuwden is niet te vergelijken. Sociale relaties zijn oppervlakkig en berekenend. Tussen man en vrouw gaat het om intimiteit, om een diepe band met elkaar. Hier moet niet 'politiek correct' worden gesproken. Man en vrouw verwachten van elkaar waarachtigheid en eerlijkheid.

Talmoedische wijsheid

Éric Smilevitch, een rabbijn die in Straatsburg een joods studiehuis leidt, wijst erop dat in de Bijbel alleen bij de schepping van de vrouw een verklaring wordt gegeven. Zij wordt geschapen opdat de mens niet alleen zou zijn en een steun zou hebben. Zij is iemand die zich tegenover hem stelt en een positie inneemt. Waarom wordt precies bij de vrouw een verklaring gegeven? Volgens Smilevitch is dit om aan te duiden dat er iets onvolmaakt is in de mens. Een biologische verklaring is hier onvoldoende. Het gaat niet alleen om de voortplanting. Bij de menselijke paarvorming gaat het vooral om het psychische, namelijk om de gehechtheid tussen de partners, die leidt tot een duurzame band en eenzaamheid opheft. De man-vrouw relatie berust op wederzijdse goedkeuring. Het gaat om vrijheid en redelijkheid. Als de vrouw herleid wordt tot haar biologische functie, dan is de weg vrij voor onderdrukking en wordt het sociale en politieke domein een exclusiviteit voor de mannen.

Wat leert ons deze talmoedische wijsheid? Als vrouwen hun plaats opeisen in de mannenwereld, dan beklemtonen zij dat het sekseverschil puur biologisch is. Psychologische verschillen worden verdrongen. Het sekseverschil moet worden verdrongen van haar betekenis om emancipatie te realiseren. Het opgeven van het specifiek vrouwelijke is de prijs die moet worden betaald om een gelijke plaats in te nemen in de samenleving, maar dan als aseksueel wezen.

De Bijbel biedt een ander inzicht: het gaat tussen man en vrouw niet om strijd om de macht, maar om eenheid. De een is er voor de Ander. Die Ander is geen projectie van het ik, als een alter ego, maar wordt erkend als verschillend. Eenheid in verscheidenheid. In de terminologie van Emmanuel Levinas: de Ander wordt het centrum van het ik, wat neerkomt op een ik dat leeft voor en door de Ander. Vanzelfsprekend moet dit wederkerig zijn in een huwelijksrelatie.

De man in de keuken

Wil ik nu de vrouw terug in de keuken en bij de kinderkroost? Neen, mijn analyse komt er op neer dat *de man* terugkeert naar het gezin. Dus niet meer het werk buitenshuis centraal stellen, maar de huwelijksband en het samen opvoeden van de kinderen. In deze tijd moet dit realiseerbaar zijn. Het is onbegrijpelijk dat ondanks de fantastische technologische ontwikkelingen mensen nog zoveel moeten werken, onder grote druk, en bovendien nog uren moeten verspillen aan woon-werkverkeer. Doordat alleen nog de (economische) macht telt, zijn er geen grenzen meer aan onze hebzucht. Mijn voorstel is dat alle werknemers drie dagen op het werk zijn en twee dagen thuiswerken. Voor beroepen waar dit niet realiseerbaar is, zijn er andere oplossingen te bedenken, zoals aangepaste shifts. In een volgende fase moeten we streven naar een 18-urige werkweek. Deze arbeidstijd maakt een evenwichtige verdeling tussen vrouwen en mannen in allerlei functies mogelijk en zelfs noodzakelijk. Als dit gerealiseerd is kunnen de gezinstaken en de opvoedingsverantwoordelijkheid evenwichtig worden verdeeld tussen man en vrouw. Nog belangrijker is dat we dan meer aandacht kunnen besteden aan het meest zinvolle in een mensenleven: de hechte en stabiele band tussen man en vrouw die elkaar kunnen vertrouwen, elkaar ondersteunen en elkaars eenzaamheid opheffen.

Een nieuw feminisme

Het gaat niet zozeer om mannen versus vrouwen, maar om het mannelijke versus het vrouwelijke. Het mannelijke staat voor rationaliteit en macht. Het vrouwelijke voor zorg en verantwoordelijkheid. Overwicht van het eerste leidt tot oorlog, hebzucht en destructie van ons ecosysteem. Is het vrouwelijke te overheersend, dan lopen we het risico ons te moeten onderwerpen aan anderen die wereldheerschappij nastreven. Alleen een evenwicht tussen het mannelijk en het vrouwelijk principe leidt tot beschaving. De feministen hebben dit niet begrepen. Emancipatie is in wezen uitsluiting van het vrouwelijke.

Een nieuw en sterk Europa zal niet tot stand komen vanuit Brussel, maar wordt opgebouwd vanuit de gezinnen die er het fundament van vormen. Het gezin legt de basis van verbondenheid met elkaar. In een stabiel gezin waar zowel vader als moeder voldoende aanwezig zijn, kunnen kinderen zich ontwikkelen tot verantwoordelijke burgers. Daar vinden we de motivatie voor engagement en om te werken aan een sterk Europa. Het nieuwe feminisme zal gericht moeten zijn op een herwaardering van het gezinsleven.

125. *De kracht van de samenleving. Deel I. Huwelijksrelaties smeden verbondenheid*

(gepubliceerd op ThePostOnline op 5 september 2016)

De waarde en de betekenis van de relatie tussen vrouw en man in het huwelijk kunnen niet genoeg worden benadrukt. Die relatie legt niet alleen de basis voor de opvoeding van kinderen tot verantwoordelijke volwassenen, maar legt ook het fundament voor verbondenheid en solidariteit in de samenleving. Daarom is het groot aantal scheidingen een ramp voor de westerse beschaving. In deze paragraaf wordt verder uitgelegd waarom. Tevens wordt aangegeven waarom stabiele huwelijken noodzakelijk zijn voor de kracht van een samenleving. Stabiele huwelijken bouwen de weerstand op tegen de overheersing van culturen en religies die ons vreemd zijn en tegen mensen die ons haten.

In dit eerste deel wordt een analyse gemaakt van de huwelijksrelatie, waarin het onderscheid met de paarvorming tussen dieren en het verschil met de gewone sociale relaties worden verklaard. Daarna zal de betekenis van de gehechtheid tussen vrouw en man in het huwelijk nader worden toegelicht. In de derde bijdrage over dit thema worden deze inzichten geëxtrapoleerd naar de verbondenheid tussen de mensen in de natiestaat. Deze verbondenheid versterkt de identiteit van een volk en verenigt de burgers in het verweer tegen al wat vijandig staat tegenover onze westerse beschaving. Een normaal en natuurlijk gezins- en familieleven is het beste wapen tegen de monsters die de moderniteit heeft gebaard.

Hier heb ik het over de huwelijksrelatie tussen vrouw en man, wat bij de overgrote meerderheid het geval is. De homoseksuele relatie vergt een andere invalshoek. Mijn bijdrage betekent niet dat ik de homoseksuele relatie niet erken. Ongeveer vijf procent van de mensen gaat zo'n relatie aan, eventueel in een huwelijk. Dat is een minderheid die gewoon hoort in de samenleving en niet mag worden gediscrimineerd of bedreigd. Zoals bij elke minderheid moeten de rechten van homo's geëerbiedigd worden. Zij moeten steun, respect en meeleven van de rest van de bevolking ervaren.

Wezenlijke kenmerken van de huwelijksrelatie

In tegenstelling tot wat velen denken is het niet de liefde die het wezen uitmaakt van de huwelijksrelatie. Liefde tussen twee mensen kan ophouden en de wil om met elkaar samen te leven is wispelturig. De liefde is geen basis voor een duurzame relatie. Als er tegenwoordig zoveel scheidingen zijn, dan komt dit ondermeer doordat de huwelijksrelatie louter wordt gezien als een liefdesrelatie. Houdt de liefde op, dan is er geen reden meer om bij elkaar te blijven.

Een ethische relatie

De echte huwelijksrelatie is *een ethische relatie*. Dit wil zeggen dat in die relatie de ander wordt gezien als deel van mijzelf waarvoor ik verantwoordelijk ben. De ander is dus niet zomaar een andere en ook niet iemand met wie ik een bijzondere relatie heb. Neen, de relatie met de ander in het huwelijk is dezelfde als de relatie tot mijzelf. De ander is als het ware het centrum van mijn ego. Hier is sprake van eenheid in gescheidenheid. Het vrouwelijke en mannelijke worden één, zowel lichamelijk als geestelijk. Er is een paradoxale spanning tussen twee mensen met elk een eigen lichaam en een eigen bewustzijn, die tegelijkertijd lichamelijke en geestelijke eenheid nastreven.

Biologische en sociale verklaringen zijn te beperkt

Biologisch gezien wordt de relatie tussen man en vrouw verklaard vanuit de driften en de voortplanting voor het behoud van de soort. Sociaal gezien is die relatie bedoeld om de wederzijdse behoeften te bevredigen, zoals de behoefte aan warmte, veiligheid en status. De biologische verklaring geldt ook voor de paarvorming tussen dieren. De sociale verklaring betekent dat de huwelijksrelatie niet wezenlijk verschilt van andere sociale relaties. Deze laatste relaties zijn gebaseerd op het welbegrepen wederzijds eigenbelang. Zodra de ander niets meer oplevert voor het eigenbelang, wordt de relatie verbroken. Sociale relaties zijn economische relaties waarin de mensen niet veel anders worden gezien dan als verhandelbare dingen.

De huwelijksrelatie is echter in de eerste plaats een ethisch project. In het huwelijk delen man en vrouw hun lichamelijke identiteit en hun bewustzijn. Hun relatie is niet zomaar een relatie tussen individuen, want die laatste relatie is een relatie tussen wat aan elkaar uitwendig is. In de huwelijksrelatie is de vrouw niet zomaar een ander met wie de man zich zeer verbonden of nabij voelt. De ander wordt niet gezien als 'anders dan mijzelf', maar complementair aan mijzelf. In die complementariteit worden beiden echt mens.

In gewone mensentaal: in de huwelijksrelatie verschillen we van dieren en we behandelen elkaar niet als verhandelbare dingen omdat we leven voor en met elkaar. We delen lief en leed en alleen de dood kan ons scheiden. Zodra we scheiden vóór de dood is onze relatie niet veel meer geweest dan een biologische of een economische relatie. Onze menselijkheid raken we hierdoor kwijt. We verschillen dan namelijk niet van dieren en van verhandelbare dingen.

Het huwelijk is een product geworden

Het groot aantal echtscheidingen dat deze tijd kenmerkt vloeit voort uit een gebrek aan ethiek. Dat komt door de ontkerkelijking, door het modelgedrag van de nieuwe goden (lees: idolen) en door de alles overheersende invloed van economische belangen. Het huwelijk is een product geworden, ter consumptie, en onderhevig aan de mentaliteit van de wegwerpmaatschappij. Het is alsof de economie ook de intimiteit van de huwelijksrelatie heeft aangetast. Maar ook als het huwelijk puur en alleen gevestigd is op de liefde voor elkaar, ontbreekt de kracht voor duurzaamheid.

Belang van inspirerende voorbeelden

De vraag rijst of het huwelijk niet op een sterkere manier institutioneel moet worden bevestigd. Hierdoor zou het ethische aspect van deze relatie vanaf de aanvang bekrachtigd kunnen worden. In een nabij verleden was echtscheiding vrijwel onmogelijk. Er heerste een groot taboe op met als gevolg dat de meeste echtparen bij elkaar bleven. Maar is het uiteindelijk niet de mens zelf die in vrijheid moet beslissen welke relatie hij met de ander aangaat? Om beide aspecten met elkaar te verzoenen moeten in de samenleving de mensen geïnspireerd worden via het gedrag van de leiders en een grondwet waarin de ethische principes waarop onze beschaving berust de kern van uitmaken. Ik geloof niet in een verbod op echtscheiding, maar in de kracht van inspirerende voortrekkers.

Een relatie van zeventig jaar

We zijn in een vicieuze cirkel terecht gekomen. Kinderen van gescheiden ouders zullen later als volwassenen ook vaker scheiden. Een stabiel huwelijk is het beste voorbeeld voor de kinderen om later als huwelijkspartner een ethische relatie aan te gaan. Ook voorlichting kan belangrijk zijn. Nu beperken de opvoeders zich te vaak tot seksuele voorlichting. Worden de adolescenten genoeg bewust gemaakt van de ernst van de relatie tussen vrouw en man: tot de dood hen scheidt, onvoorwaardelijk, in lief en leed? Wie op veertienjarige leeftijd de intimiteit met een ander opzoekt, moet beseffen dat hier een relatie begint die zeventig jaar zal duren. Die relatie is geen spelletje, maar legt een ethische verplichting op. In de opvoeding en in het onderwijs moet aandacht worden besteed aan de ethiek rondom de huwelijksrelatie. Het gaat trouwens om een wijsheid die de mensheid al duizenden jaren heeft geïnspireerd. Zowel in het openbaar als in het confessioneel onderwijs zou in onze Europese scholen bijbelexegese een centrale plaats moeten krijgen. Niet om een geloof op te dringen, maar om onze jeugd de toegang te verschaffen tot een wijsheid die de menselijke kennis overstijgt en voorwaarde is voor menselijkheid.

126. *De kracht van de samenleving. Deel II. Verbondenheid tegen chaos*

(gepubliceerd op ThePostOnline op 13 september 2016)

In de vorige paragraaf werd gezegd dat de huwelijksrelatie meer is dan een biologische relatie en meer dan een sociale relatie. Het is een ethische relatie doordat het ik de Ander centraal stelt. Het ik leeft voor en door de Ander. De Ander staat in het centrum van het ego. In dit deel gaan we dieper in op de betekenis van de huwelijksrelatie.

De beste remedie tegen stoornissen

Dit inzicht in de huwelijksrelatie maakt duidelijk waarom het gezin de hoeksteen is van de samenleving. Op basis van mijn klinische ervaring met kinderen en jongeren met afwijkend of gestoord gedrag heb ik vastgesteld dat verbondenheid een sleutelbegrip is in de behandeling van dat gedrag. Hoe meer mensen zich verbonden weten met anderen, hoe meer zij zich houden aan de normen en de waarden van de samenleving. Weten dat anderen om je geven, is de krachtigste remedie tegen allerlei stoornissen, vanaf depressiviteit tot crimineel gedrag.

Dit gevoel van verbondenheid met anderen ontstaat in het gezin. Daar wordt de basis gelegd van psychische gezondheid. Een goede hechting met beide ouders is in de opvoeding fundamenteel. In het derde en laatste deel zullen we de gehechtheid van mensen binnen de samenleving aanmerken als fundamenteel voor de kracht van een land en een cultuur.

De Ander als centrum van mijn leven

Het is vanzelfsprekend dat eerst en vooral de man en de vrouw in het huwelijk aan elkaar gehecht moeten zijn, op zo'n manier dat beiden het gevoel hebben dat de ander haar of zijn ik als het centrum van haar of zijn leven beschouwt en hiernaar handelt.

Het verschil met de biologische en met de sociale relatie komt ook tot uiting in de voortplanting. Het huwelijk is niet zomaar of uitsluitend bedoeld om het voortbestaan van de soort te garanderen. Ook dieren planten zich voort. De voortplanting is niet alleen bedoeld om de vergrijzing tegen te gaan of om, zoals in een totalitaire staat of onder invloed van een religie die wereldhegemonie nastreeft, het eigen ras en het eigen geloof sterker te maken via het aantal.

Het universum is een tohu bohu

In het huwelijk als ethische relatie is het verwekken van een kind de fysieke uitdrukking van het streven naar eenheid. De eenheid tussen man en vrouw wordt verwezenlijkt in het kind. Maar er is veel meer aan de hand: het kind wordt opgevoed, dit wil zeggen dat de ouders normen en waarden overdragen op de volgende generatie. De betekenis hiervan kan ik verduidelijken aan de hand van de volgende vraag: 'Waarom zijn er mensen op aarde?'. Zonder de mensen is het universum een tohu bohu, dit is een chaos die volstrekt onverschillig is en totaal zinloos. De mens geeft het universum zin en richting. Deze zin en richting worden aangeven door de ethiek: we geven om elkaar en om de dingen om ons heen. Anders gezegd: de liefde tussen de mensen is de reden waardoor het universum zin krijgt of betekenis heeft. De liefde voor het universum dat ons is gegeven of dat we zomaar hebben aangetroffen, drukt zich uit in verantwoordelijkheid en goed rentmeesterschap.

Voortplanting is zingeving

De voortplanting is bedoeld om de zingeving verder te zetten. De geboorte van elk kind is een nieuwe bevestiging van de zin van alles wat bestaat. Van elk kind kunnen we zeggen dat het hele universum er is om het leven van dat kind mogelijk te maken. We zouden er ook de metafysica bij kunnen halen: de voortplanting is tegelijkertijd het binnenhalen van hogere, ethische waarden in de zichtbare werkelijkheid. Het universum was eerst koud en onverschillig. Het is aan de vrouw en aan de man om samen warmte en zin in de wereld te brengen zodat het hogere en het aardse met elkaar worden verbonden. In bijbelse termen: In het begin was het Woord en het is aan de mens om dat Woord in de wereld te brengen.

De koude wereld van de hebzucht

De mens kan echter ook steriel blijven. Hij kan het koude en onverschillige universum intact laten door zelf onverschillig te zijn en zijn ethische roeping te ontkennen. Zingeving blijft uit als we ons puur laten leiden door biologische behoeften en economische belangen. In dit geval staan we niet open voor het Hogere, voor wat transcendent is aan het koude en onverschillige tohu bohu. Dit is de koude wereld van de hebzucht waar alleen wie de macht in handen heeft, meetelt. Deze houding staat diametraal tegenover het geven om de anderen. Dit is de wereld waarin het verschil tussen rijk en arm almaar toeneemt, waar honderden miljoenen mensen niet kunnen rekenen op de solidariteit en het verantwoordelijkheidsbesef van diegenen die te veel hebben. Dit is de wereld waar te veel mensen werkloos zijn en zich uitgestoten voelen. Dit is de wereld die we steeds verder aan het verwoesten zijn.

Opvoeden in een klimaat van verbondenheid

Om die houding van onverschilligheid te voorkomen moeten kinderen opgevoed worden in een klimaat van verbondenheid met elkaar. Om die reden zijn stabiele gezinnen de bouwstenen van een menswaardige samenleving waar het leven echt zin heeft. Hier wordt de basis gelegd van verantwoordelijk gedrag voor elkaar en voor de natuur om ons heen.

De ethische verantwoordelijkheid die onlosmakelijk met de huwelijksrelatie is verbonden, hoeft niet noodzakelijkerwijze via de voortplanting gerealiseerd te worden. Ook kinderloze echtparen, homo's en lesbiennes kunnen door de kracht van hun relatie in de koude en onverschillige wereld de zinvolheid brengen door om anderen te geven en solidair te zijn met de vernederden en vertrapten in deze wereld.

127. *De kracht van de samenleving. Deel III. Samenhorigheid in de natiestaat*

(gepubliceerd op ThePostOnline op 19 september 2016)

In de twee vorige paragrafen werd de fundamentele betekenis van de relatie tussen man en vrouw voor het maatschappelijk leven toegelicht. Het huwelijk heeft niet alleen een biologische en economische functie. De essentie van die relatie is ethisch: er zijn voor de Ander. Hier wordt de basis gelegd van verbondenheid tussen mensen. In die zin is het gezin de hoeksteen van de samenleving. In deze laatste bijdrage wordt aangetoond dat deze verbondenheid ook de basis legt voor de identiteit van een volk.

Twijfel over de eigen identiteit

Het is heel typisch voor deze tijd dat veel mensen niet meer kunnen aangeven wat de identiteit is van het volk, van de cultuur of van het land waartoe ze behoren. Alsof er geen duidelijk te omschrijven identiteit is. Alsof er helemaal geen sprake kan zijn van identiteit.

Privé eilandjes

Waarom is in Europa ons gevoel voor identiteit verloren geraakt? Dit heeft niet alleen te maken met het streven naar een Europese Unie waarin de lidstaten steeds meer aan identiteit inboeten. Ik denk dat de oorzaak dieper ligt en dan wel in de elementen waarmee de staat wordt opgebouwd. Elk element, van individuele burger tot het gezin, is een privé eilandje geworden. Religie is een zaak van het individu geworden en dit is uitgebreid tot de ethiek in het algemeen. Dit is een fundamentele vergissing. We delen de wereld met elkaar en daarom zijn we er als gemeenschap verantwoordelijk voor. Het is de joods-christelijke ethiek en het daaruit voortgekomen humanisme die de Europeanen met elkaar gemeen hebben. Daar moeten we samen voor opkomen. Onze instituties en de grondwet moeten deze ethiek als uitgangspunt nemen.

De verantwoordelijkheid begint in het gezin. Daar vindt de overdracht plaats van de ethiek. Het wezenskenmerk van de gezinsrelaties is dat men er is voor elkaar. Ethische verantwoordelijkheid heet dit ofwel de Ander in het centrum van het ego plaatsen: leven voor en door de Ander. Niks privé.

Onder moslims is er een groot gevoel van samenhorigheid, in zoverre ze tot dezelfde richting en clan behoren. De identiteit van moslims is duidelijk. Ondanks verschillende stromingen zijn moslims met elkaar verbonden dank zij de Koran de de profeet. Dit maakt van de islam een zeer krachtige beweging die zich over de gehele aardbol aan het vestigen is. Tegenover deze wereldomspannende kracht is een identiteitsloze beschaving vrijwel machteloos. De Europese Unie in haar huidige vorm is een schoolvoorbeeld van het verval van een beschaving. De Europese Unie legt zich op bijna suïcidale wijze op de slachtbank neer.

Make America great again

Ook in de Verenigde Staten hebben ze geen last van een gebrek aan identiteitsgevoel. Make America Great Again. Vlag en volkslied verenigen het volk. Geen gepamper van immigranten. Van iedereen die de Amerikaanse nationaliteit aanvraagt, wordt gewoon geëist de taal binnen de kortste keren te leren en zich Amerikaan te voelen. Op de scholen wordt elke dag de vlag gehesen en het volkslied gezongen. Als Trump president wordt, worden moslims gedwongen de westerse waarden te onderschrijven. We moeten hierbij opmerken dat het gevoel er bij te horen bij veel zwarten ontbreekt. Ook zijn er onder de zwarten enorm veel één oudergezinnen waardoor kinderen risico lopen en meer moeite zullen hebben om hun plek in de samenleving te vinden.

Hetzelfde geldt voor Rusland. Dit zou wel eens het laatste bastion van de westerse beschaving kunnen worden. Bijvoorbeeld als de identiteit van de Verenigde Staten danig verzwakt door een te grote immigratie vanuit Latijns-Amerika of indien de tegenstelling tussen zwart en blank tot een permanente burgeroorlog leidt, voor zoverre dit laatste al niet het geval is.

Gevoel van samenhorigheid

Wat we opnieuw moeten ontwikkelen is een gevoel van samenhorigheid. Samenhorig in de betekenis van samen verantwoordelijkheid opnemen in dienst van de Ander. Het fundament hiervan wordt gelegd in het gezin en van daaruit zijn we verantwoordelijk voor de familie, voor de gemeenschap waarin we leven, voor de staat en uiteindelijk voor de gehele wereld.

De samenhorigheid waar ons welzijn en de toekomst van den mensheid van afhankelijk zijn, wordt aangetast door alles wat het gezins- en familieleven in de verdrukking brengt. Te denken valt bijvoorbeeld aan het groot aantal echtscheidingen, de geografische mobiliteit waardoor families uit elkaar worden gerukt, door de immigratie waardoor mensen ontworteld raken en vervreemd van de mensen met wie ze op natuurlijke wijze verwant zijn. Het grootste gevaar schuilt in de nieuwe religie: de mammon die de economische belangen boven alles stelt. Hierdoor raken we ons gevoel van verantwoordelijkheid voor elkaar en voor de natuur kwijt. Een ander groot gevaar ligt in de islam die niet compatibel is met onze westerse ethiek: in die cultuur is niet de Ander centraal, maar hij is de vijand. De islam brengt slechts vrede in landen waar uitsluitend islamitische families wonen die dezelfde sekte aanhangen en clans die gebaseerd zijn op bloedverwantschap.

De monsters van de moderniteit

Het gewone en natuurlijke gezins- en familieleven dat de mensheid al tienduizenden jaren heeft gekoesterd, is het beste wapen tegen de monsters die de moderniteit heeft gecreëerd. De massa-destructiewapens, de luchtvervuiling, de verkeersinfarcten, de extreme rijkdom van die ene procent, het terrorisme en dergelijke zijn het gevolg van de verdringing van de ethiek: in plaats van te nemen om te kunnen geven, luidt het moderne credo 'nemen om te nemen'. Terwijl het gewone gezin juist wordt gekenmerkt door geven aan elkaar, zonder iets terug te verlangen. Dit moet worden hersteld door alles wat, om economische of politieke redenen, het gezinsleven verstoort uit de wereld te helpen. Dit zal de overdracht van de ethiek mogelijk maken.

Een kwestie van overleven

Om het belang van samenhorigheid te verduidelijken geef ik het voorbeeld van een situatie waarin het dagelijks leven overheerst wordt door de vraag hoe te overleven. Bijvoorbeeld bij onoplosbare voedseltekorten of als de inflatie torenhoog is zodat de meeste mensen in diepe armoede vervallen. In een dergelijke situatie is het elk voor zich. De enigen waarop we nog kunnen rekenen zijn onze ouders, broers en zussen en eventueel de uitgebreide familie. Als het er op aankomt, dan is verwantschap een kwestie van al of niet overleven.

Dit voorbeeld kunnen we extrapoleren naar een andere basisbehoefte van de mens: de behoefte aan intimiteit, veiligheid, nestwarmte. Ook hier speelt de familie een onvervangbare rol. Mijn conclusie is dat alles wat het familieleven aantast, uiteindelijk nefast is voor de solidariteit onder de mensen. De wereldvrede begint in het gezin. Het verlangen naar het gewone gezinsleven en de familiebanden zal ons helpen de monsters te bestrijden die de industrialisatie en de massa-immigratie hebben gecreëerd.

De mensen die met elkaar verwant zijn, vinden daarin de kracht om solidair te zijn op nationaal vlak en van daaruit met de rest van de wereld. De staat moet er daarom over waken dat alles wat de samenhorigheid van de bevolking aantast tegengegaan wordt. Immigratie moet worden stopgezet. Emigratie ontmoedigd, behalve voor tijdelijke uitzendingen of uitwisseling. Het gezins- en familieleven van de werknemers moet worden beschermd. Elke natiestaat moet in de mate van het mogelijke zelfvoorzienend zijn.

Concrete maatregelen nemen

Wat moet er gebeuren om onze identiteit terug te ontdekken? Het antwoord is simpel, maar met onze huidige mentaliteit moeilijk te realiseren: gewoon een eigen thuis creëren, samen met de mensen die ons het meest nabij zijn. De identiteit van een land wordt opgebouwd door de mensen die met elkaar verwant zijn. Dezelfde voorouders hebben is fundamenteel voor de verbondenheid met elkaar. Dat is tienduizenden jaren zo geweest. Met de komst van het industriële tijdperk werd dit fundament verwaarloosd omwille van economische belangen. Met de nieuwe technologieën hebben we in deze eeuw de kans de natuurlijke verbondenheid te herstellen, doordat vrijwel alles lokaal kan worden geproduceerd en communicatie met de gehele wereld voor iedereen mogelijk is.

Ouders en kinderen, neven en nichten, ooms en tantes: in deze kring begint de solidariteit. We moeten alles vermijden waardoor we de verantwoordelijkheid voor onze eigen mensen ontvluchten of verwaarlozen.

Emigratie en immigratie moeten worden voorkomen. Iedereen blijft verantwoordelijk voor zijn land van herkomst. Mensen zijn niet zomaar inwisselbaar. Werknemers van een land kunnen niet zomaar vervangen worden door tienduizenden werknemers die in een andere cultuur zijn opgegroeid. Wie daar geen probleem in ziet, ziet de mensen als verhandelbare objecten zonder identiteit. Als ongeveer alles herleid wordt tot economische processen, dan is het begrip identiteit inderdaad betekenisloos.

Het streven naar een natiestaat zal niet betekenen dat er geen solidariteit zal zijn met de rest van de wereld. Ik ben er van overtuigd dat nationalisme een voorwaarde is voor die solidariteit. Wie niet sterk is en wie niets heeft, die heeft aan anderen weinig of niets te bieden. De natiestaat wordt hier gedefinieerd als een staat waarin vrijwel uitsluitend mensen wonen die dezelfde voorouders delen.

Herstel van het gezins- en familieleven

Tot slot: de inzichten in de huwelijksrelatie die hier werden besproken werpen een licht op wat er werkelijk toe doet in een samenleving. We zijn geen kuddedieren. We hoeven ons niet te laten manipuleren door economische belangen. Mensen zijn geen verhandelbare dingen. De mens heeft zowel materiële als geestelijke behoeften. Verbondenheid van mensen heeft zowel een biologische als een geestelijke component. Willen we af van het eenzijdig materialisme in de consumptiemaatschappij, van de krankzinnige situatie waarin de industrialisatie ons heeft gebracht en van sociale relaties die afhankelijk zijn van de bevrediging van de eigen behoeften, dan moeten we eerst en vooral het gezins- en familieleven herstellen. De maatschappij en de staat moeten worden opgebouwd vanuit de elementen die het cement zijn van verbondenheid. Die elementen zijn de gezinnen, de families en alle burgers die dezelfde voorouders delen. Het gezin is inderdaad de hoeksteen van de samenleving en het begin van beschaving.

128. *Onze vrijheid moeten we beperken*

Als de mens strijd voert tegen een wantoestand, zal hij na de overwinning meestal een andere, tegengestelde wantoestand creëren. De Verlichting volgde op de strijd tegen een starre dogmatiek en tegen bijgeloof. Nadat de mens zich hiervan had bevrijd, geloofde hij even dogmatisch in de waarheid van zijn kennis. Wat door de Verlichting werd vergeten is dat er een verschil is tussen wijsheid en kennis.

Kennis is wat de mens verwerft door observeren, experimenteren en toetsen. De mens kan hierin zeer ver gaan en zijn methoden en instrumenten steeds verder verfijnen. Zeker is dat hij de totaliteit nooit kan vatten. Het universum is oneindig, zowel in het kleinste element als in de kosmos. We observeren een verschijnsel, maar we zijn ons niet bewust van wat we vergeten te observeren. Het gevolg hiervan is dat de wetenschap steeds verder voortschrijdt, vorige kennis verwerpt en nieuwe inzichten formuleert. Dat is enerzijds een goede zaak; anderzijds stemt het tot argwaan: we zijn nooit zeker of we nu de definitieve waarheid hebben ontdekt. We blijven onwetend over niet voorziene gevolgen van onze experimenten. Menselijke kennis is per definitie altijd beperkt. Deze vaststelling kan vrijwel niemand accepteren. Iedereen is overtuigd van zijn waarheid. Arme mens.

De beperktheid van onze kennis is er oorzaak van dat zoveel dingen misgaan. We hebben een groot gedeelte van de natuur al vernield. De negatieve gevolgen van de industrialisatie zijn niet meer te overzien. Ook op geestelijk vlak speelt de beperktheid van onze kennis ons parten. Een fanatieke strijd die in het verleden werd gevoerd, blijkt later een strijd geweest te zijn voor een grote leugen of misvatting. Van elke strijd die nu gevoerd wordt, zal later het zelfde gezegd worden. Deze vaststelling kan vrijwel niemand accepteren. Iedereen is ervan overtuigd dat zijn strijd gerechtvaardigd is. Arme mens.

Is er dan niets dat zeker is? Ja, maar dat zit in een onverwachte hoek. Hier kan het onderscheid tussen kennis en wijsheid ons helpen. Wijsheid is iets dat niet door de mens zelf tot stand komt. Wijsheid is onafhankelijk van de beperktheden van het menselijk vermogen tot observeren en experimenteren. Wijsheid evolueert ook niet. De wijsheid van tienduizenden jaren geleden is dezelfde als de wijsheid die ons nu ter beschikking staat.

De grootste fout die de mens maakt is zijn hoogmoed. Uit hoogmoed wijst hij de wijsheid af en geeft hij absolute prioriteit aan zijn kennis. Dat is oorzaak van alle ellende die het mensdom overkomt, variërend van een continue reeks van oorlogen, milieuvernietiging tot gebrek aan mededogen voor de medemensen. Wijsheid is namelijk het geheel van geboden en verboden waaraan we ons dienen te houden. Die wijsheid is vrij simpel: dat vrouw en man trouw zijn aan elkaar en dat we een ander niets aandoen, dat we onszelf niet zouden aandoen. De trouw van vrouw en man is het fundament voor de overdracht van de ethiek op de volgende generaties. De ander niets aandoen wat we onszelf niet zouden aandoen, betekent dat we niet stelen, geen geweld plegen, niet liegen en niet bedriegen. Als we ons simpelweg houden aan deze geboden en verboden, dan creëren we voor onszelf en voor onze medemensen een paradijs op aarde. We zouden kunnen zeggen dat de mens uit de Hof van Eden werd verjaagd, omdat hij de wijsheid verwisselde voor de vrucht van de kennis. Hij kan terugkeren naar Eden als hij de wijsheid weer aanvaardt en er naar leeft. Het ligt in handen van de mens.

De enige waarheid die absoluut waar is, is de geopenbaarde waarheid. Dat het nu juist deze laatste waarheid is die de mens verwerpt! Arme mens.

Nu wordt gewoonlijk een heel stomme vraag gesteld: Wie legt ons deze geboden en verboden op? Wel, ook hier is het antwoord heel simpel. Laat ons alle goden en profeten even vergeten, want die roepen bij de mensen nieuwe strijd en verdeeldheid op. Wat niemand kan ontkennen is dat het universum met daarin de wereld en alles wat er op beweegt en leeft, niet door de mensen is gemaakt. Wat we ook niet kunnen ontkennen is dat de wijsheid die ons de geboden en verboden verschaft, niet door de mensen zelf is verzonnen. Het was er voordat wij er waren. Niemand van ons heeft zijn leven aan zichzelf gegeven. Alles om ons heen en ons leven zelf is een gift. Van wie, dat weet niemand. Maar het gaat wel om een Hogere Kracht of een Kracht die buiten de mens ligt. Iets transcendent.

Hoe gaan we om met deze gift? Het is vanzelfsprekend dat we met de grootste voorzichtigheid ermee moeten omgaan. De wijsheid, die hetzelfde is als de ethiek, biedt ons geen keuzevrijheid, behalve de vrijheid om al of niet aan de geboden en verboden te gehoorzamen. Op het gebied van de ethiek hebben we geen keuzevrijheid, alleen de vrijheid om aan de regels al of niet te gehoorzamen. Volwassenheid is de ethische regels accepteren. De hoofdtaak van de opvoeding is het kind te leren zichzelf beperkingen op te leggen om dienstbaar te zijn aan anderen.

We moetende consequenties durven te trekken uit de stelling dat de ethiek voorafgaat aan onze keuzevrijheid. Hierin speelt de menselijke hoogmoed ons parten. In het wetenschappelijk onderzoek, de economische bedrijvigheid, het politiek handelen en in alle andere menselijke activiteiten moeten we onze vrijheid beperken. We kunnen niet zomaar alles gaan onderzoeken en met alles gaan experimenteren: prioriteit heeft de regel om verantwoord te handelen, met respect voor wat ons is gegeven. Om een verandering aan te brengen in de landschappen, moet wel zeer goed worden nagedacht. Om voor onze behoeften op te komen, moeten we de vraag stellen of anderen niet worden benadeeld. Ook ten aanzien van de toekomstige generaties moeten we ons verantwoordelijk gedragen. De vraag is in hoeverre hiermee wordt rekening gehouden bij onze economische activiteiten. Wie rijk is, kan toch niet onverschillig blijven als kinderen uit arme gezinnen niet naar school kunnen gaan? Dit geldt evenzeer voor kinderen in verre landen. De prioriteiten die nu worden gegeven aan subsidies voor wetenschappelijk en farmaceutische onderzoek moeten misschien wat gemilderd worden, om gedurende enkele decennia onze energie te richten op het opheffen van de miserie in de wereld. Dat zou de beste investering zijn voor het menselijk kapitaal in dit aardrijk. Helaas, zodra je zoals hierboven met concrete voorstellen komt, wordt je belachelijk gemaakt. Uiteraard gaan we gewoon door met jennen en provoceren.

129. *De geboorte van God*

De wreedheden in het Midden-Oosten en de herinnering aan het absolute kwaad dat in de vorige eeuw in Europa heeft gewoed, stemmen tot pessimisme over de mensheid. Hoe beestachtig kunnen mensen zijn! Of is er toch hoop? In deze paragraaf wil ik proberen een straaltje licht te zien.

Er is geen geloof in het bestaan van God nodig om inzicht te hebben in het verschil tussen mens en dier. De mens heeft weliswaar animale eigenschappen. Hij zoekt naar bevrediging van zijn materiële behoeften en zijn gedrag wordt gedeeltelijk bepaald door instincten. Het verschil met een dier ligt in het onzichtbare. De mens kan spirituele waarden nastreven. Hogere waarden kunnen hem inspireren, zodat hij ontstijgt aan de determinatie door instincten en materiële behoeften.

We zouden kunnen zeggen dat de mens zich tot God kan transformeren. Of liever: dat de mensheid als geheel God kan worden. In deze zin moet God nog geboren worden. Deze eindbestemming van de mensheid wordt bereikt als we ons zodanig hebben bevrijd van de kwade neigingen, dat het Goede of de Liefde voor de medemensen ons gedrag volledig bepaalt. In het tegenovergestelde geval, als de mensheid het Kwade laat zegevieren, creëren we de Satan.

Voor mensen die in een eeuwige God geloven, die er altijd is geweest en altijd zal zijn en die de Schepper is van het Al, kan dit anders worden geformuleerd: de eindbestemming van de mensheid is dat de mens, als geschapen naar het beeld en de gelijkenis van God, zich inderdaad als een God gedraagt en op die manier van de aarde een plek maakt waar God kan komen wonen. Als dit doel is bereikt bevinden we ons opnieuw in de Hof van Eden waar God rondwandelt en een gesprek met ons aangaat.

Al vanaf het begin der tijden heeft de mensheid gezwalpt tussen de weg naar het Goede of de weg naar het Kwade. Kaïn die zijn broer Abel heeft vermoord, was jaloers. Volgens Joodse exegeten wilde Kaïn het monopolie hebben over de materiële goederen. Zijn liefde voor het tastbare bezit, ging samen met een afname van zijn belangstelling voor het spirituele. Om die reden hechtte hij sterk aan de grond waar zijn woning was gevestigd, want dat was zijn ankerpunt om zijn bezit veilig te stellen. Kaïn hechtte een overdreven belang aan de wereld, ten koste van wat het aardse leven overstijgt. Spirituele waarden telden niet mee.

Abel daarentegen was de herder van een kudde. Hij was altijd in beweging. Hij zag de wereld voortdurend in beweging. Abel was gevoelig voor wat fragiel en precair is. Hij richtte zich vooral op de toekomstige wereld en liet zich hierin leiden door spirituele waarden. De wereld van het nu hield hem verwijderd van de toekomstige wereld.

Het voornaamste doel van Kaïn is het bevredigen van zijn wereldse behoeften. Zo nodig offert hij spirituele en morele waarden ervoor op. Abel is gericht op het leven na de dood, op de toekomstige wereld, op God en hij wil God leren kennen.

Kaïn is drager van negatieve waarden. Hij is gericht op het kwade en zijn leven is onvolmaakt. Abel is gericht op morele deugden. Hij zoekt het goede en de volmaaktheid.

Voor Kaïn is het de wereld die hem zekerheid en stabiliteit moeten bieden. Vandaar de *angst* als iets hem tegenzit en de angst voor de Ander die hij ziet als een rivaal. Abel richt zich naar de eeuwigheid en heeft *vertrouwen*. Het vergankelijke boezemt hem geen angst in.

De les die we uit dit bijbelse verhaal van Kaïn en Abel kunnen trekken is dat gehechtheid aan bezit of aan het materiële en aardse leidt tot morele corruptie en tot angst. Geven we prioriteit aan spirituele waarden, dan kunnen we onszelf overstijgen, ondanks onze beperkingen en gebreken. Gerichtheid op spirituele waarden gaat samen met vertrouwen in onszelf en in de anderen.

Willen we God opnieuw geboren laten worden, dan moeten we radicaal kiezen voor de bekommernis voor de Ander en de barmhartigheid. We moeten onze materiële goederen en ons bezit slechts zien als middelen om die bekommernis en barmhartigheid in de wereld te realiseren.

Zouden we niet kunnen stellen dat het joodse en het blanke ras als dragers van het judaïsme en het christendom, de ware spiritualiteit in de wereld brengen? Dit zou betekenen dat Israël en Europa hun joods-christelijke identiteit streng moeten bewaken en herstellen, onder meer door wat vijandig is aan de leer van de naastenliefde niet op hun grondgebied toe te laten. Maar tegelijkertijd hebben, juist door de hun eigen spiritualiteit, de joden en de christenen enorm veel goeds en beschaving in de wereld gebracht. Om die reden zal een sterk Israël en Europa een beschavingsgolf over de gehele wereld kunnen brengen. Alle onderdrukten van de Derde Wereld en het Midden-Oosten smeken erom. Dan zal de ware God ook voor hen zijn geboren.

130. *De vernietiging van de natuurlijke banden*

De staat, het stedelijk leven, de technologische ontwikkelingen, de industrie en andere economische activiteiten hebben meer en meer een inbreuk gepleegd op het gezins- en familieleven. Hierdoor zijn de natuurlijke banden tussen de mensen ernstig aangetast. Er is weliswaar veel communicatie tussen de mensen die niet door de geografische afstand wordt verhinderd, maar die communicatie is voornamelijk onpersoonlijk. De communicatie is eerder een monoloog dan een dialoog. De staat zorgt weliswaar voor de burgers, maar ook die zorg is onpersoonlijk, zakelijk en het heft de eenzaamheid van de mensen niet op.

De bovengenoemde ontwikkelingen hebben van de wereld iets kunstmatig gemaakt. De oorspronkelijke harmonie tussen de mens en de natuur is verloren geraakt. De natuur wordt meer en meer vernietigd, met een snelheid waardoor recuperatie niet meer mogelijk is. Op die manier is de mensheid terechtgekomen in een duivelse cyclus van het artificiële, waardoor ook de mens zelf als een ding wordt behandeld. In plaats van een natuurlijke hechting tussen mensen die met elkaar verwant zijn, worden de relaties voornamelijk machtsrelaties en economische relaties waar de wet van het profijt heerst. De sociale instituties worden beheerst door economische belangen. De staat heeft een quasi absolute macht, waar de mensen afhankelijk van zijn zonder tegenstand te bieden. Door de bureaucratie is dialoog nauwelijks mogelijk. Ook het politieke debat is gereduceerd tot een juridisch steekspel en tot een eenheidsdenken. Tussen de politieke partijen zijn er nauwelijks verschillen. De economie bepaalt wat mogelijk is. Vrijheid, broederlijkheid en gelijkheid zijn holle woorden geworden. We leven in een totalitaire staat zonder het te beseffen.

De remedie tegen het onpersoonlijke en kunstmatige leven ligt in een terugkeer naar de oorspronkelijke verbondenheid van het gezin en de familie. De familie moet het primaire netwerk van solidariteit zijn, waardoor we minder en minder afhankelijk worden van de staat en de bureaucratie. Netwerken in de eigen regio kunnen er zorg voor dragen dat we zoveel mogelijk zelfvoorzienend zijn, zodat we onafhankelijk worden van multinationals en van de industrie in het algemeen. Binnen deze netwerken van solidariteit zullen we de harmonie terugvinden: het gevoel dat anderen om ons geven en zijn eigen bestaan zin en betekenis geven door het engagement voor anderen die ons nabij zijn. Uiteindelijk zal ons voorbeeld anderen inspireren totdat een geest van solidariteit de mensheid van haar lijden en eenzaamheid verlost.

131. *Ontkerkelijking en laïcité degraderen onze beschaving*

Met laïcité wordt bedoeld een neutrale houding tegenover filosofische en religieuze opvattingen. De ontkerkelijking komt er op neer dat we niet de minste aandacht meer hebben voor de wijsheid van de Schriften. Beide stromingen maken de Europese beschaving enorm kwetsbaar. We kunnen rustig stellen dat de laïcité onbedoeld er toe heeft geleid dat de Franse cultuur, taal en politiek meer en meer onbetekenend zijn geworden in de moderne tijd. Wie een neutrale houding heeft, heeft helemaal geen houding, waardoor alles absurd en zinloos wordt. Op dezelfde manier brengt de ontkerkelijking in onze contreien ons in een heel zwakke positie ten aanzien van een strijdbare religie zoals de islam. Op een minder gevaarlijk terrein heeft de ontkerkelijking geleid tot idiote bewegingen van lieden die zich als goeroe's presenteren en lichtgelovige mensen valse hoop geven.

Schaf God af, verklaar Hem voor dood, en een heel stelletje mindere goden dringt zich op.

132. *Homoseksualiteit in Sodom en Gomorra*

(gepubliceerd op ThePostOnline op 23 augustus 2016)

In het bijbels verhaal van Sodom en Gomorra worden beide steden door God vernietigd omwille van 'de zeer zware zonden'. God stuurde twee engelen in de gedaante van mannen naar Sodom. Zij kregen gastvrijheid in het huis van Lot. De mannen van Sodom omsingelden dit huis en zij eisten dat Lot die mannen naar buiten zou brengen opdat zij, de gehele groep, met hen gemeenschap zouden hebben. Lot wilde dit vermijden en bood zijn eigen dochters aan, waarmee ze konden doen wat zij wilden. Toen greep God in en de mannen van Sodom werden blind.

Groepsverkrachting

Uit dit vreemde verhaal zou men kunnen afleiden dat groepsverkrachting van vrouwen, de dochters van Lot, minder erg is dan seksuele gemeenschap tussen mannen. Joodse exegeten hebben tweeduizend jaar geleden al een andere verklaring gegeven. Het is niet de homoseksualiteit als zodanig die de zonde was in deze twee steden. Het ging om een collectieve verkrachting van vreemdelingen. De mannen willen hiermee hun dominantie bewijzen en hun gevangenen ten diepste vernederen.

Syrië

In Syrië worden op dit moment gevangenen op grote schaal verkracht. De bewakers zijn daarom geen homo's. Het zijn sadisten die de gevangenen vernederen om hun macht over hen te bevestigen.

Mannetjes en wijfjes

Voorafgaand aan de goddelijke straf voor Sodom en Gomorra was er de Zondvloed. Ook hier zag God dat 'de boosheid van de mensen' zeer groot was en daarom roeide Hij de mensheid uit met uitzondering van Noach en zijn gezin. In de Ark moest Noach van alle reine dieren een mannetje en een wijfje brengen. Waarom wordt hier expliciet verwezen naar de twee geslachten bij dieren? In het scheppingsverhaal wordt slechts vee, kruipend gedierte en wild gedierte genoemd, terwijl bij de schepping van de mens gezegd wordt 'man en vrouw schiep Hij hen'.

Waarom wordt bij dieren het geslachtsverschil eerst niet genoemd en bij mensen wel? Waarom wordt bij het verhaal van de Zondvloed het geslachtsverschil van de dieren wel genoemd? Joodse bijbelexegese is precies gericht op verklaring van deze verschillen. Wat niet wordt genoemd, kan een belangrijke betekenis verbergen.

De verklaring van de exegeten is dat in de ark slechts de reine dieren opgenomen mogen worden. Het waren niet alleen de mensen die hadden gezondigd, maar ook dieren deden het met eender welk ander dier, onafhankelijk van de soort. De zonde die in deze bijbelpassage wordt genoemd is de onrechtvaardigheid. Het gaat om machtsmisbruik, vernedering, dominantie. We kunnen hieruit concluderen dat niet de aard van de relatie de moraliteit bepaalt, maar de wijze waarop we in die relatie met de ander omgaan.

Ik hoop hiermee mijn homoseksuele vrienden en vriendinnen gerustgesteld te hebben: God zal hen niet straffen. Bovenstaande bijbelexegese lijkt mij een afdoend argument voor christelijke, islamitische en joodse geestelijken om het homohuwelijk in hun rituelen op te nemen zodat, voor homo's en lesbiennes die het wensen, de goddelijke zegen op hun verbintenis rust.

133. *Goed en kwaad kunnen onderscheiden*

Als we, ook de niet-gelovigen, aannemen dat de Bijbel de wijsheid bevat die de mensheid al duizenden jaren koestert, dan biedt het verhaal van de Hof van Eden een interessant inzicht. Adam leefde er gelukkig, in harmonie met de dieren en de natuur. De eerste mens was, volgens dit verhaal, volkomen onschuldig. Hij kende het kwaad niet. Dit zou betekenen dat de kern van elke mens goed is. Ook de gevaarlijkste crimineel en de meest onberekenbare psychopaat is in zijn diepste kern een goed mens.

Waarom is er dan toch kwaad in de wereld? Het kwaad komt van buitenaf. Het kwaad is mogelijk doordat het zich voordoet als het goede. De mens wordt hierdoor misleidt. Het is om die reden van belang dat de mens het goede van het kwade kan onderscheiden. De ethiek die de Bijbel in dit verband biedt, levert het middel om dit onderscheid te maken: Doe niet aan een Ander, wat je jezelf niet zou aandoen.

134. *De Schepping heeft een doel*

Een andere diepe wijsheid die het scheppingsverhaal biedt is dat de Schepping niet zomaar een gril van God is geweest. Het universum is ook niet bij toeval ontstaan. Het universum is er niet altijd geweest: er is een begin en daarom heeft het universum een oorzaak. Het merkwaardige is dat die oorzaak er al was voordat het universum bestond. In filosofische termen: die oorzaak gaat vooraf aan het Zijn. Het ligt aan gene zijde van het Zijn.

Als de Schepping geen gril is, dan heeft het een doel. Volgens de ethiek van de Bijbel wordt van de mens verwacht dat hij een rechtvaardige wereld realiseert, een morele wereld, een wereld waar God tussen de mensen verblijft. Tegenover deze wereld staat een wereld waar de mens alles op zichzelf betrekt, die zijn eigen god uitvindt die minder eisen stelt.

Genesis heeft ook aan waar het fout is gelopen met de roeping van de mens. Kiest de mens voor zijn Ik of voor God? De Zondvloed werd veroorzaakt doordat de mens voor zichzelf koos: „Of ik of Jij'. Bij de bouw van de Toren van Babel ging het om „Ik en Jij niet'. Abraham, die in de Bijbel de vriend van God wordt genoemd en de enige mens is die met God heeft gesproken, koos voor het principe „Jij en ik'.

Abraham leert ons dat de mens in harmonie met God kan leven. Abraham had de anderen lief door zichzelf weg te cijferen. De ergste vijand van de mens is zijn egocentrisme. De egocentrische mens zoekt onmiddellijke bevrediging, maar dit leidt uiteindelijk naar zijn verlies. Abraham wanhoopt bij geen enkele mens, ook niet bij de meest perverse. Hij kijkt op welwillende wijze naar de mensen.

Ik wil deze beschouwingen bij het boek 'Les fondementen de l'humanité' van Méir Tapiero (editeur) eindigen met de opmerking dat we het kind niet met het badwater moeten weggooien. Het is een foute redenering om bij de begrijpelijke afwijzing van religie of van het godsbestaan door de absolutisten van de Rede, tegelijkertijd de wijsheid af te wijzen die de mensheid al zo lang inspireert. Een wijsheid die de wereld tot een plek kan maken waar het goed toeven is en waar mensen elkaar kunnen vergeven.

135. Een Pax Romana tegen het terrorisme

(gepubliceerd op ThePostOnline op 20 juli 2016)

Europa heeft in principe de macht om, samen met de 70 miljoen moslims op het Europees grondgebied, een Pax Romana tot stand te brengen. Deze macht kan zowel het terrorisme in het Westen, als de burgeroorlogen in het Midden-Oosten tot een einde brengen. De vraag is echter waarom wordt deze macht niet georganiseerd? Die vraag is des te prangender omdat bloeddorstige aanslagen, ongemeen laffe moorden, martelingen, vreselijke miserie van miljoenen ontheemden voorkomen kunnen worden. We kijken echter toe en de autoriteiten doen niet veel meer dan pleisters op de wonden plakken. Frappant is het voorbeeld van de grensbewaking, die in de Middellandse Zee neerkomt op een gratis veerpont naar het gedroomde paradijs.

Een leger van miljoenen

Het ligt nochtans voor de hand hoe die Pax Romana tot stand kan komen. Dat vereist ten eerste een autoriteit die over grote macht beschikt.Ten tweede moet een leger bestaande uit miljoenen soldaten orde op zaken stellen en de veiligheid van de burgers waarborgen. Ten derde moet een onafhankelijke rechtsinstantie waken over het navolgen van de wetten over het gehele grondgebied. Ten vierde moet er een bestuurssysteem zijn dat de politieke, economische, sociale, culturele en religieuze activiteiten goed organiseert of in goede banen leidt en stimuleert.

Er is geen keizer meer

De oorzaak van het uitblijven van deze Pax Romana ligt voornamelijk in het ontbreken van de autoriteit. Er is geen keizer meer. Bovendien schuilt er een groot gevaar voor dictatuur in een totalitair regime. De angst voor een te machtige autoriteit zit heel diep, gezien de gebeurtenissen van de voorbije eeuw. Sinds de babyboom worden de kinderen min of meer anti-autoritair opgevoed, met als gevolg dat zowat iedereen zijn zegje heeft en alle gezagsdragers continu worden uitgescholden of belachelijk gemaakt. Het is tegenwoordig geen pretje om politicus of bestuurder te zijn. Het geringste foutje wordt in de sociale media breed uitgemeten totdat van alle goede voornemens van de persoon in kwestie geen spaan overblijft. Wie een gezagsfunctie bekleedt is daarom gedwongen politiek correct te leuteren, met als bijkomend gevolg dat onze gezagsdragers uiteindelijk niet meer serieus worden genomen.

Weg uit de Verenigde Naties

Als er een machtige autoriteit in Europa zou zijn, dan kan een sterk leger op korte termijn worden georganiseerd. We stappen als de weerga uit de Verenigde Naties en we schrappen het Verdrag van de Rechten van de mens, zodat Europa eindelijk en daadwerkelijk kan opkomen voor de Rechten van de mens.

De andere voorwaarden voor een Pax Romana zullen ook onder impuls van die sterke autoriteit gerealiseerd worden. We hebben voldoende goede rechters en bekwame bestuurders.

Een staatsgreep op Europese schaal

Het enige wat ontbreekt is die vrouw of man die op het schild wordt gegeven en orde op zaken stelt. Omdat de tijd dringt zie ik maar één oplossing: de militaire leiders en de top van de politie in de Europese landen slaan de handen in elkaar en plegen een staatsgreep op Europese schaal. Dan komt de leider vanzelf naar voren.

136. *De Arabische Lente*

De Arabische Lente vond plaats in 2011. Miljoenen hadden toen hoop op een beter leven, op het einde van corruptie en dictators. Het pakte anders uit. Er volgden burgeroorlogen en zelfs genocides. Of het Westen nu ingreep, zoals in Irak, of weigerde grondtroepen te sturen, zoals in Libië en Syrië, dit kon het tragische vervolg op de Arabische Lente niet voorkomen. Een invasie, een beperkte interventie of zich afzijdig houden, maakten hier blijkbaar niets uit. Misschien heeft het Westen daartoe gedeeltelijk bijgedragen. De neiging ontstaat alles zijn beloop te laten gaan en hopen dat na een 'dertigjarige oorlog' de rust zal terugkeren.

We kunnen al deze ellende zien als een oorlog tussen soennieten, sjiieten, seculieren en moslimfundamentalisten. Maar hoe beleven de mensen het zelf? Het gaat om burgers die voorheen nooit al deze oorlogen en massamoorden hadden gewild. Deze burgers woonden voorheen meestal in vrede naast elkaar, in dezelfde dorpen en stadswijken. Hetzelfde hebben we gezien tussen Serviërs en Kroaten, en tussen Tutsis en Hutus.

De verklaring van deze tragische ontwikkeling ligt in het begrip identiteit, bepaald door het ras en de religie van de mensen. Dit kan een zeer gevaarlijke omschrijving worden als de burgers zich als groep bedreigd voelen. Dan gaan ze zich verdedigen en vaak als eerste toeslaan om erger te voorkomen. In deze situatie gaan mensen, die voorheen in vrede met elkaar samenwoonden, elkaar zien als de ergste vijand. Ze praten niet meer met elkaar en ze zitten vol haat tegenover de ander.

Op het Tahrirplein in Kaïro was het enthousiasme nochtans enorm. Moslimbroeders en seculiere liberalen vielen in elkaars armen. Toen de eersten de verkiezingen wonnen, kwamen de oude tegenstellingen weer naar voren. De seculieren voelden zich bedreigd en het leger greep in. De seculieren juichten toen het leger 800 moslimfundamentalisten vermoordde. In Egypte bleef de staat nog overeind. In Irak, Libië, Syrië en Yemen ontstond een complete chaos. Die landen vielen uiteen in regio's volgens etniciteit en religie. Vanuit deze chaos kon IS groot worden.

Wat de mensen echt willen is een staat waar het recht heerst. Dank zij wet en orde wordt het leven van de burgers iets voorspelbaarder. Als dit lukt, dan hebben de mensen een plek waar ze zich thuis en veilig voelen, waar ze niet vernederd worden en waar ze niet meer zo wanhopig zijn. In plaats van een oorlog van allen tegen allen, moet er een leider zijn die de wet handhaaft. Sommigen geloofden dat IS die leiding kon geven, maar de wreedheid van die groep stootte hen weer af. De mensen in deze islamitische landen leven in een tijd waar een uitweg uit oorlog en geweld nog veraf is.

ref. Worth, R. F. (2016). *A Rage for Order: The Middle East in Turmoil From Tahrir Square to Isis*. Farrar, Straus and Giroux.

137. *De identiteit van Europa*

(gepubliceerd op ThePostOnline op 23 mei 2016)

Twee bewegingen

De identiteit van Europa wordt bepaald door de wijze waarop we in relatie staan tot de wereld. Er is een continue strijd gaande tussen twee bewegingen: macht verwerven over de objectieve wereld, versus de objectieve wereld vervolmaken tot een menselijke wereld. De eerste beweging culmineerde in de vorige eeuw in het nationaal-socialisme en in de 21ste eeuw vindt zij haar hoogtepunt in een hebzuchtig kapitalisme en in een ongebreideld consumentisme. Deze beweging kan het heidendom worden genoemd.

De tweede beweging wordt geïnspireerd door de joods-christelijke ethiek die in het humanisme een moderne uitdrukkingsvorm heeft gevonden. Er is daarom een seculiere en een religieuze, bijbels geïnspireerde versie van de Europese identiteit. In praktijk betekenen beide versies hetzelfde. Deze tweede beweging is de beweging naar zingeving.

Vier gevaren

Vier gevaren ondermijnen de Europese identiteit:

1. De hoogmoed van het natuurwetenschappelijk denken die culmineert in een technologische samenleving, zonder oog voor zingeving
2. De drang naar macht en bezit die zijn uitdrukking vindt in hebzuchtig kapitalisme, consumentisme en onverantwoord gebruik van de grondstoffen

3. De islam in zoverre haat wordt gepredikt tegen joden, andersgelovigen en ongelovigen en tegen onze grondwettelijke rechten wordt ingegaan
4. Diegenen die uit hebzuchtig eigenbelang of uit politieke correctheid de drie vorige gevaren ontkennen of verdringen.

Het is een misverstand de ontkerkelijking van Europa als een afschaffen van het christendom te zien. Dat is een oppervlakkige discussie. In wezen wordt de Europese identiteit blijvend bepaald door de joods-christelijke ethiek. Deze ethiek is gericht op een vervolmaking van de wereld en de gemeenschap van mensen. In religieuze termen hebben we het dan over de vervolmaking van de Schepping.

Deze vervolmaking voltrekt zich in de loop der tijden door wetenschap, cultuur, spiritualiteit, zorgzaamheid, voorspoed, verbondenheid. Kortom, door al wat valt onder de noemer verantwoordelijk gedrag voor de Ander en voor het Andere. Met de Ander wordt bedoeld elke mens onafhankelijk van zijn eigenschappen of kenmerken. Onze verantwoordelijkheid is namelijk onvoorwaardelijk en onbaatzuchtig. Met het Andere wordt bedoeld de natuur, de fauna en de flora, de atmosfeer en alles wat ons universum inhoudt. Dit Andere is de mensen gegeven. Het was er voordat er mensen waren. Het Andere is aan ons toevertrouwd. We moeten er op een verantwoordelijke wijze mee omgaan.

Wat betreft onze verantwoordelijkheid ten aanzien van onze moslimbroeders en -zusters: het gaat niet om een oorlog tegen de islam. Vanuit onze joods-christelijke of humanistische waarden kunnen we de moslims inspireren om de liefde voor de medemensen, wat ze ook geloven of hoe ze zich ook kleden of gedragen, nooit te vervangen door terrorisme of onderdrukking.

Jeruzalem en Athene
Europa dat is het samengaan van Jeruzalem en Athene, dit is van wijsheid en rationaliteit. De wijsheid is al duizenden jaren onveranderlijk en zegt ons hoe we ons moeten gedragen om van de wereld een menswaardige plaats te maken. Menswaardig betekent dat gerechtigheid en schoonheid heerst, waar de natuur gedijt, waar de wereld een plek is waar het goed toeven is en de mensen gelukkig kunnen zijn. De rationaliteit helpt ons om die menswaardigheid te realiseren door bijvoorbeeld de middelen te ontwikkelen om honger uit de wereld te bannen, om het lijden te verzachten, om kwetsbare mensen te beschermen, om werkgelegenheid te creëren, om rechtsbescherming te bieden. Zonder wijsheid kan de rationaliteit echter leiden tot vernietiging, hebzucht, egoïsme, agressie, onderdrukking of totalitarisme.

Dit samengaan van Jeruzalem en Athene dat de Europese identiteit kenmerkt, werd en wordt gerealiseerd door de grote denkers en filosofen, door de wetenschappers, door de kunstenaars en door alle burgers die de wijsheid en de kennis van al deze mensen in praktijk brengen en overdragen op de volgende generaties. Europa is een model voor de gehele wereld. De Europese identiteit is een geestesgesteldheid die universeel is. Alle mensen van goede wil dragen hieraan bij.

Deze geestesgesteldheid is het tegengestelde van barbarij. De barbarij vinden we terug in een politiek die puur gericht is op macht en bezit, in een economie van de hebzucht en in elke religie of ideologie die de vrijheid van de mensen aan banden legt.

Het spirituele tijdperk

We leven meer en meer in een lege cultuur omdat de wijsheid aan de verliezende hand is. Er is te veel angst en haat. Er is te veel agressie. Er zijn te grote en toenemende verschillen tussen rijk en arm. Er zijn te veel mensen die geen kansen krijgen. De natuur wordt te zwaar vernield.

Ook in het onderwijs vinden we die leegte terug. Onze universiteiten hebben de humanitas verloren. De geestelijke vorming van de studenten schiet schromelijk tekort en is vaak totaal afwezig. De geesteswetenschappen zijn ten prooi gevallen aan een eenzijdig empirisme.

We moeten onze hoop vestigen op de kleine groep mensen die hun rationaliteit wil gebruiken om de wijsheid beter te dienen. De invloed van deze groep kan zich als een olievlek uitbreiden. De eeuw van de spiritualiteit zal tegelijkertijd het meest rationele tijdperk zijn. De rationaliteit zal tot een hoogtepunt komen doordat het in dienst staat van de wijsheid. De mens van de nieuwe Verlichting zal zijn biologische driften en zijn ik-gerichte behoeften naar macht en bezit weten te beheersen. Zijn energie zal ten dienste staan van de wijsheid, dit wil zeggen ten dienste van de Ander en van het Andere. Wijsheid leidt ook tot goed rentmeesterschap over de natuur en zorg voor andere mensen.

Voorbeelden van deze mensen die spiritualiteit de belangrijkste plaats geven in hun leven zijn van alle tijden. Dit zijn mensen die de anderen onvoorwaardelijk en onbaatzuchtig liefhebben. Dit kunnen echtparen zijn, onze collega's, opvoeders en zorgverleners, militairen die in de strijd alles over hebben voor hun kameraden, wetenschappers die zich ten dienste stellen van de mensheid, kunstenaars die niet de slaaf zijn van commerciële belangen en standvastig anderen laten delen in hun inspiratie.

Een universele beschaving

Europa is de bakermat van een universele beschaving. We moeten ons verzetten tegen de negatieve krachten die voortdurend wijzen op de fouten die Europeanen in het verleden hebben gemaakt (slavernij, kolonialisme, holocaust, oorlogen, kindermisbruik in de kerk, ….). Die fouten waren telkens grove inbreuken op onze identiteit en roeping. Het ware Europa dat is beschaving. We kunnen beter de nadruk leggen op de honderdduizenden Europese filosofen, religieuzen, wetenschappers en kunstenaars die bijgedragen hebben aan een betere wereld. Laat ons denken aan die miljoenen

Europeanen die, ook in het koloniale tijdperk, zich hebben ingezet voor het welzijn van andere volkeren. Al wie dit engagement voortzet en zich laat inspireren door wat de Europese beschaving voorstaat, draagt de Europese vrijheid en geestesgesteldheid over naar alle mensen waar ook ter wereld die in vrijheid en waardigheid willen leven.

138. *Vrijheid*

Europa staat voor vrijheid: vrijheid van denken, vrijheid van geloof, vrijheid van handelen. Een wereld waar die vrijheid heerst, is een menswaardige wereld.

Die vrijheid is het resultaat van een gelukkige mix van rationaliteit en wijsheid. De Rede heeft ons vanaf de Verlichting verlost van magie en bijgeloof. Onze wijsheid putten we uit de joods-christelijke ethiek die al duizenden jaren het beste in de mens tot bloei brengt.

De ethiek zorgt er voor dat we onze vrijheid niet misbruiken om anderen te benadelen. Hier is geen plaats voor terrorisme, voor geweld tegen andersdenkenden en voor onderdrukking van vrouwen of van mensen die anders geaard zijn. Nergens zijn vrouwen zo vrij en ontwikkeld, nergens hebben zij zo'n menswaardige plaats in de maatschappij. Nergens hebben kinderen van alle sociale klassen zoveel kansen om hun talenten te ontplooien. Nergens hebben volwassenen zoveel recht om hun meningen te verkondigen en om kritiek te uiten. Duizenden hebben hiervoor een strijd gevoerd en een bijdrage geleverd aan wetenschap en cultuur.

Natuurlijk wordt er vaak tegen onze normen en waarden in gehandeld. Maar telkens overwint in Europa het goede op het kwade. Europa gaat stap voor stap vooruit naar een wereld waar spirituele waarden de mensen inspireren. Het mooiste toekomstbeeld is een wereld waar allen zorgzaam zijn voor de medemensen en voor de planeet Aarde. In onze ethiek ligt de oplossing voor de vrede in de wereld en de bescherming van ons ecosysteem.

Helaas wordt Europa bedreigd door de vijanden van de vrijheid. Dat zijn ten eerste de hebzuchtige kapitalisten, die door hun egoïsme de wereld voor veel mensen tot een hel maken. Zij zijn de hoofdverantwoordelijken voor de destructie van ons ecosysteem. Ten tweede zijn dat de moslims die de mensen hun vrijheid van denken, geloven en handelen niet gunnen. De islam is een ideologie die strijd levert tegen onze grondwettelijke rechten. Daarom zijn diegenen die moslims op ons grondgebied toelaten landverraders. Deze argumentatie is onweerlegbaar, vandaar dat linkse neofascisten slechts kunnen reageren met scheldpartijen en intimidatie.

Het meest trieste is dat onze politici en allen die politiek-correct denken, zich gedragen als landverraders die collaboreren met de vijanden van onze beschaving. Daarom moeten we streven naar een onafhankelijk Europa, dat wordt uitgebreid met Rusland en Israël. Daarom moeten de moslims massaal terugkeren naar de landen van herkomst om daar, met solidaire steun vanuit Europa, hun eigen beschaving tot bloei te laten komen.

Om die twee bovengenoemde gevaren het hoofd te bieden heb ik mijn laatste boek 'Het landverraad van de EU' geschreven.

139. *Een wijs personeelsbeleid*

Laten we ons leiden door de rede zonder de wijsheid van de joods-christelijke ethiek, dan zien we de ander als een concurrent, als iemand die we al of niet kunnen gebruiken voor eigen gewin, als een mededinger, als een belemmering, als iemand die lastig is, als iemand die we het liefst negeren.

Laten we ons inspireren door de wijsheid van de ethiek, dan streven we ernaar dat de Ander de beste kansen krijgt.

In elke organisatie of instelling, zoals de universiteit bijvoorbeeld, zou het bestuur ervoor waken dat alle medewerkers de beste kansen krijgen om hun eigen initiatieven te ontplooien. Wijsheid is inderdaad een voorwaarde om de Rede de beste kansen te geven. Een universiteit die nog de moed heeft om zich katholiek of christelijk te noemen, zou een plek moeten zijn waar de wetenschap het best wordt gestimuleerd. Nieuwe doorbraken in de wetenschap zijn afhankelijk van mensen die tegen alle plannen, subsidie-eisen en richtlijnen in, hun eigen gang durven te gaan. Het ware christendom biedt wetenschappers die kans.

Europa zou opnieuw de meeste nobelprijswinnaars leveren indien we de misplaatste schaamte overwinnen die verhindert dat we onze joods-christelijke identiteit verdedigen.

Helaas, vanaf het moment dat de kleinkinderen van turfstekers uit de Peel tot in de bestuurslaag van de universiteit konden doordringen, ging onze culturele en historische erfenis teloor. Daar bovenop komen horden die uit onbeschaafde landen binnendringen en die de spirituele armoede van onze samenleving verergeren.

Wat ik hier bedoel te zeggen is dat christelijk geïnspireerde instellingen zoals scholen, ziekenhuizen of zorgcentra voor bejaarden wel degelijk het verschil kunnen uitmaken. Hun christelijke identiteit zou moeten betekenen dat de werknemers geen instructies van bovenaf nodig hebben. Van binnen uit werken zij vanuit hun roeping om zich te engageren voor de anderen. Zij hoeven geen tijd te verliezen aan administratieve rompslomp. Hun taken zijn vanzelfsprekend. Als het nodig is maken zij overuren. Niemand wordt erop aangekeken als extra taken spontaan worden erbij genomen. Zij zien hun werk als een gezamenlijk project in dienst van hun medemensen. Iedereen krijgt alle kansen om zich in te zetten waar zij of hij het meest talent voor heeft. Persoonlijke initiatieven worden waar mogelijk ondersteund. De directie gaat uit van vertrouwen in de werknemers en haar taak is voornamelijk het stimuleren en ondersteunen van initiatieven van werknemers. In deze instellingen wordt heel hard gewerkt, maar nergens is er meer arbeidsvreugde. Niemand is lid van de vakbond, want de vakbond dat zijn wij allen samen, directie en personeel.

Uiteraard geldt bovenstaande ook voor niet-confessionele instellingen die een humanistische ethiek hanteren. Ik zie namelijk geen wezenlijk verschil tussen een joods-christelijke en humanistische ethiek. Mijn ervaring leert echter dat christenen die hun geloof in hun dagelijks handelen in praktijk brengen, gemoedelijker zijn, zich beter inleven in de behoeften van de anderen en zich kunnen opofferen voor het welzijn van hun medemensen.

Zoals in andere teksten al herhaaldelijk gezegd gaat het mij niet om al of niet geloven in God en ook niet om al of niet lid te zijn van een kerkgemeenschap. Het gaat in wezen om het aanvaarden van normen en waarden die niet door mensen zelf zijn verzonnen of bij meerderheid gekozen. Het echte kenmerk van de Europese beschaving is niet de democratie, maar de ethiek die in de Bijbel staat beschreven. Als de ontkerkelijking betekent dat we ook dat wegwerpen, gaat de Europese beschaving ten onder. Als het christendom verdwijnt, dan komt de islam in de plaats. Einde vrijheid.

140. *Stevenen we af op een revolutie?*

(gepubliceerd op ThePostOnline op 13 mei 2016)

Sommigen menen dat we in Europa op de drempel staan van een revolutie, eventueel van een burgeroorlog. Het belangrijkste argument is dat het huidige politieke systeem niet meer aangepast is aan de noden van deze tijd. Zogenaamd populistische politici ruiken hier een kans en trekken steeds meer kiezers naar zich toe. In sommige Europese landen stemt een derde van de bevolking voor een partij die de traditionele politiek wil omverwerpen. Tot nog toe lukt het meestal om die partijen uit de regeringen te houden. Dit laatste betekent dat een groot deel van de bevolking zich niet vertegenwoordigd weet door de leiders van het land.

Polarisatie neemt toe

Het valt niet te ontkennen dat onze samenleving meer en meer gepolariseerd raakt. De tegenstelling tussen rijk en arm wordt groter. De volkswoede is vaak groot als in de politiek, de overheid en het bedrijfsleven te veel wordt gegraaid. De middenklasse, die meestal een verzoenende invloed heeft, krijgt het steeds moeilijker. Een groot deel van de autochtone bevolking staat erg negatief tegenover immigranten en asielzoekers. Zowel extreem-rechts als extreem-links worden steeds actiever.

Dogma van de economische groei

Diegenen die de revolutie of een burgeroorlog voorspellen, geven niet aan wat in de plaats moet komen. Ze hopen dat uit de chaos iets nieuws te voorschijn zal komen. Welk politiek systeem het huidige zal moeten vervangen, wordt niet duidelijk. Dat komt voornamelijk omdat de experts blijven denken volgens de traditionele patronen. Een typisch voorbeeld is het dogma van de economische groei. Hoe meer economische groei, hoe minder werkloosheid. De logische consequentie is dat economische groei de maatschappelijke polarisatie zal milderen. De regering en de Europese Commissie doen er dan ook alles aan om die groei te bevorderen.

Een cumulatie van spanningen

Ik denk dat deze hypothese niet meer geldig is. We kunnen niet eindeloos doorgaan met economische groei. We worden overspoeld met nutteloze producten. Om mee te kunnen in de vaart der volkeren is de concurrentie meedogenloos. Het kernprobleem van de huidige tijd is, mijns inziens, de cumulatie van spanningen en problemen. We moeten niet alleen kampen met economische problemen, daar zijn ook de gevolgen van de klimaatverandering met de lucht die door onze economische activiteiten steeds verder vervuilt. Daar is ook de massa-immigratie uit landen waar de mensen in diepe en uitzichtloze ellende leven en honderdmiljoen potentiële vluchtelingen in Afrika wachten hun kans af. Voor de vergrijzing weet nog niemand een oplossing. Anderhalf miljard mensen belijden een godsdienst die uit is op verovering van de wereld en onderwerping van de anderen. Tenslotte kost de terreurbestrijding en de opvang van asielzoekers zo verschrikkelijk veel geld dat de sociale voorzieningen voor de bevolking er uiteindelijk sterk onder zullen lijden.

Bezinning over wat zinvol is

Nu is het mijn persoonlijke opvatting dat we op de drempel staan van een ander tijdperk, waarin de traditionele instellingen hun betekenis zullen verliezen. Zowel op politiek, economisch, educatief en sociaal vlak zullen zich radicale veranderingen voordoen. De bovengenoemde spanningen zullen bij de meeste mensen leiden tot een bezinning over wat de moeite waard en zinvol is in een mensenleven. Het antwoord hierop is vrij simpel en van alle tijden: ons geluk is afhankelijk van bindingen met mensen die we vertrouwen en die om ons geven. De basis hiervan ligt in het gezin en de mensen uit onze eigen, vertrouwde omgeving. De 'revolutie' zal erin bestaan dat netwerken van solidariteit zullen ontstaan waar de burgers voor elkaar zorg dragen en minder afhankelijk zullen zijn van de overheid, van de politiek en ook van het bedrijfsleven. De nieuwe maatschappij zal gevormd worden door kernen die in de mate van het mogelijke zelfvoorzienend zullen zijn. De arbeidstijd zal gehalveerd worden zodat ouders weer tijd zullen hebben voor de opvoeding van hun kinderen en we voor elkaar in onze eigen buurt beter zullen kunnen zorgen. Vrijwilligerswerk zal bloeien als nooit tevoren. De ruileconomie die nu al via Marktplaats, eBay, Uber, Airbnb en dergelijke in volle gang is, zal steeds verder ontwikkeld worden.

Vuurwerk en sleurhutten

Dit betekent kortom dat de burgers de politiek en de multinationals overbodig zullen maken of op z'n minst marginaal. De politici en de bedrijfsleiders zijn niet in staat de huidige problemen op te lossen. De burgers wel, op voorwaarde dat zij massaal zelf het heft in handen nemen. Ik geef een voorbeeld over hoe de klimaatcrisis aangepakt kan worden: de Nederlandse bevolking veroorzaakt jaarlijks twee milieurampen. Met Oud en Nieuw als tienduizenden kilo's vuurwerk worden aangestoken en in de zomer als een miljoen Nederlanders met hun sleurhut de Europese wegen teisteren. In het nieuwe tijdperk zullen de burgers stoppen met deze onzin en inzien hoe prettiger het is om met Oud en Nieuw rond de tafel te zitten en verhalen te vertellen en om tijdens de zomervakantie met buren en vrienden grote wandelingen te maken in de eigen omgeving. Dit zal velen gek in de oren klinken, maar misschien is dit voorstel toch niet zo gek. Gewoon eens proberen.

141. *De integratie-utopie*

(deze tekst werd geschreven op verzoek van het 'Verwey-Jonker Instituut/ Kennisplatform Integratie & Samenleving', maar uiteindelijk geweigerd)

In zijn aangrijpende autobiografie 'La traversée des fleuves' beschrijft de Franse schrijver Georges-Arthur Goldschmidt zijn kinderjaren in het Duitsland van de jaren dertig. Zijn ouders, tot het protestantisme bekeerde joden, behoorden tot de hogere burgerij van Hamburg. Zijn vader was raadsheer bij het Hof van Beroep. Toen de nazi's aan de macht kwamen, werd op sluipende wijze de Endlösung voorbereid. Goldschmidt maakt duidelijk hoe de gewone mensen beefden onder de terreur van de nazi's en uit angst de joden meden. De goede Duitsers die de joden bleven steunen, wachtte een vreselijk lot. Kortom, het hele land leefde in angst en het verzet werd verpletterd.

In Duitsland had de Europese beschaving op allerlei gebieden een hoogtepunt bereikt en toch lukte het de nationaal-socialisten om aan de macht te komen. We hoeven ons geen illusies te maken over de invloed van de beschaving. De joden hadden een fantastische bijdrage geleverd aan cultuur en wetenschap. Zij leefden al eeuwenlang in Duitsland. Zelfs diegenen die de integratie zo ver hadden gedreven dat ze zich tot het christendom hadden bekeerd, ontsnapten niet aan de vervolging.

Een cumulatie van problemen

Extreem-rechts is aan de winnende hand in meerdere Europese landen. Op zich hoeft dit geen groot probleem te zijn, want als ze aan de macht komen, moeten ze ook compromissen sluiten. Dan ervaart de bevolking dat ook zij geen wonderdokters zijn. Op naar de volgende verkiezingen. Het gevaar schuilt echter in de cumulatie van problemen: we worden geconfronteerd met een economische recessie, met de vergrijzing, met een klimaatcrisis, met een toenemende kloof tussen arm en rijk, met een bevolkingsexplosie in het Midden-Oosten en Afrika, met de massa-immigratie en miljoenen arme en slecht opgeleide Afrikaanse zwarten die hun kans afwachten om naar Europa te vluchten, en met een dreiging door terroristische groeperingen waarvoor de veiligheidsmaatregelen astronomische bedragen kosten.

Deze gelijktijdige opeenstapeling van ernstige problemen kan makkelijk een algemene gekte veroorzaken. Daar helpt geen beschaving tegen. Een zondebok is makkelijk gevonden. Dat zal de groep zijn die het meest wordt gehaat.

Zeemzoete blogs

Deze tijd vraagt om harde maatregelen en een consequent beleid. Helaas is de Europese Unie hiertoe niet in staat. Het noodzakelijke beleid wordt belemmerd door het politiek-correcte denken en een gebrek aan visie. Alleen economische belangen lijken te tellen. Er kan zelfs niet eens een grondwet worden geformuleerd rondom gemeenschappelijke normen en waarden.

Zeemzoete blogs over respect voor de medemens en over folklore in multiculturele wijken zetten geen zoden aan de dijk. Als puntje bij paaltje komt is een klein lontje voldoende om een grote maatschappelijke brand te ontsteken. Volgens meerdere Europese veiligheidsdiensten staan vreselijke aanslagen ons te wachten. Er is al zo veel haat. Ik houd mijn hart vast.

Hoe het tij keren?

Wat ik voorstel is paradoxaal. Neem de integratie van de moslims. Ook dat zal bij een escalatie van spanningen niet helpen. Jammer voor de velen onder hen die zich zo hebben ingespannen om volwaardig lid te worden van onze samenleving. Mijn voorstel is dat de Europese moslims bewijzen dat ze een van de grootste problemen van onze tijd zelf kunnen oplossen. Het gaat om de ellende in het Midden-Oosten en Noord-Afrika. Stel dat in die landen er vrede heerst, dat alle kinderen de kans krijgen op degelijk onderwijs, dat er een voor iedereen toegankelijke gezondheidszorg is van hoge kwaliteit, dat er voldoende werkgelegenheid is, dat er sociale voorzieningen zijn, een betrouwbaar politieapparaat dat waakt over de veiligheid van de burgers en politici die sober leven en zich verantwoordelijk gedragen. Als dit allemaal lukt, dan zullen de spanningen tussen de moslims en het Westen drastisch afnemen. Dan wordt ook de belangrijkste oorzaak van terrorisme weggenomen.

We moeten durven een ideaal na te streven. Als de islamitische landen rondom de Middellandse zee vrede en voorspoed zullen kennen, kan met Europa een alliantie worden aangegaan. Deze alliantie kan het lot van het hele Afrikaanse continent verbeteren. Als de moslims samen met de Europeanen hun verantwoordelijkheid opnemen zal dit een voorbeeld zijn voor de gehele wereld. Hierdoor wordt de 21ste eeuw de eeuw van de spiritualiteit, gebaseerd op enerzijds de islam en anderzijds het christendom en het humanisme.

Een vredeskorps van moslims

Hoe die vrede en voorspoed realiseren? Stel dat de Europese moslims een groot leger vormen, dat als een vredeskorps vrede en veiligheid brengt. Daarna helpen ze mee aan de opbouw van de landen in het Midden-Oosten en Noord-Afrika. In plaats van geradicaliseerde jongeren die nu wreedheden gaan plegen in die landen, komen er idealistische en goed opgeleide jongeren die zullen meewerken aan een mooie toekomst voor de landen van herkomst.

In ThePostOnline schreef ik onder de provocerende titel 'Een moslimvrij Europa' een bijdrage (zie § 112) waarin wordt voorspeld dat een spontane beweging van terugkeer naar de landen van herkomst op gang zal komen. Zonder ingreep van buitenaf zal de ellende in die landen zal nooit ophouden. De middenklasse die op de vlucht is geslagen, is noodzakelijk om de mensen tot rede te brengen.

De integratie verhindert helaas elke oplossing voor het Midden-Oosten en Afrika. De belangrijkste voorwaarden voor een menswaardige samenleving zijn een gemeenschappelijke ethiek en een gedeelde geschiedenis. De mensen moeten zich thuis voelen in de samenleving. Integratie betekent letterlijk: 'maken tot een geheel' en psychologisch: 'het overnemen van bestaande groepsnormen zodat men in de groep wordt geaccepteerd'. Integratie vereist daarom dat moslims zich de joods-christelijke en humanistische ethiek eigen maken. Die eis is gewoonweg vernederend voor een religie die zich als superieur en triomfalistisch aandient. Vandaar dat integratie een gevaarlijke utopie is. Wie krampachtig vasthoudt aan de integratie, wakkert de spanningen tussen de bevolkingsgroepen steeds verder aan. Daarom eindig ik met een boude stelling: Wie meewerkt aan de integratie van moslims in Europa speelt extreem-rechts in de kaart.

142. *De noodzakelijke prioriteiten durven stellen*

Al mijn teksten op mijn website (www.ministrando.org) en mijn laatste boek hebben als doel duidelijk te maken welke prioriteiten van levensbelang zijn voor het voortbestaan van de mensheid op een leefbare planeet. Als alle kinderen, overal ter wereld, goed onderwijs kunnen volgen, als er overal voldoende werkgelegenheid is voor de volwassenen en als we allen soberder gaan leven, dan is voldaan aan de basisvoorwaarden voor meer verantwoordelijk gedrag van de mensen.

Om deze prioriteit te verwezenlijken moeten we zo nodig tijdelijk de subsidies voor farmaceutisch, medisch en ander wetenschappelijk onderzoek en voor de ruimtevaart op een laag pitje zetten. Ook moeten zeer rijke mensen weten dat overtollige rijkdom gewoonweg een schande is als zoveel mensen op onze planeet niet menswaardig kunnen leven en zoveel kinderen geen kansen krijgen om hun talenten te ontplooien. Deze rijken moeten beseffen dat ze slechts tijdens hun korte leven de tijd hebben het goede te verrichten. Daarna houdt alles op en is al hun hebzucht voor niets geweest.

De goede kant van nationalisme

Waar vinden we de kracht om de juiste prioriteiten te stellen? Hoe wordt een politiek beleid mogelijk dat mensen aanzet om zich verantwoordelijker te gedragen? Het nationalisme heeft een slechte naam gekregen wegens de gebeurtenissen in de voorbije eeuw. Helaas wordt hierdoor de goede kant van het nationalisme niet meer gezien. Nationalisme betekent ook dat de mensen solidair zijn om hun land op te bouwen en sterk te maken. Deze nationale solidariteit maakt solidariteit met de rest van de wereld mogelijk. Wie niets heeft, kan niets geven. Een sterk en machtig land kan andere volkeren solidair ondersteunen in de ontwikkeling en de vooruitgang. Zo'n land heeft een grote verantwoordelijkheid.

Een thema dat in mijn teksten vaak de aandacht krijgt is de multiculturele samenleving en de aanwezigheid van tientallen miljoenen moslims in Europa. Door deze ontwikkeling van de laatste decennia is er in de Europese landen een enorme polarisatie ontstaan. De Europese Unie holt nationalisme steeds verder uit. Hierdoor raken de Europese landen steeds verder verzwakt. Een burgeroorlog dreigt. Als vijf procent van de moslims extremistisch zijn, dan zijn er drie miljoen potentiële terroristen op ons grondgebied. Ook hier moeten dringend de juiste prioriteiten worden gesteld. Het lot van de wereld is hier afhankelijk van.

Gescheiden om met elkaar solidair te kunnen zijn

Mijn voorstel is dat de Europese moslims massaal actie ondernemen om in de landen van herkomst het onderwijs te verbeteren en werkgelegenheid te creëren. De Europese landen kunnen hier solidair aan meewerken. Op die manier ontstaat een alliantie tussen de joods-christelijke en humanistische beschaving en de islamitische beschaving, zonder dat ze met elkaar vermengd worden. Deze alliantie kan een voorbeeld zijn voor de gehele wereld. De 21ste eeuw kan hierdoor de eeuw van de spiritualiteit worden. Dit wil zeggen dat Europa en de islamitische landen respectievelijk de christelijk-humanistische waarden en de islamitische waarden als norm nemen voor de politiek, de economie en het sociaal leven zodat we ons allen verantwoordelijk gedragen ten aanzien van de planeet aarde en de mensen die er nu en in de toekomst op wonen.

143. *Het Brusselse monster: de jungle van Calais als symbool voor de EU-politiek*

(gepubliceerd op ThePostOnline op 27 augustus 2016)

De gewone mensen ergeren zich dood aan het geklungel van de Europese Unie. Elke logica lijkt te ontbreken, alsook de moed om de dringend noodzakelijke maatregelen te nemen. Ik doe een poging om een logische strategie uit te werken. Eerst en vooral moeten we een onderscheid maken tussen drie soorten immigranten. Daarna moeten we per groep bekijken welk beleid efficiënt en humaan is.

Drie groepen immigranten

Er zijn drie soorten immigranten te onderscheiden:

1. mensen die miserie en hongersnood ontvluchten
2. diegenen die de oorlog ontvluchten
3. dissidenten die in hun eigen land worden vervolgd

De eerste groep zijn de vluchtelingen die we moeten helpen. Er is in de wereld voedsel genoeg om overal de ergste nood te lenigen. Deze mensen moeten hun land niet verlaten. Het gaat er om dat de voedselhulp de lokale landbouw niet benadeelt en dat tegelijkertijd die landbouw productiever wordt gemaakt.

De vluchtelingen uit de tweede groep hebben de plicht hun land te verdedigen. Zij kunnen in buurlanden zich daarop voorbereiden.

De derde groep krijgt asiel als ze vervolgd worden omwille van hun overtuiging of voor hun strijd voor de mensenrechten. De autoriteiten die deze mensen vervolgen worden voor een internationaal tribunaal gebracht en er volgt een economische boycot van het land.

Waarom slaagt de Europese Unie er niet in om een verantwoord vluchtelingenbeleid te voeren? Straks komen miljoenen Koerden naar Europa en meer dan honderd miljoen Afrikanen wachten op de gelegenheid om de Middellandse Zee over te steken. Er zijn al miljoenen vluchtelingen neergestreken op het Europese vasteland.

Europa is zeer machtig

De jungle in Calais staat symbool voor de absolute onmacht van de Europese Unie. Dit is ongehoord, want Europa is in principe zeer machtig en kan aan andere landen eisen stellen. De tragedie in Calais, ook voor de plaatselijke bevolking die niet meer in vrede kan leven en inkomsten moet derven, kan vrij simpel opgelost worden. Bijvoorbeeld door een overeenkomst met Tunesië. In dit laatste land is het toerisme nagenoeg stilgevallen. We zouden Tunesië kunnen aanbieden alle verblijven voor toeristen te huren voor illegale vluchtelingen die uit Europa worden gezet (dit idee werd geopperd door de bekende trendwatcher Adjiedj Bakas). De EU betaalt de kosten en er wordt een strategie ontwikkeld om die mensen naar de landen van herkomst te laten terugkeren.

Economische boycot

Ook wat betreft de vluchtelingen uit Turkije en die via dit land naar Europa komen zou Europa makkelijk een aangepaste politiek kunnen voeren. Zestig procent van de Turkse export gaat naar Europa. Een economische boycot brengt Turkije onmiddellijk op de knieën. We moeten het niet zo ver laten komen, want Turken zijn redelijke mensen. Via diplomatieke weg kan in een privé gesprek met Erdogan op vriendelijke wijze gezegd worden dat een boycot onvermijdelijk is als Turkije niet meewerkt aan het Europees vluchtelingenbeleid.

De middelen zijn er. Europa heeft de macht. Alleen de wil ontbreekt. Dit laatste volgt uit een gebrek aan leiderschap. De Europese Unie functioneert niet naar behoren. Het is nog veel erger: doordat geen passend beleid wordt gevoerd, wordt het van kwaad tot erger. De toekomst van onze kinderen staat hierdoor op het spel. De besluiteloze technocraten in Brussel maken de mooie droom van een sterk en eendrachtig Europa kapot. De politieke elite zit in haar eigen cirkeltje. Ze delen onderscheidingen aan elkaar uit. Ze applaudisseren voor elkaar. Wat er leeft onder het volk is hen vreemd.

We moeten daarom zo snel mogelijk af van dit gedrocht. In eerste instantie moeten de Europese landen weer hun autonomie opeisen, dus na Brexit, ook Nexit, enzovoorts. Elk land voert een eigen krachtig beleid en sluit met andere Europese landen een pact om bijvoorbeeld met Tunesië een overeenkomst te sluiten of om gezamenlijk op te treden tegen Turkije. Ondertussen staat misschien een persoonlijkheid of een staatsman op die de Europese bevolking weet te verenigen. Dan kan gedacht worden aan een Europese Confederatie. Maar eerst moeten we af van dat monster in Brussel.

144. *De charismatische goede leider*

De overgrote meerderheid van de mensen denkt niet na en leeft gewoon van dag op dag. Dit is geen verwijt. De mensen hebben al genoeg aan hun hoofd om hun gezin te onderhouden, hun kinderen op te voeden, hun sociaal leven op peil te houden, hun arbeid naar behoren te vervullen.

Maar hoe kan ervoor worden gezorgd dat de mensen massaal hun verantwoordelijkheid opnemen? Bijvoorbeeld dat voorkomen wordt dat onze planeet onbewoonbaar wordt? Of om oorlogen, massa-destructie en genocides te voorkomen? Hoe ervoor zorgen dat alle kinderen op onze planeet, dank zij goed onderwijs, hun talenten kunnen ontplooien? Hoe ervoor zorgen dat alle volwassenen werk hebben of zin aan hun leven kunnen geven? Hoe ervoor zorgen dat planten en dieren kunnen gedijen op de planeet Aarde?

De meeste mensen willen wel. Als puntje bij paaltje komt, zet men zich in voor anderen. Ouders offeren zich op voor hun kinderen. Man en vrouw komen voor elkaar op en ondersteunen elkaar. Er zijn altijd mensen die anderen, die in nood verkeren, komen helpen. Als iemand valt op straat of het slachtoffer is van een ongeval, dan zie ik altijd mensen, meestal vrouwen, er onmiddellijk naar toe gaan om die persoon bij te staan. De massa kan heel solidair zijn bij rampen en noodtoestanden. Er is heel veel goeds in de wereld en in de omgang tussen de mensen. Wat ontbreekt is *een mentale instelling* om bovengenoemde prioriteiten nu eens echt te verwezenlijken vanuit een gezamenlijke inspanning van alle volkeren, ongeacht hun cultuur of religie. Met mentale instelling wordt bedoeld dat een nieuwe geest over de wereld waait die alle mensen inspireert om zich verantwoordelijk te gedragen.

Wie kan de massa hiervoor engageren? Wie heeft het charisma om de mensen te inspireren voor het Goede? Hitler had een duivels charisma dat een heel volk kon opzwepen en waardoor het absolute kwaad mogelijk werd. Is een even krachtige figuur mogelijk die het absoluut Goede in de wereld brengt?

Om de meerderheid op de goede weg te brengen, moeten de leidinggevenden en de mensen naar wie men opkijkt, inspirerende voorbeelden zijn. Ik krijg plaatsvervangende schaamte als ik Amerikaanse presidentskandidaten zie met modder gooien naar elkaar tijdens de verkiezingscampagne.

Leidinggevenden moeten als voorbeeld de echte prioriteiten ondersteunen: sober leven, geven om de anderen, onderwijs voor alle kinderen, zinvolle taken voor alle volwassenen, onze omgeving tot iets moois maken en natuurlijk houden.

Vernietiging van de wereld en haat tegen de ander staan tegenover 'het Goede brengen in de Schepping' omdat we voor alles en voor anderen verantwoordelijk zijn (net zoals we ons voortplanten om de Schepping verder te zetten, moeten we ook de Schepping door ons werk - dit is goed rentmeesterschap - verder zetten). Zelfverwerkelijking door engagement voor de Ander en voor het Andere. Door gehoor te geven aan deze roeping, brengen we de transcendentie in het immanente. De mens is een project; hij verschilt van het dier door meer te zijn dan 'te zijn': de mens creëert door het goede te verrichten.

Een persoon inspireert alleen als hij de Ander prioriteit geeft, leeft voor het welzijn van de anderen. Dit staat radicaal tegenover diegenen die graaien of via hun macht anderen onderdrukken. Hiermee bewijst de inspirerende persoon of de goede charismatische leider dat hij alle anderen als zijn broeders beschouwt. Hij gaat uit van broederschap van de gehele mensheid. Racisme is hierdoor uitgesloten. Spiritualiteit en moreel besef zijn constitutief voor de mens: dit wil zeggen dat in elke mens er iets fundamenteel goed is.

Maar hoe komt die mentale instelling over de gehele wereld op gang???

Neem Afrika en de meeste islamitische landen. Daar is leiderschap identiek aan macht. Die macht moet steeds opnieuw bevestigd worden door alle anderen, die over te weinig macht beschikken, genadeloos te onderdrukken en uit te

152

buiten. Of neem het hebzuchtig kapitalisme dat even genadeloos omspringt met werknemers en op zoek gaat naar die plekken in de wereld waar de mensen het makkelijkst zijn uit te buiten.

Er is een alternatief nodig voor de politiek in Afrika en voor de westerse politiek die te zeer verbonden is met het hebzuchtig kapitalisme. De huidige machthebbers beschikken echter over de middelen om het volk te onderdrukken of te manipuleren via de media. Wie wil nu nog politicus worden in dit klimaat waarin het goede nastreven gelijkgesteld wordt met naïviteit? De enige oplossing die ik zie is een beweging vanuit de mensen zelf. Een bottom up-beleid waarin mensen zich verenigen in 'netwerken van solidariteit'. Die netwerken nemen bijvoorbeeld op lokaal niveau de zorg voor hulpbehoevenden en ouderen op zich. Artsen, verpleegkundigen en vrijwilligers werken samen om iedereen de passende zorg te verlenen, zonder afhankelijk te zijn van een overheid die dicteert wat mogelijk is. Op regionaal en landelijk niveau kunnen die netwerken het onderwijs organiseren, op zo'n manier dat elke school en elke leerkracht in de klas over maximale autonomie beschikt. Op internationaal niveau nemen de Europese moslims het initiatief om het onderwijs en de werkgelegenheid in de landen van herkomst te verbeteren. Bottom up wil zeggen dat we ons bevrijden van de bemoeienis van regeringsleiders en van nationale of internationale organisaties, om alle aandacht en energie te besteden aan het echte werk. De uitvoerders bepalen met elkaar wat ze nastreven en hoe ze zullen handelen. Op die manier wordt ook het administratieve werk en het management tot het uiterste minimum herleid.

Mijn voorstel kan enigszins vergeleken worden met het missiewerk van vroeger. Ook dat ging uit van lokale initiatieven die op gang werden gebracht door personen die mensen rondom zich, in een zogenaamde geestelijke orde, konden verenigen. Die trokken dan de wereld in om missieposten op te richten die, zoals bij ons de abdijen in de Middeleeuwen, een hele regio tot ontwikkeling brachten. Dergelijke initiatieven hebben geen internationale organisaties nodig. Het gevaar dat die organisaties de initiatieven uiteindelijk corrumperen is te groot. In een netwerk van solidariteit ligt en blijft het initiatief bij de mensen zelf.

Het is de taak van de charismatische goede leiders om mensen te bezielen om deze netwerken van solidariteit te organiseren. Zij evalueren en wijzen de mensen de richting aan waarin ze het best kunnen bijdragen aan bovengenoemde prioriteiten.

Een toepassing: 25 november 2016 schreef ik de volgende bijdrage voor ThePostOnline naar aanleiding van de overwinning van François Fillon in de eerste voorverkiezing van de partij Les Républicains. Dit illustreert goed de charismatische leider die deze tijd nodig heeft.

Hoe de verkiezingen winnen?

Waarom prognoses mislukken

Prognoses zijn een gepasseerd station geworden. De verkiezing van Trump was niet voorspeld en evenmin de winst van François Fillon in de voorverkiezingen van de Franse partij Les Républicains. Wat is hier gebeurd en wat zegt dit over de verkiezingen in Nederland van maart 2017?

Ik beperk mij tot de verkiezing van François Fillon, omdat dit het dichtst bij huis ligt. Tijdens de eerste voorverkiezingen op 20 november daagden drie miljoen kiezers op. In sommige stembureau's in Parijs was er op het einde van de dag een tekort aan stembiljetten. Dit aantal van drie miljoen was ongehoord. Net zoals bij de socialistische partij zijn diegenen die komen kiezen in meerderheid mannen, 50-plussers, mensen uit de middenklasse en de burgerij en 80 procent hoort eerder bij het centrum. Vroeger was het stemgedrag van de bevolking vrij goed voorspelbaar. Nu is er over de gehele westerse wereld een beweging gaande, waarmee diegenen die prognoses maken geen raad weten. Vandaar de verrassende verkiezingsuitslagen.

Diepe angsten en onzekerheden

De keuze van de leider door het volk wordt, in tegenstelling tot wat velen denken, niet zozeer bepaald door de media. Een verkeerde uitspraak of een onhandige houding in een tv-debat heeft geen grote invloed. Ook al hakken de media er op in. Nu is het veel meer de tijdgeest die de keuze van het volk bepaalt. Er is een mondiale beweging gaande waarbij de mensen zich terugtrekken in hun eigen identiteit. Velen zoeken hun heil bij de orthodoxie van hun religie of in nationalisme. De oorzaak van deze tijdgeest ligt in de diepe angsten en onzekerheden die leven onder de mensen. Dit heeft een domino-effect. Iedereen wordt erdoor besmet. Rationaliteit delft hier het onderspit op de emoties van het volk.

Om die reden is de keuze van de leider tegenwoordig niet meer gebaseerd op de capaciteiten van de politicus of op zijn gave om op de tv goed over te komen. De mensen willen nu een leider die antwoord biedt op die diepe angsten en onzekerheden, die de mensen zo hevig en vrijwel dagelijks beroeren. Eén dramatische terroristische aanslag en de politicus die het charisma heeft om het volk gerust te stellen en een perspectief te bieden, zal met overweldigende meerderheid winnen.

Een praktiserend katholiek

Terug naar de drie miljoen kiezers in Frankrijk. Waarom wil de meerderheid van hen François Fillon als toekomstige leider? Fillon is een praktiserend katholiek, die elk jaar op retraite gaat in de abdij van Solesmes. Hij komt uit voor zijn geloof. Hij is een van de weinige Europese politici die voortdurend bezig is met het trieste lot van de christenen in het Midden-Oosten. Vanuit zijn geloof is hij een man met een visie en hij communiceert het met overtuiging naar het publiek. De hedendaagse mens wil in de eerste plaats een visionair als leider. Iemand die vanuit een rotsvast geloof een toekomstbeeld schetst dat hoop biedt.

Geert Wilders

Welke conclusies kunnen we hieruit trekken? Ten eerste dat Geert Wilders nooit minister-president zal worden. Wilders is een moedig man die terecht wijst op de Apocalyps die ons te wachten staat als de islam zich meer en meer nestelt in Europa, maar hij is geen visionair en echt charisma mist hij. Om aan de angsten van de mensen tegemoet te komen, gaat het niet zozeer om 'minder, minder, minder', maar om waar het 'meer' voor moet staan. Ik kom daar zo meteen op terug.

Een overtuigd christen

Een tweede conclusie is dat partijen die een overtuigd christen als lijsttrekker hebben, het meest kans maken een overweldigende meerderheid te behalen. De argumentatie hiervoor is vrij simpel en volgens mij voor de hand liggend. De angst die nu echt leeft onder het volk is, laat ons er geen doekjes om winden, de islam. De onzekerheid van de mensen gaat vooral over solidariteit tussen rijk en arm, in de ziekenzorg en de ouderenzorg. Een overtuigd christen zal met hand en tand het respect voor de medemens verdedigen, ook diegene van een ander geloof, ook degene die spot met zijn religie, ook diegene die zijn geloof afvallig is geworden. Een overtuigd christen zal, desnoods uit zijn eigen zak, er zorg voor dragen dat alle mensen menswaardig kunnen leven, met zelfrespect. Zo nodig zal hij zijn vrije tijd opofferen om de tekorten in de zorg te lenigen. Geen vakbond en geen ministerie van economische zaken zullen zoiets regelen.
Het charisma en de visie van de toekomstige leider van een prachtig land als Nederland, met een rijke christelijke geschiedenis, zal de mensen weer hoop geven om dit fundament te herstellen en te bewaken.

145. *Nergens meer gezonde lucht*

Een klein nieuwsbericht: Op de Zuidpool werd voor het eerst de drempel van 400 deeltjes kooldioxide per miljoen gemeten. Dit was de laatste plek op aarde waar dat niveau nog niet was bereikt. Uit onderzoek in de diepe ijslaag blijkt dat het vier miljoen jaar geleden was dat er zoveel kooldioxide in de lucht zat. Sinds de industriële revolutie steeg elk jaar het kooldioxide-niveau in onze atmosfeer, vooral in het noordelijke halfrond. Nu is ook de lucht in het gehele zuidelijk halfrond verontreinigd.

Tot voor kort was het vier miljoen jaren geleden dat de atmosfeer van de aarde zo vervuild was met kooldioxide als nu. Het laatste plekje op aarde dat dit niveau bereikte, bevond zich op de Zuidpool. De gehele aarde is nu bedekt met teveel van die giftige stof.

Het tragische is dat het niet doordringt tot het bewustzijn van de mensen. Het is net als in de tijd toen de mensen geloofden dat de aarde plat is en de zon om de aarde draait. Toen was het ook aan niemand duidelijk te maken wat de waarheid was. Bij zo'n bericht op internet zijn er telkens talloze reacties van mensen die het allemaal onzin vinden of ongegronde bangmakerij. Zelfs onder gerenommeerde wetenschappers zijn er voor- en tegenstanders.

Waarom deze verdringing? Kunnen de mensen het niet aan zich ervan bewust te worden wat we onze kinderen, kleinkinderen en achterkleinkinderen aandoen? Ook op dit moment vind ik het vreselijk geen frisse, gezonde lucht meer te kunnen inademen zoals in mijn kindertijd. Naar de zee gaan of in de bossen gaan wandelen is geen oplossing meer. Het gif zit overal. Als ik tijdens de zomervakantie fiets tussen Noordwijkerhout en Zandvoort doorheen het duinengebied, dan ruik ik af en toe de kerosine die komt overgewaaid van Schiphol. Dat vind ik dramatisch.

Een tweede oorzaak van die verdringing is dat we de gevolgtrekkingen voor ons gedrag niet willen zien. We zouden namelijk onmiddellijk moeten stoppen met reizen per vliegtuig en met autorijden. We zouden zo min mogelijk producten moeten kopen die van ver moeten worden aangesleept of waarvoor de productie een te grote aanslag pleegt op de atmosfeer. We zouden moeten sober leven en ons richten op het gewone leven in de plaats waar we wonen. Zelfs internationale sportwedstrijden zouden moeten afgeschaft en vervangen door lokale competities. Ik verwacht helemaal niets van internationale verdragen en conferenties om de destructie van ons ecosysteem tegen te gaan. Ook hier is een bottom up-beleid noodzakelijk, dit wil zeggen dat de burgers zelf en massaal het initiatief moeten nemen. Dat kan alleen door soberder te gaan leven. Veel soberder.

We kunnen dit laatste vergelijken met wat in de tweede helft van de 19de en het begin van de 20ste eeuw is veranderd. Met de komst van de industrialisatie werden de arbeiders op ongelooflijke manier uitgebuit en hun leef- en werkomstandigheden waren schandalig. Het zijn niet de regeringsleiders, internationale organisaties of diplomaten die dit hebben veranderd. Het kwam van de mensen zelf, die zich verenigden en massaal vochten voor hun rechten. Dit is wat ik bedoel met bottom up-beleid. Als de rechten eenmaal zijn veroverd, komen dan nieuwe machthebbers die de eer opstrijken of ze schrijven een encycliek. Nu moet tegen de huidige machthebbers en tegen de farce van de Verenigde Naties een nieuwe massabeweging op gang komen. Dit moet nu gebeuren wat betreft de redding van ons milieu.

Er wordt in deze tijd zoveel verdrongen, dat alleen een donderslag bij heldere hemel de mensen kan wakker schudden. Dan is het te laat en moeten we samen met Martin Heidegger zeggen 'dat alleen God ons kan redden'.

146. *Imperialisme versus spirituele uitstraling*

De geschiedenis van de Europese beschaving zou kort samengevat kunnen worden in twee bewegingen. De eerste beweging is de verovering van de wereld. Het Brits imperium en het kolonialisme zijn hier voorbeelden van. In de huidige tijd geldt dat overigens voor de multinationals.

De tweede beweging is van morele orde. Europa staat voor ethische waarden die van de gehele wereld een plek kunnen maken waar mensen menswaardig kunnen leven. Het kolonialisme bijvoorbeeld had ook een andere, nu vaak verdrongen, keerzijde. Veel Europeanen zijn naar de koloniën vertrokken met de beste bedoelingen. Zij hebben gewerkt in de ziekenzorg, in het onderwijs, ze zorgden voor een begin van welvaart voor de bevolking of ze waakten over het recht en de veiligheid van de burgers. In deze tijd wordt dit, met veel minder succes, overgenomen door de ONG's en op een rampzalige wijze door de zogenaamde vredeskorpsen van de Verenigde Naties.

147. *Europa is machteloos geworden*

(nrs 146 tot 154 zijn beschouwingen bij mijn studie van Manent, P. (2015). La nation de la France. Paris: Desclée De Brouwer).

Het land waarin we wonen en de Europese Unie gaan heel langzaam vooruit. Ingrijpende veranderingen zijn moeilijk te realiseren. De besluitvorming over nieuwe wetten bijvoorbeeld, verloopt tergend langzaam. De burgers zelf daarentegen zijn altijd in de weer. Ze denken na. Nemen snel beslissingen. Al die individuele acties kunnen slechts zelden de natie veranderen, laat staan de Europese Unie. De individuen kunnen de loop van de ontwikkeling van een natie moeilijk beïnvloeden. Een land of een unie 'leert' niet van de ervaringen.

Alleen een oorlog, een revolutie of een externe gebeurtenis kan de burgers dwingen om zelf de teugels in handen te nemen. De massa wordt dan gegrepen voor de gemeenschappelijk zaak die bedreigd wordt. Dit zijn beslissende uren of weken die het leven van de burgers nog lang zullen achtervolgen en voor veel generaties de vorm van de samenleving zullen bepalen.

Volgens Pierre Manent, politicoloog en directeur van de 'École des Hautes Études en Sciences Sociales' in Parijs, is Mei '68 hier een voorbeeld van. Dit was een verzet tegen het wettig gezag. in feite een verzet tegen elke autoriteit, want het was 'verboden te verbieden'. In plaats van de burger die trouw is aan de gemeenschappelijke zaak, kwam het individu dat zo ongebonden mogelijk wil genieten. Elke verplichting word nutteloos en willekeurig gevonden, zelfs als een kwelling. Dit principe geldt zowel voor de verplichtingen in het openbaar leven als privé.

De staat wordt een verzorgingsstaat in dienst van de behoeften en verlangens van het individu. De regering moet steeds nieuwe rechten en vrijheden leveren. De politici zijn onmachtig om doelen te stellen voor de gemeenschap. Hierdoor is de afstand tussen de politieke klasse en de burgers steeds meer toegenomen.

Mei'68 heeft ertoe geleid dat onbeperkte vrijheid door de individuen wordt opgeëist. Het gevolg hiervan was dat elk bevel in het belang van de gemeenschap haar zin verliest. De politiek wordt hierdoor gekenmerkt door verlamming. Geen enkele partij, geen enkele institutie, noch nationaal, noch Europees heeft de macht of het krediet om de burgers te motiveren en zich aan hen te binden. Europa is machteloos geworden. We zijn rijk aan materiële en intellectuele bronnen, maar politiek zijn we machteloos.

148. *De onoverkomelijke tegenstelling tussen het Westen en de islam*

Onze vijanden weten dat Europa politiek machteloos is. Onze politici kunnen de mensen niet meer verzamelen en de krachten verenigen om ze te richten naar een doel. Tegenover de oorlog die de islam tegen ons voert, blijft de politiek immobiel. Er wordt gereageerd met holle frasen. Na elke terroristische aanslag worden dezelfde vage algemeenheden en zinloze voornemens gepropageerd. De politici zijn niet in staat het feitelijke probleem te analyseren. Dat komt onder andere omdat we in Europa niet meer gewend zijn de religie als een machtsfactor te zien. Met de scheiding van Kerk en Staat heeft de staat alle macht naar zich toegetrokken. Religie wordt gezien als iets individueel, iets privé. Bij moslims is dit totaal anders: de islam heeft een enorme sociale en politieke invloed.

Nu zijn de meeste politici zo naïef te denken dat ook de moslims volwassen zullen worden. Ook bij hen zal de rede zegevieren op bijgeloof. Dit geloof in de vooruitgang is een gevaarlijke illusie. Wat wij in het Westen met de beste bedoelingen vooruitgang noemen, zoals democratie en scheiding van Kerk en Staat, is in andere culturen ongewenst. In een nabij verleden dacht men nog dat na de onafhankelijkheid het socialisme de toekomst was voor de islamitische landen en dat was verenigbaar met de Europese politiek. Na de mislukking van het socialisme en van de Arabische lente is in de islamitische landen de verleiding nog sterker geworden om de goddelijke wet als grondslag te houden.

Er is een onoverkomelijke tegenstelling ontstaan. Europeanen willen geen andere wet dan een wet die de individuele vrijheid maximaliseert. Moslims zien de goddelijke wet en de daaruit afgeleide morele regels als hèt antwoord op de instabiliteit in hun landen. Alleen die wet kan orde en vrede brengen.

Het nadeel van de Europese mentaliteit is dat er een groot gebrek aan cohesie is ontstaan. Dat is de oorzaak van de politieke zwakte van Europa. Het nadeel van de islamitische mentaliteit is een te sterke neiging om de goddelijke wet absolute macht te geven. Dit gebrek aan vrijheid leidt tot veel frustraties. Deze twee werelden raken steeds verder van elkaar verwijderd, zowel wat betreft de politiek als wat betreft de manier waarop de samenleving is georganiseerd. In het Westen vormen de rechten van het individu de basis. In de islamitische landen is dit de goddelijke wet.

149. *Scheiding van Kerk en Staat: nooit voor moslims*

Hoe kan de seculiere staat, met de scheiding van Kerk en Staat, samengaan met de islam? In hoeverre zijn de zeden en de gewoonten van de moslims verenigbaar met ons politiek regime en met onze manier van leven? Het principe van de seculiere staat is dat ieder burger zelf zijn manier van leven kan kiezen, op voorwaarde dat dit de vrijheid en de rechten van anderen niet in de weg staat.

Het samengaan wordt belemmerd doordat de islam een manier van leven is volgens verplichte regels. Dit staat haaks op de vrijheid die in een seculiere staat geldt. Een moslim is niet vrij om zijn geloof afvallig te zijn of om als homo door het leven te gaan. Een moslima wordt erg beperkt in haar vrijheden. De seculiere staat weet hier geen antwoord op. Dit zien we bijvoorbeeld in de krampachtigheid waarmee van overheidswege wordt omgegaan met de hoofddoek en het onverdoofd slachten.

Een andere belemmering vloeit voort uit het feit dat de staat weliswaar religieus neutraal kan zijn, maar de samenleving niet. In onze samenleving zijn er altijd christenen en joden geweest. Oorspronkelijk was de scheiding van Kerk en Staat bedoeld om de politieke macht aan de Kerk te onttrekken. Het ging niet om het neutraal maken van de samenleving! In de Europese landen was en is de samenleving doordrongen van het christendom. Bij die oorsprong was er weliswaar een felle strijd tussen de liberalen en de klerikalen, maar ze voelden zich één binnen één natie. De staat was neutraal. De samenleving was toen door en door christelijk. Staat en Kerk waren gescheiden, maar ze vormden samen een krachtige synthese. Ook nu nog noemen de meeste Europeanen zich katholiek of protestant.

Die synthese van een seculiere staat en een christelijke samenleving betekent dat de veronderstelling dat de islam zich ook zal plooien naar de seculiere staat en de scheiding van Kerk en Staat zal aanvaarden, een zinloze gedachte is. De samenleving deelt de waarden van de islam niet. Er is een totaal andere situatie ontstaan, waarmee niemand ervaring heeft.

Het christendom is een wezenlijk deel van de Europese geschiedenis en beschaving. De islam niet. De islam staat buiten de nationale geschiedenis van de Europese landen. Bij de scheiding van Kerk en Staat moesten de christenen niet worden geïntegreerd. Ze waren onderdeel en de meerderheid van de samenleving. Een seculiere staat is voor de moslims een brug te ver. Integratie betekent namelijk dat ze de autoriteit van de staat en de wetgeving erkennen, maar dat is fundamenteel in strijd met de islam.

Het christendom heeft bijna tweeduizend jaar nodig gehad om de scheiding van Kerk en Staat te kunnen aanvaarden. Nochtans was die scheiding al in het evangelie voorgeprogrammeerd, omdat daarin een onderscheid werd gemaakt tussen de keizer en God. Van de islam verwachten we nu dat binnen enkele jaren de scheiding van Kerk en Staat gemeengoed wordt. Dit is een onmogelijk opgave omdat in de islam die scheiding niet voorgeprogrammeerd is, maar absoluut onvoorstelbaar. We moeten daarom niet hopen op een 'hervorming' van de islam.

Het niet kunnen aanvaarden van de scheiding van Kerk en Staat maakt integratie onmogelijk. Ook belemmert dit de moslims de toegang tot de moderne vrijheid. Verwachten dat ze dit spoedig zullen verlaten, is de duizendjarige geschiedenis van het Westen ontkennen.

Bij de scheiding van Kerk en Staat moeten de gelovigen volwaardige burgers van de staat kunnen blijven. Er is een soort wederkerigheid tussen staat en kerk en dat is typisch Europees. Het eigene van Europa is niet zozeer de scheiding van Kerk en Staat, maar de wijze waarop beiden worden gecombineerd.

150. *Is islamisering van onze samenleving onvermijdelijk?*

Van de staat mag worden verwacht dat zij haar burgers verenigt en beschermt. Daartoe beschikt de staat over macht en zijn er grenzen. De macht van de staat wordt uitgehold. Binnen de Europese Unie zijn de grenzen vervaagd. Er gaat geen gezag uit van deze Unie. Ook in de landen zelf wordt het politiek beleid verlamd door de tegenstellingen tussen de partijen. Er is ook geen moreel gezag meer. Europa ontwapent zich op demografisch, militair, politiek en spiritueel gebied. Hierbij speelde een soort vals schuldgevoel over het verleden, de holocaust en het kolonialisme een rol.

Tegenover dit zwakke Europa staat de islamitische beweging die steeds machtiger wordt, zich steeds verder uitbreidt en hele massa's in beweging brengt. De islam legt druk op Europa en gaat steeds verder vooruit, niet alleen door de massa-immigratie, maar ook door de financiering vanuit de Golfstaten die over ontzaglijke kapitalen beschikken. Sommige islamitische groepen willen via terreur de sharia invoeren. De islam stelt zich vijandig op tegenover het Westen.

Hoe is die vijandigheid tegen het Westen kunnen ontstaan? De meeste moslims hebben niets met terrorisme te maken, maar het terrorisme komt bijna uitsluitend voor bij moslims. Veel terroristen zijn immigranten van de tweede of derde generatie. Door de terroristische dreiging moeten scholen, kerken en synagogen door militairen worden bewaakt. Terrorisme maakt samenleven met moslims heel moeilijk en de bevolking wordt dit beu. Terrorisme is geen individuele actie, maar een collectieve strijd van de islam tegen het Westen.

Dit alles betekent dat wij in Europa een coherente en stabiele strijd moeten voeren, die volgens Manent defensief moet zijn. Het is lang geleden dat in Europa het gevaar van binnen in kwam. Dit is een strijd die we niet hebben gewild. We moeten ons verdedigen om ons welzijn en onze morele en spiritele waarden te kunnen behouden. Het is een illusie te denken dat de seculiere staat die strijd kan winnen of de moslims kan veranderen. Via goede wil en onderwijs zal het niet lukken. Europa is niet bij machtig de zeden van de moslims te veranderen, misschien wel enkele individuen, maar niet het collectief. Volgens Manent moeten we erkennen dat de islamitische zeden, normen en waarden een steeds vaster deel zullen uitmaken van onze samenleving en dat we niet de macht hebben om dit te veranderen of te voorkomen. Er zijn namelijk al te veel moslims. De islam oefent op hen een sterk gezag uit en de staat heeft bij hen te weinig gezag.

De vraag is of we dit willen. Het komt neer op een islamisering van onze samenleving. Eerst gedeeltelijk, maar wie zegt dat uiteindelijk de islam niet als de overwinnaar te voorschijn zal komen? Manent gebruikt een flauw argument om de islamisering toe te laten: toen de islamitische immigranten kwamen hebben onze politici hen geen eisen gesteld. De moslims denken daarom dat zij de vrijheid hebben om te blijven wie ze zijn. Dat heeft de Staat zo gewild en dat zijn de door ons gekozen volksvertegenwoordigers. Deze argumentatie gaat voorbij aan de stilzwijgende verwachting dat immigranten zich aanpassen aan de zeden van het gastland.

Manent meent dat we die verandering moeten aanvaarden omdat 'we nog voldoende morele en spirituele krachten hebben om ons te verdedigen'. Hier spreekt hij zichzelf tegen, want elders in zijn boek bewijst hij hoezeer wij moreel en spiritueel verzwakt zijn.

151. *De opmars van de islam*

De scheiding van Kerk en Staat verhindert een adequaat optreden tegen een meer en meer overheersende islam. De staat wil zich namelijk niet bemoeien met religie en er is godsvrijheid voor iedereen. Als er beperkingen worden opgelegd, zoals het verbod op polygamie en volledige gezichtsbedekking, dan zijn die te gering om de opmars van de islam te voorkomen.

Het aanvaarden van de zeden van de moslims heeft gevolgen voor de werking van onze instituties en voor de gezamenlijke activiteiten. Dat zien we nu al in scholen waar maaltijden halal moeten zijn en in de ziekenhuizen waar geen mannelijke artsen islamitische vrouwen onderzoeken. Volgens Manent zijn er twee zaken waar we absoluut aan moeten vasthouden: de volledige vrijheid van meningsuiting, want dat is de kern van de Europese moderne geschiedenis en ten tweede, onze manier van leven die hoort bij een democratie. Persoonlijk vind ik die volledige vrijheid van meningsuiting een vrome wens, want wie is zo dapper en roekeloos om dingen te zeggen die extreme reacties van moslims uitlokken? Ik zie cabaretiers niet in staat om grappen te maken over de islam. Zonder het goed te beseffen leven we al in een totalitaire staat.

Een kinderbescherming voor volwassen moslims

Zien we bij deze twee laatste beperkingen niet al scheurtjes in de muren? Er is al sprake van een zekere zelfcensuur om de moslims niet te kwetsen. Kritiek op de islam wordt te makkelijk islamofobie benoemd. We beseffen onvoldoende dat de moslims die een hervorming nastreven hierdoor worden belemmerd. Bovendien getuigt het verbieden van kritiek van een neerbuigende houding ten aanzien van de moslims: zij kunnen zich namelijk niet beheersen.

Het lijkt alsof een soort kinderbescherming voor volwassen moslims nodig is. Actiegroepen tegen fascisme en racisme nemen de moslims in bescherming. Hiermee bewijzen ze dat de moslims niet als volwassenen beschouwd mogen worden.

152. *Geen respect voor religie*

Om de lieve vrede te bewaren wordt vaak het argument gebruikt dat we elke religie moeten respecteren. Vrijheid van godsdienst is in een democratie een groot goed en een voorwaarde voor harmonieus samenleven van atheïsten, agnostici, christenen, hindoes en moslims. Respect voor religie is echter een dubbelzinnig argument. Een geloof is niet als dusdanig respectvol. Rationeel gezien kan men een geloof als absurd beschouwen. De rede maakt de mens verschillend van dieren. De rede vervangen door iets wat rationeel niet te verklaren of te bewijzen is, is daarom mensonwaardig. Christenen hebben in hun cultuur een goed compromis gevonden tussen rede en geloof. De rede vrijwaart hun geloof van bijgeloof en magie. Hun geloof biedt in hun ogen de wijsheid om de kennis goed te gebruiken. Moslims daarentegen zijn de minst vrije mensen op aarde. De groepsdruk is enorm en hun geloof oefent een ware tirannie uit op hun gedachten. Die druk doodt elke creativiteit, waardoor de bijdrage aan wetenschap en cultuur vanuit de islamitische wereld verwaarloosbaar is.

In plaats van respect voor religie is het om bovenstaande redenen beter respect voor te schrijven voor diegene die gelooft. Hier maken we een onderscheid tussen de persoon en zijn opinies. De persoon moeten we altijd respecteren. Zijn opinies kunnen we belachelijk en absurd vinden. Zo'n onderscheid maken is niet makkelijk. In Europa zijn we daar aardig in geslaagd. In andere culturen heeft de rede nog geen licht gebracht in de duisternis.

Het ergste wat ons kan overkomen is dat hele groepen mensen worden veroordeeld omwille van hun geloof of dat die groepen een soort van privilegie van immuniteit krijgen tegen kritiek. Daarom is absolute vrijheid van meningsuiting fundamenteel om ons beschavingspeil te behouden. De vrijheid van kritiek geven op eender welk geloof moet absoluut blijven. In het onderwijs zou dit zelfs aangemoedigd moeten worden.

In onze vrijheid van meningsuiting mogen we niet lui zijn in ons kritisch oordeel. In plaats van op een religie met haar rare gebruiken en kromme redeneringen te reageren met spot en verwijten, is het beter te reageren met goede, rationele argumenten. Spot en verwijten zijn geen argumenten. Vrijheid van meningsuiting moet een goed beargumenteerde mening zijn. In het andere geval is het primitief populisme, met als gevaar dat mensen tegen elkaar worden opgezet.

153. *De moslims leven onder dwang van het geloof, wij onder dwang van de economie*

Als we ons in Europa opnieuw zouden laten leiden door het geloof, dan laten we ons leiden door het Goede. Dan zou de naastenliefde prioriteit hebben op het eigenbelang. De secularisatie heeft echter geleid tot een spirituele leegte, die door de economische belangen werd opgevuld. We geloven dat de universele rechten van de mens de nieuwe ethiek is, maar niemand weet waar die rechten vandaan komen. Universeel betekent dat niets meer eigen is. Onze Europese of nationale identiteit is leeggemaakt. Hierdoor hebben we een enorm gebrek aan zelfvertrouwen en zijn we de hoop aan het verliezen.

Van deze leegte profiteert de islam. De islam wordt niet als een probleem gezien door de politici. Ze vinden de massa-immigratie van moslims integendeel een goede zaak voor de economie. Wat niet wordt gezien is dat een steeds grotere massa zich identificeert met de islam. Wat ook wordt verdrongen is dat de islam de mensenrechten niet respecteert. Er mag omwille van de economische belangen geen enkele belemmering opgeworpen worden voor de islam. Nochtans de islam zich doorheen de geschiedenis vijandig opgesteld tegenover het christendom. Ook zijn de islamitische normen ver verwijderd en vaak tegengesteld aan de Europese normen. De politici hopen dat de moslims ook de secularisatie zullen omarmen. Ze zien niet dat de islam zich wil bevestigen. Dit is een ontkenning van de sociale en politieke realiteit van de islam.

De enige manier om ons te verdedigen tegen deze macht die onze gehele beschaving dreigt te ondergraven, is een herbevestiging van ons joods-christelijke fundament. We moeten opnieuw geloven in het Goede, in het appel dat gericht is op elk individu om het belang van de Ander prioriteit te geven op ons eigenbelang. Dit fundament van naastenliefde druist in tegen zowel de islam als tegen de economische belangen. Ook de economie dwingt ons en maakt ons even onvrij als de islam de vrijheid van de moslims verhindert. Wij worden vrij als we gehoor geven aan het appel om goede mensen te zijn.

154. Islamofobie

Islamofobie is een begrip dat makkelijk misbruikt wordt. De bedoelingen zijn meestal goed omdat men discriminatie wil bestrijden. Het middel, in dit geval het snoeren van elke vorm van kritiek op moslims of op de islam, is erger dan de kwaal. Kritiek en vooral dan het aanvaarden van kritiek en er constructief mee omgaan is een van de belangrijkste voorwaarden voor vooruitgang en ontwikkeling. Sterker nog: in de mate dat kritiek op moslims verhinderd wordt, zal de integratie nog langer uitblijven en neemt de discriminatie toe.

Volgens het politiek correcte denken is het enige wat mag gezegd worden datgene waarover de moslims zelf klagen. Dit zet hen aan om nog meer te klagen. Op die manier krijgt deze groep een aparte status. Dit laatste is onterecht, want zijn we trouwens niet allemaal het slachtoffer van discriminatie of van een gebrek aan respect? Hoe zouden de oorspronkelijke bewoners van de volkswijken in de grote steden denken over de moslims die hun territorium hebben ingenomen?

Het gaat om integratie en emancipatie van de moslims in de westerse samenleving. Als we deze emancipatiebeweging vergelijken met de emancipatie van het proletariaat, dan zien we een belangrijk verschil. Het socialisme was gericht op een positieve verandering van het systeem en van het sociaal leven. Bij de moslims is de emancipatie te exclusief gericht op het opheffen van ongelijkheid, zonder duidelijk te maken in welke zin het sociaal systeem moet veranderen. Welke gelijkheid wil men eigenlijk?

In plaats van echt te emanciperen, worden de moslims in een passieve rol geduwd. Een actieve rol zou betekenen dat ze deelnemen aan de Europese samenleving. Als die deelname niet tot stand komt, blijven de moslims steken in hun tradities en worden ze als groep apart gehouden. Een groep met eigen normen en waarden. Deze apartheid heeft tot gevolg dat de moslims steeds meer eisen gaan stellen, zodat de islamisering van de westerse samenleving onverminderd voortschrijdt. Onze nationale instituties staat machteloos, omdat de EU deze instituties heeft verzwakt. Tot welke conflicten deze islamisering zal leiden, weet niemand.

Er wordt veel gediscussieerd over de hoofddoek en over boerkini's. Deze discussies houden ons verwijderd van het echte probleem: hoe worden moslims volwaardig lid van de samenleving? Dit laatste wil zeggen dat ze bijdragen aan onze vrijheid, ons welzijn en onze welvaart; dat ze bijdragen aan de idealen van vrijheid, broederlijkheid en gelijkheid. Het is duidelijk dat de moslims hun normen en waarden zullen moeten wijzigen, wil er ooit sprake zijn van emancipatie. Zonder hervorming van de islam ziet de toekomst er somber uit. Maar is hervorming mogelijk?

Die hervorming zou misschien mogelijk zijn indien twee maatregelen worden genomen. Ten eerste moet de financiering door vreemde landen (Qatar, Saoudi Arabië) verboden worden. Deze landen hebben een radicaal andere opvatting over goed en kwaad dan wij in het Westen. Ten tweede moeten buitenlandse imams geen toegang krijgen tot Europa en diegenen die er al zijn moeten uitgezet worden. Deze twee verboden zijn noodzakelijk om de onafhankelijkheid van de Europese landen te beschermen. Nu is het vaak zo, dat door die buitenlandse inmenging een aantal moslims met de nationaliteit van een Europees land, zich opstellen als de vijanden van dat land.

Worden die verboden niet uitgevaardigd, dan is dit een teken van politieke en spirituele onderwerping van het Westen aan de islam. Daarop zal moeilijk terug te komen zijn. De Europese moslims zelf moeten achter deze verboden staan, want dan getuigen zij van burgerzin en worden ze echter burgers van het land dat hen gastvrijheid heeft geboden.

Hebben we nog een regering die deze elementaire voorwaarden voor integratie durft te stellen? Zodat de moslims kleur moeten bekennen over al of niet volwaardig burger te willen zijn van het land. Die voorwaarden zijn noodzakelijk om een burgeroorlog te voorkomen. Mislukt het, dan heeft de regering haar gezag verloren en blijven de moslims steken in hun immobiliteit.

155. De staat is seculier, de samenleving niet

(Deze tekst werd verstuurd naar het hoofdbestuur van de ChristenUnie, in de hoop dat zij er iets mee doen. Ze hebben positief erop gereageerd)

Wat zou er van Europa terecht gekomen zijn zonder christendom? Volgens Pierre Manent heeft het christendom Europa de spiritualiteit geboden die een ongeëvenaard beschavingspeil mogelijk maakte. De scheiding van Kerk en Staat heeft dit fundament ondergraven. Nu zitten we met een continent dat een enorme economische en intellectuele rijkdom heeft, maar geen politieke macht.

Scheiding van Kerk en Staat

De scheiding van Kerk en Staat is een groot goed, tenzij het betekent dat de samenleving geen spirituele basis heeft. Volgens Manent moeten we daarom een onderscheid maken tussen de staat en de samenleving. De scheiding van Kerk en Staat betekende niet dat er plotseling geen christenen meer zijn. De Europese geschiedenis is in belangrijke mate een geschiedenis van het christendom geweest. De waarden waar Europa voor staat zijn al tweeduizend jaar christelijke waarden. De identiteit van Europa is christelijk. De scheiding van Kerk en Staat betekent alleen dat de kerk geen politieke macht meer heeft. Dit laatste was al voorgeprogrammeerd in het evangelie waar een onderscheid wordt gemaakt tussen wat de keizer en wat God toekomt. De machtspositie die Rome heeft gehad, was in wezen een afwijking van het christendom.

Ontkerkelijking en politieke zwakte

Sinds een halve eeuw is de kerk ernstig verzwakt. We kunnen ons afvragen of er een verband is tussen de verzwakking van de kerk en de politieke zwakte van Europa. De christelijke spiritualiteit inspireerde de mensen en gaf hen daadkracht om hun ethische verantwoordelijkheid op te nemen.

Helaas wordt door de politiek onvoldoende nagedacht over spirituele doelen en over de ethiek, behalve bij partijen zoals de ChristenUnie die in hun programma expliciet verwijzen naar het Evangelie. Het gevolg van dit gebrek aan spiritualiteit in de politiek is dat het Europees beleid vrijwel puur materialistisch en economisch is. Binnen dit Europa nestelt zich de islam, een religie met een dwingende en sterke spiritualiteit, die geboden oplegt, een eigen wetgeving heeft en zich niets aantrekt van grenzen.

De ontworteling van Europa

Hoe is het in Europa zover kunnen komen dat we onze spirituele waarden op zo'n grote schaal hebben verloochend? Hierdoor zijn we ontworteld geraakt en dit in naam van de globalisering en het vrije verkeer. We zitten daarom in een verzwakte positie, want er is geen spirituele integriteit meer. We hebben geen geloof meer in de eigen kracht. Europa staat zwak tegenover grootmachten als de Verenigde Staten en China. Van binnenin wordt onze integriteit bedreigd door een militante islam.

Die verloochening is vooral een gevolg van de verschrikkingen die in de 20ste eeuw op Europese bodem plaatsvonden. Het christendom heeft dit niet kunnen verhinderen, waardoor haar invloed werd ondergraven. Het christendom had altijd een bemiddelende rol gespeeld, waardoor we onze macht en onze vrijheid in dienst stelden van hogere waarden. Uiteraard is dit in de loop van de geschiedenis met vallen en opstaan verlopen, maar in de 20ste eeuw leek de rol van de kerk uitgespeeld.

Er is geen vervanging voor de christelijke kerk. De EU heeft hier niets te bieden. Alleen de economie telt, maar zonder spiritualiteit is er geen beschaving. Er is veel rijkdom, maar de geest ontbreekt om de mensen te verenigen. Politiek en moreel is de EU een leegte. De rechten van de mens bieden hier geen soelaas, omdat het te zeer gaat over individuele rechten en niet over de ethische verantwoordelijkheid van het individu.

Stemadvies: ChristenUnie!

Willen we onze toekomst veilig stellen en opnieuw een voorbeeld zijn voor de gehele wereld, dan moeten we de christelijke ethiek weer als bron van onze spiritualiteit aanvaarden. Dit fundament van Europa moet ook de politiek schragen. Er is maar één conclusie mogelijk: ook atheïsten, agnostici en andersgelovigen moeten bij de komende verkiezingen massaal een stem uitbrengen op de ChristenUnie. Dat is de beste strategie om Europa sterk te maken, ook tegen een militante islam.

156. *Secularisatie is best makkelijk*

(paragrafen 155 tot en met 160 zijn beschouwingen bij mijn studie van 'The evolution of the West: How christianity had shaped our values' van Nick Spencer)
(deze paragraaf werd gepubliceerd op ThePostOnline 13 november 2016)

Wat blijft er nog over van christelijke normen en waarden in een seculiere staat? Moeten we de secularisatie louter zien als een overwinning op het christendom?

Het zou zo maar kunnen zijn dat de secularisatie een vrijwel onoverbrugbare hindernis heeft opgeworpen voor de revolutionaire doctrine die het christendom al 2000 jaar probeert in praktijk te brengen. Volgens Nick Spencer, in zijn boek 'The evolution of the West: How christianity has shaped our values'[7], is de radicale omwenteling die het christendom in de antieke wereld heeft gebracht, de verbondenheid van mensen uit vrije wil en uit naastenliefde. Dit staat in tegenstelling tot een samenleving gebaseerd op bloedverwantschap of gedeelde materiële doelen.

Basilius van Caesarea

Het revolutionaire van het christendom wordt het best verduidelijkt met enkele citaten van Basilius van Caesarea, een kerkvader uit de 4de eeuw: „ Diegene die zijn naasten liefheeft, bezit niets meer dan zijn naasten' en „Het brood dat je bewaart, hoort aan de hongerigen; het kleed dat in jouw kleerkast hangt, hoort aan de naakte; de schoenen die liggen te rotten, horen aan diegene die er geen heeft; het goud dat je in de grond hebt begraven, hoort aan de behoeftige. Telkens je in staat was anderen te helpen en je hebt het niet gedaan, heb je kwaad aan hen berokkend'.

100 procent belasting

Voor wie het nog niet begrijpt: kapitalisme heeft geen plaats in het christendom. Niemand hoeft meer te verdienen dan een ander. Boven een bepaald inkomen moet 100 procent belasting worden gegeven. Dat zijn de conclusies uit wat Basilius zegt over de christelijke naastenliefde.

Als we deze conclusies aannemen, dan zou het best kunnen zijn dat de secularisatie niets anders is dan een geniepige en laffe poging om zijn rijkdom niet te moeten delen. De linkse Kerk die het christendom belachelijk heeft gemaakt, is de nuttige idioot die het kapitalisme onbelemmerd haar gang laat gaan. Dit kunnen we vergelijken met mei '68: het adagium „Verboden te verbieden' maakte de weg vrij voor een volstrekt geliberaliseerde markt. Het kapitalisme is de linkse rakkers van mei '68 eeuwig dankbaar.

Een andere oorzaak van de secularisatie zou kunnen zijn dat de Kerk zelf haar eigen normen en waarden heeft verloochend, vooral in de tijd dat zij politieke macht had. Zodra de Kerk de religie werd van het establishment, ging het mis. Die Kerk vertegenwoordigde niet het ware christendom. Met de secularisatie werd het kind met het badwater weggegooid.

Intellectuele striptease

Volgens Spencer is de secularisatie van het Westen een vorm van intellectuele striptease. Het denken werd ontdaan van begrippen zoals onsterfelijkheid, de ziel, het bovennatuurlijke, het uniek menselijke. Alles wat voor de mens onbegrijpelijk is, werd afgewezen. Bleef over het onmiddellijke en het tastbare. Mensen zijn als de vissen in het water die het vuur niet kennen. Maar het vuur bestaat wel degelijk.

Het gevolg hiervan was dat de mens zichzelf ziet als de bron van de moraal. Relativering is dan aan de orde van de dag, wat makkelijk leidt tot onzekerheid en verwarring. Voor veel mensen is dit een reden om zich te wenden naar een alternatieve religie. Vandaar dat in Nederland bijvoorbeeld zoveel mensen zich aangetrokken voelen tot spirituele bewegingen variërend van Jomanda tot mindfullness.

De graaiers

Spencer wijdt een hoofdstuk aan het boek van Piketty over het kapitalisme. Een centraal thema is de grote en toenemende sociale ongelijkheid. In het verleden waren de protestantse kapitalisten ervan overtuigd dat de goddelijke Voorzienigheid hen welgevallig was. Die hadden er geen moeite mee dat het grootste deel van de bevolking in diepe armoede leefde. Die hadden te veel gezondigd.

Nu hebben we de graaiers die er hun eigen moraal op na houden. Een moraal van grijp de kans waar die ligt. De enige mogelijkheid om ongelijkheid te doen afnemen, ligt volgens Piketty in steeds hogere belastingschijven. Hier zijn we dus terug bij Basilius uit de vierde eeuw. Maar om die hoge belastingschijven voor de bevolking aanvaardbaar te maken, moet er een wij-gevoel zijn, een gemeenschappelijke identiteit en moeten de mensen gedeelde normen en waarden hebben. Dat is wat het christendom al 2000 jaar tevergeefs probeert te verwezenlijken. De secularisatie is er een belemmering voor.

157. *De civil society*

Met civil society wordt bedoeld een samenleving waar groepen, organisaties, stichtingen en instituties werkzaam zijn die staan tussen het individu en de staat, zonder dat de staat toelating moet geven om die groepen, organisaties, stichtingen en instituties op te richten.

De Kerk was vanaf het begin zo'n institutie. De Kerk stond tussen de burgers en de koning. Deze sterke institutie hielp de burgers hun vrijheid op te eisen en bood zelf tegenstand aan de absolute macht van de koning. De Kerk was en is nog steeds een onafhankelijke, zich zelf regerende institutie die de politieke machthebbers verplichtte een ruimte te respecteren die niet onder hun eigen macht valt. De koning was onderworpen aan de wet en het oordeel van God. In deze zin ligt het christendom aan de basis van de moderne civil society.

In deze tijd zijn de instituties die de civil society mogelijk maken, veel zwakker geworden. Hierbij valt uiteraard in de eerste plaats te denken aan de christelijke kerken, maar dit geldt ook voor politieke partijen, vakbonden en coöperaties. Door deze zwakte staan de burgers veel zwakker tegenover een andere absolute macht: die van de multinationals. In plaats van de Wet van God, geldt nu de wet van de markt.

De markt kan zeer efficiënt zijn, maar de burgers worden niet als gelijken behandeld. Diegene die heeft, zal nog meer krijgen en diegenen die niet heeft, zal het weinige dat hij nog heeft, worden afgepakt. De rijken worden steeds rijker en de verschillen tussen een zeer kleine groep, de fameuze één procent, en de rest worden steeds groter.

Een andere macht die ongehinderd door instituties maatregelen kan opleggen, is het Europese Hof voor de Mensenrechten. Dit Hof handelt over ook over zaken waar de nationale parlementen zouden over moeten beslissen. Hierdoor wordt de democratie ondermijnd.

158. *Is democratie beter?*

Stel dat de president van een land een rechtvaardig beleid voert, waarin de rechten van alle bevolkingsgroepen worden gewaarborgd, waar de burgers vrij zijn en waar respect voor de wet goed wordt bewaakt. Is onder deze omstandigheden democratie nog nodig? Bij democratie is er het gevaar dat het volk voor het verkeerde beleid kiest.

Het lijkt er bovendien op dat de burgers zelf niet echt meer geloven in de democratie. Er is een zeer lage opkomst bij verkiezingen. De meeste burgers staan cynisch tegenover de democratisch gekozen volksvertegenwoordigers en weinig mensen zijn partijlid.

In de 19de eeuw knielde men voor het altaar van het nationalisme. Dat verdween na het bloed en de vernietiging van twee wereldoorlogen. Nu knielen we voor het altaar van de democratie. Het democratisch deficit en het cynisme zullen leiden tot een oorlog van allen tegen allen, elk voor zich, de ene mens is een wolf voor de anderen. De toekomstige generaties zullen de tol betalen voor de hebzucht van tegenwoordig. Voor welk altaar moeten we nu knielen om tot bezinning te komen?

159. *Hoeveel is een mens waard?*

Hoeveel is een mens waard? Dit is een onbehoorlijke vraag. Maar waarom? Stel dat we daarop een antwoord proberen te geven. De criteria die we hierbij kunnen toepassen zijn objectief gezien economische, culturele en sociale waarden. Het antwoord hoeveel een mens waard is wordt dan bepaald door zijn rijkdom, door zijn werken, door zijn talenten, door haar of zijn seksuele aantrekkingskracht.

Deze criteria zijn subjectief. De waarde van de mens is in dit geval afhankelijk van het oordeel van andere mensen. Die waarde kan verminderen en er zijn mensen die op grond van de genoemde criteria, volstrekt waardeloos zijn. Dit heeft natuurlijk gevolgen voor onze manier van omgaan met elkaar. Als de partner aan 'waarde' verliest, dan laten we haar of hem zomaar vallen. Baby's die niet beantwoorden aan de criteria kunnen we, indien de foetus niet voortijdig werd kapot gesneden, doen inslapen. Oude mensen waarmee niet meer gecommuniceerd kan worden, zijn kandidaat voor euthanasie.

We zouden de wereld zeer efficiënt kunnen organiseren indien we de mensen onderverdelen in klassen volgens hun waarde. Grote besparingen zijn mogelijk als de nutteloze of waardeloze klasse geëlimineerd wordt.

Dit is niet de wereld die de Bijbel beschrijft. Volgens de bijbel is de mens geschapen naar het beeld en de gelijkenis van God. Hier is het niet de mens die waarde of waardigheid toekent aan een ander mens, maar God. Volgens de Bijbel bemint God de mens permanent en volledig. Deze visie op de menselijke waardigheid werd door het christendom overgenomen. Voor de antieke wereld was die visie onbegrijpelijk. Daar had een slaaf geen waardigheid. Een slaaf verloor zijn waarde als hij niet meer kon werken. In deze tijd is een pooier of een loverboy, voor zoverre 'hun' vrouwen er niet vrijwillig voor kiezen, hedendaagse slavenhandelaren die de mens als koopwaar verhandelen.

Volgens Spencer (o.c.) biedt het humanisme geen goed alternatief om de menselijke waarde en waardigheid veilig te stellen. Een niet-christelijk humanisme is kwetsbaar omdat er geen fundament is voor de onvoorwaardelijke betrokkenheid met de menselijke waardigheid. Dit fundament wordt niet gezocht bij God, maar waar dan wel? Gewoonweg geloven dat de mens waardigheid bezit, zoals Kant voorstelde, is onvoldoende. Maar dit is juist de grondslag voor de Universele Verklaring van de Rechten van de Mens. Anders gezegd: die Universele Verklaring berust op de mythe dat als zoveel mogelijk mensen die rechten aannemen, het een objectief feit wordt. We zien echter dat de zeer sterk tegengestelde ideologieën en totalitaire staten het 'eens' zijn over die universele rechten! De vraag is waarom. Waar halen die staten hun autoriteit?

Dit betekent uiteraard niet dat humanisten minder moreel zijn dan christenen of minder betrokken zijn met menselijke waardigheid. Het christelijk fundament is echter robuuster. Een atheïstische fundering is zwakker en wellicht uiteindelijk onhoudbaar. Het kenmerk dat het christendom van het humanisme onderscheid is dat volgens de eerste de liefde voor de Ander onvoorwaardelijk is. Er kan nooit een reden zijn om die liefde stop te zetten, ook al wordt die Ander mijn ergste vijand, ook al wordt die Ander oud en lelijk, ook al is die Ander voor mij 'niets meer waard'. Het is juist die onvoorwaardelijkheid die de mens doet lijken op de volmaaktheid van God.

Het gaat er niet om in God te geloven om een goede reden te hebben om de waarde van elke mens te respecteren. Ik verwijs hier graag naar Levinas die in de ontmoeting met een ander mens, wiens gelaat ik aankijk, een appel ziet van die Ander naar mij gericht. Een appel om mij verantwoordelijk tegenover hem te gedragen. Dat appel is een spoor van God die via de Ander mij aanspreekt om goed te zijn tegenover die Ander. Onvoorwaardelijk en permanent.

160. *Waarom hield in het Westen de wetenschap stand?*

In vrijwel alle beschavingen werden wetenschappelijke ontdekkingen gedaan. Dit gold voor de Grieken, de Romeinen, het islamitisch kalifaat en China. Deze beschavingen stagneerden echter. In Europa daarentegen ontwikkelde zich een wetenschappelijke cultuur, die tot op den dag van vandaag voortduurt. In deze paragraaf wordt gezocht naar de oorzaak hiervan.

Lange tijd werd gedacht dat de Kerk de wetenschappelijke ontwikkelingen heeft tegengehouden. Er was al vanaf de eerste eeuwen verzet tegen de wetenschap. De hoogmoed van de vergankelijke kennis zou de mens afleiden van de pogingen om het onverklaarbare te verklaren. De Kerk werd vanaf de Verlichting beschouwd als achterlijk, obscurantistisch en anti-wetenschappelijk. Volgens Spencer (o.c.) is de realiteit complexer. De Kerk wilde namelijk verhinderen dat er valse conclusies werden getrokken uit de wetenschap. Zij maakte een onderscheid tussen wijsheid en kennis. Kennis is niet de weg naar wijsheid.

De wetenschappelijke cultuur in Europa ontwikkelde zich onder andere onder impuls van de Reformatie. De strijd tussen diverse richtingen was ook een strijd om de juiste interpretatie van de Bijbel, Meer en meer werd de Bijbel gezien als mensenwerk. Er ontstond twijfel over de waarheid en de oorsprong van de Heilige Schriften. De wetenschap werd ingezet om de Bijbel te verdedigen, als een wapen tegen het ongeloof. Die wetenschappelijke studie werd bevorderd doordat de Bijbel in de volkstaal werd vertaald. Hierdoor ontstond interesse in het filologisch begrijpen van de teksten.

Zo ontstond de opvatting dat studie van de natuur gelijk staat aan het kennis nemen van de grootheid van God. Wetenschap kon de fout van Adam herstellen. In het Aards Paradijs was Adam de heerser van de natuur. Hij moest dieren namen geven, wat beschouwd kan worden als de eerste wetenschappelijke activiteit van de mens. Na de Zondeval is het aan de mens om de heerschappij over de natuur te heroveren. De wetenschap kan hem hierbij helpen.

De joden in Europa hebben eveneens een ongelooflijke bijdrage geleverd aan het ontstaan van een wetenschappelijk cultuur. Dit is misschien wel de belangrijkste reden om het fundament van de Europese beschaving joods-christelijk te noemen. Bij de joden neemt bijbelexegese een centrale plaats in. Teksten worden kritisch bestudeerd en nieuwe interpretaties, zelfs van kinderen, zijn welkom. Dit bevordert de creativiteit en het kritische denken in het algemeen, wat basisvoorwaarden zijn voor wetenschappelijke ontdekkingen. Beschavingen waar het kritisch denken de mond wordt gesnoerd, met de islam als triest voorbeeld, dragen weinig of niets bij aan de vooruitgang van de mensheid. God die de mens heeft geschapen naar Zijn beeld en gelijkenis, zat niet te wachten op de islam.

Een andere factor die de wetenschappelijke cultuur in Europa bevorderde waren de ontdekkingsreizen. Men ontdekte fauna en flora die niet vermeld waren in de klassieke teksten. Die teksten waren dus niet onfeilbaar. Nieuwe kennis is mogelijk. De oude wijze van de wereld te zien, faalde hier. Hetzelfde gold voor de levenswijze en de religies van tot dan toe onbekende volkeren. Er waren zelfs volkeren, namelijk in China, waar het begrip god niet bestond.

Voor sommigen waren de wetenschappelijke inzichten en de wetenschappelijke methoden aanleiding om het Christendom af te vallen. Positivisten menen voldoende te hebben aan de wetenschap om de moraal, de politiek en de filosofie te funderen. De geschiedenis spreekt dit echter tegen: als de samenleving de religie verliest, dan komt dit niet door de wetenschap. Dat is eerder een kwestie van betovering door macht of bezit. De consumptiemaatschappij is een diep religieuze samenleving, met de laatste hypes en gadgets als goden en de Mammon als opperste godheid. Ook een totalitaire staat is diep religieus, met als god de oppermachtige dictator die een duizendjarig (lees: eeuwig) rijk heeft gesticht.

Een meer voor de hand liggende aanname is religie en wetenschap gescheiden te houden. Beiden zijn noodzakelijk voor menswaardig leven. De wetenschap behoedt ons voor magie en bijgeloof. De religie biedt wijsheid die de wetenschap niet kan bieden. De wetenschap kan bijvoorbeeld geen bewijs leveren of geen wetmatigheden bieden voor was schoon is, voor wat liefde is, waarom we het goede moeten doen en waarom er iets is en niet niets.

161. *Mensenrechten en christendom*

Mensenrechten hebben een sterke band met het christendom. Hoe anders zouden de mensenrechten ook rechten kunnen zijn van een diep zwakzinnige, van een gevangene die een afschuwelijk misdrijf heeft gepleegd, van dictators die de mensenrechten hebben geschonden?

Wat is de betekenis van die band met het christendom? De essentie hiervan is dat de menselijke waardigheid niet wordt gezien als afhankelijk van een eigenschap. Zou dit wel het geval zijn, dan zouden de mensenrechten niet gelden voor wie die eigenschap niet bezit. Een religie die geweld predikt tegen ongelovigen of andersgelovigen, geeft een vrijbrief af voor schending van de mensenrechten tegenover die anderen.

Dit niet afhankelijk stellen van een of andere eigenschap, betekent dat volgens het christendom de mensenrechten een andere basis hebben. Ze zijn gebaseerd op iets totaal anders, op iets dat buiten de menselijke controle valt en zelf buiten ons begrijpen.

De discussie over de grond van de mensenrechten wordt niet gevoerd. Het is eerder een kwestie van aannemen zonder te vragen waarom. De rechters van het Europees Hof van de Mensenrechten kunnen niet uitleggen waarom die rechten gelden en geen andere. Het zou al te gek zijn moest worden gezegd dat de rechten van de mens bij meerderheid worden bepaald. Democratie geldt hier niet. Het gaat om absolute en universele rechten. Wie heeft die uitgevaardigd?

162. *Beesten van mensen: Moslims vormen de meest gehate bevolkingsgroep*

(gepubliceerd op ThePostOnline op 28 september 2016)

Een kleuter kermt het uit van de pijn als hij langzaam wordt verpletterd onder het wiel van een vrachtwagen die moedwillig wordt ingereden in een massa. Een stuk van het gelaat van een mooie jonge vrouw wordt afgescheurd en van anderen worden de ogen uitgerukt als een spijkerbom ontploft in een menigte. Vliegtuigen waarin zich baby's en complete gezinnen bevinden, worden torens ingeboord of in de lucht tot ontploffing gebracht.

Dit beestachtig gedrag verwachten we niet van Hindoes, Chinezen, Joden, Japanners of zwarte Afrikanen. Het lijkt vrijwel het monopolie te zijn van één bevolkingsgroep: de moslims, met name Arabieren en Berbers. Vandaar dat zij behoren tot de meest gehate bevolkingsgroep in het Westen.

164 oproepen tot geweld

Deze situatie is dramatisch om twee redenen. Ten eerste zijn de meeste moslims eerzame burgers die in vrede willen leven. De overgrote meerderheid werkt hard voor hun gezin en draagt bij aan de welvaart en het welzijn van het gastland. Ten tweede zal dit beestachtig gedrag voortdurend terugkomen. Er is een kans dat het erger en omvangrijker wordt. Als vijf procent van de moslims fanatiek is, zitten we in Europa met miljoenen extremisten die niet schromen voor meedogenloos geweld. Hun geloof dat Allah dat gedrag van hen verlangt is onwrikbaar. Ze voelen zich gesteund door de 164 oproepen in de Koran tot geweld tegen niet-moslims.

Een hedendaagse Jeanne d'Arc

Hoe is dit op te lossen? We leven in een democratie, dus het volk beslist. Tot nog toe kunnen kunnen diegenen die de macht hebben het volk onder controle houden. De autoriteit van ons politici kwijnt echter weg. Het volk heeft minder en minder vertrouwen in de politiek. De kans voor een charismatisch leider ligt voor het grijpen. Bij een extreem gewelddadige en omvangrijke terroristische aanslag is het scenario denkbaar dat in Frankrijk een coup wordt gepleegd door militairen en gendarmes. De knappe Marion Maréchal- Le Pen van het Front National kan als een hedendaagse Jeanne d'Arc het Franse volk opnieuw zelfvertrouwen geven en vertrouwen in de toekomst. In Duitsland kan Frauke Petry van de Alternative für Deutschland dezelfde rol innemen.

Een ander scenario, dat kan samenvallen met het eerste, is dat de Europese moslims zelf het initiatief nemen. Het is aannemelijk dat de dreiging van terrorisme nagenoeg zal verdwijnen als in het Midden-Oosten en in Noord-

173

Afrika er vrede, welvaart en welzijn heerst zoals bij ons in Europa. De Europese moslims, en allicht alleen zij, kunnen dit met vredelievende middelen realiseren. Als miljoenen van hen terugkeren naar de landen van herkomst, in die landen investeren en op democratische wijze de macht ontnemen van corrupte machthebbers die alle rijkdom van die landen naar zich toetrekken, ontstaat zicht op een islamitisch rijk waar mensen volgens hun geloof in vrede kunnen leven. Duizenden jonge moslims hebben zich aangesloten bij IS en zijn in Syrië medeplichtig geweest aan onnoemelijke wreedheden. Wordt het nu niet eens tijd dat tienduizenden jonge moslims die in Europa goed zijn opgeleid, zich gaan inzetten voor de landen van hun voorouders?

De politieke impasse doorbreken

Zijn deze scenario's realistisch? Is er een andere oplossing, behalve besluiteloos doormodderen zoals nu het geval is, totdat de hel losbreekt? Ik twijfel niet aan de goede bedoelingen van mensen die asielzoekers opvangen en die een strijd leveren tegen elke vorm van discriminatie van minderheden. Maar als al deze goedbedoelde initiatieven ertoe leiden dat in de islamitische landen de ellende blijft voortduren en de terreur in Europa van kwaad tot erger wordt, hebben noch zij, noch wij nog toekomst. Alle reden om samen met de moslims de politieke impasse van nu te doorbreken. Misschien ligt de oplossing in een alliantie tussen diegenen die opkomen voor de Europese waarden en de moslims die streven naar een beschaafd islamitisch rijk.

163. *Het probleem van het Kwaad in de wereld*

Grosso modo kunnen we stellen dat in de natuur harmonie heerst, terwijl de wereld van de mensen gekenmerkt wordt door chaos, oorlog en vernietiging. De natuur wordt beheerst door de onveranderlijke wetten van de natuur. Vandaar die harmonie. In de wereld van de mensen waar het geweld regeert, is er morele wanorde. Hier heerst het kwaad. Filosofen stelden eeuwen geleden al de vraag waarom er kwaad is in de wereld.

Het antwoord op die vraag kan niet worden gegeven door de natuurwetenschappen. Er is geen waarneming die tot een oplossing kan leiden. Reflecties over de natuur of over de geschiedenis geven geen antwoord op de vraag naar het kwaad in de wereld. Het gaat niet over wat is, maar over wat zou moeten zijn. Dit laatste betekent dat er geboden moeten zijn die de mensen aanzetten het kwade te laten en het goede te doen.

De volgende vraag is waar die geboden vandaan komen. Als ze bedacht zouden zijn door mensen, dan zijn ze relatief. Die geboden kunnen namelijk niet 'ontdekt' worden zoals natuurwetenschappelijke wetmatigheden. Die geboden gaan, zoals gezegd, over wat hoort te zijn en niet over wat is. Ideologieën zijn menselijke bedenksels die hun eigen moraal tot fundament nemen. De geschiedenis leert tot welke tragedies ideologieën kunnen leiden.

De mensen zouden ook geboden kunnen bedenken en met elkaar afspraken maken of verdragen om zich eraan te houden. De moraal wordt dan een soort sociaal contract. Het kwaad wordt verhinderd door het maken van afspraken over vrijheid, gelijkheid en broederlijkheid. Daar valt weinig tegen in te brengen. Die afspraken kunnen best een hele poos goed werken. De geschiedenis leert echter dat geweld en oorlogen niet zijn gestopt. Misschien heeft de mensheid veel meer tijd nodig. Als die tijd er nog is. Het wapenarsenaal in de wereld belooft niet veel goeds.

Een andere mogelijkheid is dat die geboden aan de mensheid zijn geopenbaard. Dat is de verklaring van de religies. Veel mensen haken af als ze dit horen. Wie zegt dat de Bijbel of de Koran niet zijn verzonnen door de mensen zelf? De godsdienstoorlogen, die in deze 21ste eeuw opnieuw in alle hevigheid lijken los te barsten, tonen aan dat religies het Kwaad ook niet weten te verdrijven. Integendeel.

Ik heb een voorstel om uit dit dilemma te komen. We kunnen naar de Bijbel kijken zonder meteen in een God te geloven. We kunnen de Bijbel bestuderen zonder iets te moeten aannemen op basis van geloof. We kunnen de religieuze dogma's laten voor wat ze zijn. Wat ik voorstel is om te onderzoeken of de ethiek die in de Bijbel te voorschijn komt, voor de hele mensheid harmonie kan brengen in plaats van chaos en geweld dat van geen ophouden weet.

Volgens Joodse exegeten is het juist de betekenis van de „Ene God', dat Hij geboden heeft geopenbaard die voor de hele mensheid, en eventueel voor alle leven in het universum, het fundament zijn voor vrede en harmonie. Het geloof in één God betekent niets minder dat er slechts één morele wet is. Dank zij deze eenheid kunnen alle mensen verenigd worden, niet op basis van macht, maar op basis van de moraal.

Volgens deze exegeten is Abraham niet de vader van de gelovigen. Hij heeft geen religie gesticht. Hij heeft geen geloof met dogma's verkondigd. Abraham is integendeel de vader van alle diegenen die mystificaties weigeren, die zich verzetten tegen bijgeloof en tegen reducerende ideologieën. Abraham promoot het rationele denken. Hij is de vader van al diegenen die streven naar recht en rechtvaardigheid.

We hoeven dus in de grondwet niet per se God te benoemen, alhoewel ik persoonlijk daar wel voor pleit. De westerse beschaving die gebaseerd is op de geopenbaarde waarheid, is het licht voor de gehele mensheid. Die waarheid brengt het recht en de rechtvaardigheid waar alle mensen recht op hebben. We hoeven slechts concreet te kijken naar de Tien Geboden: hebben kinderen niet het recht op ouders die bij elkaar blijven? Moeten we de afgunst en de laster in de wereld niet een halt toeroepen? Is het gebod om niet te stelen en niet te moorden niet voor iedereen geldig?

Volgens het judaïsme is het de taak van het joodse volk om de universele rechtvaardigheid in de wereld te brengen. Dat is de betekenis van het uitverkoren zijn. Via het christendom hebben de Europeanen deze taak zich eigen gemaakt. Het humanisme draagt dit verder. Europa kan en moet van deze 21ste eeuw de eeuw van de spiritualiteit maken, waar de universele moraal het Kwaad overwint.

(met dank aan Georges Hansel die mij geholpen heeft bij deze inzichten).

164. *Wijze mensen en onnadenkenden*

Wijze mensen weten dat de overgrote meerderheid van de Marokkanen, Turken en andere moslims goede mensen zijn, die het beste voorhebben met hun medemensen en hun verantwoordelijkheid willen opnemen voor het land waar ze wonen.

Onnadenkende mensen laten zich leiden door de waan van de dag en door stereotiepe opvattingen. Ze zien één feit, blazen het op, maar missen het overzicht.

Wijze mensen weten ook dat een zeer kleine minderheid, in elk geval minder dan vijf procent, van de moslims fanatiek is en bereid tot terroristische aanslagen. Binnen Europa zitten meer dan drie miljoen potentiële terroristen. Dat creëert een explosieve en zeer gevaarlijke toestand. We kunnen slechts hopen dat politici wijze mensen zijn. Die houden het hoofd koel. Nemen de passende preventieve maatregelen. Als een aanslag wordt gepleegd, voeren ze gerichte actie op de juiste doelgroep. Ze zijn kordaat. Ze schuwen geen drastische ingrepen. Wijze leiders zullen altijd de grens trekken tussen wat toelaatbaar is en wat ongeoorloofd; een grens tussen de groep misdadigers en de grote groep mensen van goede wil.

Domme, onnadenkende mensen houden van populistische politici, die even onnadenkend zijn als zij. Deze politici zien in elke negatieve gebeurtenis het bewijs van het eigen gelijk. Ze verdringen echter het overwicht van gebeurtenissen die hun stereotiepen elke dag weer tegenspreken. We kunnen slechts hopen dat deze onnadenkenden nooit de beschikking krijgen over de macht; een macht die kan uitmonden in terreur op grote schaal en tot massa-destructie.

Fanatici houden het Midden-Oosten al decennia lang in een wurggreep, met verschrikkelijke gevolgen voor al de mensen van goede wil, die ook daar in de meerderheid zijn. Laat ons hopen dat in Europa de wijsheid de macht behoudt. Of keren we terug naar de vorige eeuw, naar Verdun, naar Auschwitz, waar de onnadenkenden de weg hebben gespreid voor de fanatici en voor die kleine groep ongelooflijke schurken?

165. *Wanneer wordt de politiek volwassen?*

(gepubliceerd op ThePostOnline op 20 oktober 2016)

De Algerijns-Franse boer, filosoof en auteur Pierre Rabhi doet in zijn boek 'La convergence des consciences' [8] een laatste vertwijfelde poging de mensen bewust te maken van wat ze onbewust allemaal aan het vernielen zijn. Rabhi is een tot het christendom bekeerde moslim die zijn voornaam Rahba veranderde in Pierre, en uiteraard daarom door zijn vader werd verstoten. Daarna werd hij door zijn Franse pleegouders het huis uitgezet, omdat hij tijdens de Algerijnse bevrijdingsoorlog kritiek had op de Fransen. In 1960 was hij een van de eersten om in Frankrijk, samen met zijn vrouw, een bio-boerderij op te richten. Beiden wisten niets af van het boerenleven en slaagden er niettemin in een hele beweging van biolandbouw op gang te brengen. Twintig jaar later werd hij door diverse internationale organisaties gevraagd zijn ideeën in praktijk te brengen in een tiental, voornamelijk Afrikaanse landen. Door zijn werk om desertificatie (woestijnvorming) tegen te gaan, werd hij door de Verenigde Naties om advies gevraagd.

Een infantiel stadium van de evolutie

In interviews komt hij over als een gezapige landman, die met gezond boerenverstand filosofeert over het leven en vooral over de pathologische toestand waarin onze samenleving zich bevindt. Rabhi meent dat we ons bevinden in een infantiel stadium van de evolutie. De planeet Aarde heeft geen geluk gehad met de komst van de mensen. Zij zijn alles aan het vernielen. Positieve evolutie zou betekenen dat we de woestijnen herbebossen, dat we als goede rentmeesters zouden waken over onze planeet en dat we zo volwassen zijn dat we stoppen met de krankzinnige en geldverslindende wapenwedloop. Militairen zijn in feite kleine jongens gebleven. Hij vindt het ook curieus dat vanuit de religies geen hardnekkig verzet komt tegen de vernieling van de Schepping.

De kolibrie blust een grote brand

Pierre Rabhi is de stichter van de Kolibrie-beweging. De benaming komt van een Latijns-Amerikaanse sage over een verwoestende bosbrand. De kolibrie vloog heen en weer naar een rivier en liet dan enkele druppels water op de vuurhaard vallen. De andere dieren lachten hem uit. De kolibrie antwoordde dat hij zijn bijdrage deed aan het blussen. Hiermee wordt bedoeld dat we de oplossing van mondiale problemen niet moeten verwachten van instituties of internationale organisaties. De oplossing ligt in handen van alle individuen samen. Dit vereist een mentaliteitsverandering binnen de mensheid als geheel. Zonder acht te slaan op de enormiteit van de taak, moet ieder van ons zijn deel van de taak doen. Niet wachten tot een ander het doet. In plaats van te protesteren en te kermen, gewoon handelen. Dit is een eerste stap naar het in één richting brengen (convergence) van het bewustzijn van de mensen. Daarna volgt een grote beweging van de mensen van goede wil.

Een voorbeeld van dit laatste heeft Rabhi in praktijk gebracht in Afrika. Ontbossing kan het best worden tegengegaan door natuurlijke bemesting. Mensen kunnen worden gemobiliseerd om verantwoorde landbouwmethoden toe te passen, bijvoorbeeld door hen ervoor te betalen. Dat is in elk geval beter dan hen te overladen met wapens. Met weinig kosten is een verstandig omgaan met de natuur mogelijk. Meer in het algemeen bedoelt Rabhi dat we in al onze activiteiten onze intelligentie moeten gebruiken. Dit betekent ten eerste dat we ons bewust worden van de schade die we aanbrengen en ten tweede dat alle onze vernieuwingen het geluk van allen, ook de toekomstige generaties, moeten bevorderen.

Een pseudo-beschaving

Het lijkt simpel, maar helaas blijft deze bewustwording wel heel lang uit. Rabhi: „Hoe kan een samenleving die zelf ziek is, onbewust van haar pathologie, bepalen wat normaal is? In de realiteit zien we een kakofonie van conflicten omdat elke groep haar eigen norm als de meest juiste en de meest succesvolle beschouwt' en: „ Dit is een pseudo-beschaving, want zie al die wapens, de vernietiging van de bossen, de vergiftiging van de zeeën en de landbouwgrond, de slavernij, de onderdrukking van mensen, de onderwerping van vrouwen, het egoïsme, de opvoeding tot geweld door de sterke nadruk op competitie. Is onze beschaving wel gezond?'.

De bewustwording wordt belemmerd omdat er heel veel spot is over diegenen die wijzen op de domheid van de mensen. Spot is een vorm van infantilisme en onrijpheid ten aanzien van de problemen die we dringend moeten oplossen.

Een ander verhaal waarmee Rabhi zijn levensvisie illustreert is dat van een Afrikaanse visser die uitrust naast zijn bootje. Een blanke man komt met hem in gesprek en vraagt waarom hij geen grotere boot aanschaft. Dan zou meer vis gevangen kunnen worden. Dan zou hij mensen kunnen aanwerven. Dan zou hij veel geld kunnen verdienen. „En wat dan?', vroeg de visser. „Dan kan je ervan genieten en rusten' zei de blanke man, waarop de visser zei: „Dat doe ik al'. Volgens Rabhi kunnen we niet meer genieten en rusten. Nooit eerder werden zoveel overtollige producten gemaakt. Dertig tot veertig procent van de producten zijn nutteloos. Nooit eerder was er zoveel afval, dat op zichzelf een probleem is geworden. Het dogma van de productiviteit is een religie geworden die de bronnen uitput. Economische groei wordt gezien als dè oplossing voor al onze teleurstellingen, maar die groei is een probleem, een overdrijving, een cultus. Onze planeet is geen onuitputtelijke bron.

Door het paradigma van de economische groei is een enorme kloof ontstaan tussen de zogenaamde ontwikkelde en de onderontwikkelde landen. De rechtvaardigheid als morele deugd is volstrekt verdwenen uit de economie. Hier heerst de wet van de winst als morele doctrine, met als gevolg dat de hebzuchtigen de weg vrij hebben om de armen meer en meer te beroven.

Het decorum van de politiek

Bij de levensvisie van Pierre Rabhi vroeg ik mij af waarom de politici geen voorbeeld zijn van bewustzijn, zodat zij de mensen inspireren om zorgvuldiger met onze planeet om te gaan. Waarom gaan we door met de vervuilende industrie en landbouw? Ik vermoed dat de verdringing naar het onbewuste een gevolg is van de machtspositie van politici. Wie werkt in het machtscentrum in Den Haag of in Brussel heeft een euforisch gevoel te verblijven op de plek waar het er toe doet. Waar de belangrijke beslissingen worden genomen. Dit wordt versterkt door het decorum van hoge kantoorgebouwen met prachtige architectuur. Deze mensen komen dagelijks in contact met captains of industry, topdiplomaten, hoge adel en politieke leiders. Zij blijven in hun eigen kring. Ze praten elkaar naar de mond en reiken onderling onderscheidingen uit. In die sfeer staat men niet open voor radicale vernieuwingen. Ook wordt niet gezien dat de echte veranderingen komen van de gewone man die het feitelijke werk doet.

Volwassen politici

Wil de politiek volwassen worden, dan is het niet alleen noodzakelijk dat de politici bewust worden van wat er werkelijk gaande is in de wereld. Het is even belangrijk dat zij zich bescheiden opstellen en zich beperken tot het creëren van de voorwaarden voor de gewone man om zich verantwoordelijk te gedragen. Als de politici niet zelf sober leven en zich nederig opstellen in dienst van het volk, komt de noodzakelijke radicale verandering er nooit.

166. *De heiligheid van Moeder Aarde*

In deze paragraaf gebruik ik met opzet religieuze en mythische termen om de wereld waarin we wonen te omschrijven. De planeet Aarde en alle leven dat er zich op bevindt hebben we niet zelf gemaakt. De oorzaak ligt buiten en boven de mens. Daarom is het heilig, dit wil zeggen dat het ons met de grootste eerbied moet vervullen. Op de planeet aarde vinden we alles om te leven, daarom heb ik het over Moeder Aarde.

De heiligheid van Moeder Aarde gebiedt ons er onbegrensde eerbied voor te hebben. Zoals we onze eigen moeder vol respect en liefde behandelen, moeten we Moeder Aarde met evenveel eerbied en liefde behandelen.

Als de term 'heiligheid van Moeder Aarde' wrevel opwekt of de gedachte dat zoiets irrationeel en dus dwaas is, dan komt dit omdat we ons op een ongelooflijke manier onverantwoordelijk gedragen als moderne mensen. Dit wordt ten diepste verdrongen. Verdringing is de grootste dwaasheid die een mens kan begaan. Door verdringing worden we niet bewust van de gevolgen van ons gedrag en het leidt tot pathologie. De moderne tijd kan als een krankzinnig tijdperk worden gekwalificeerd.

Die krankzinnigheid komt het best tot uiting als we de wereld van vandaag vergelijken met de Aarde toen het nog een ongerepte natuur was. In de ongerepte natuur is er frisse lucht en zuiver water. De sterrenhemel wordt 's nachts weerspiegeld in de rivieren. Dieren en planten zijn niet met uitsterven bedreigd. De huidige wereld is daarentegen vreselijk vervuild en dit wordt steeds erger. De olie die uit de aarde wordt gepompt is zwart en stinkend. De olieraffinaderijen spuwen vuur in de lucht. Zwart, stinkend en vuur: de tekenen van de hel. Onze maatschappij draait op de energie die door de olie wordt opgewekt, waardoor de lucht op catastrofale wijze vervuild wordt. Het verkeer pleegt in elk land jaarlijks een massamoord.

De zwarte, slecht riekende olie die we uit de aarde halen, lijkt als uit de hel te komen. Dat is ook zo, gezien de negatieve gevolgen ervan. Duivelse krachten heersen om die reden in de Golfstaten en het hele Midden-Oosten: daar is slavernij, wreedheid, eindeloos oorlogsgeweld en gewetenloze decadentie bij een kleine groep. Het is ongehoord dat de gigantische winsten uit de olieproductie niet bestemd worden voor een beter lot van de moslims in het Midden-Oosten en Afrika.

Ook in het Westen zien we satanische krachten werkzaam. De landbouw en de chemie berusten op die zwarte, slecht riekende olie die de aarde waar de gewassen groeien en de lucht die alle levende wezens inademen, al op een afschuwelijke wijze heeft verpest.

De duivel lacht ons uit. De appel uit de Hof van Eden is vervangen door de verleidelijke producten van de consumptiemaatschappij. De mens wordt verleid door prachtige auto's en de nieuwste gadgets die voortdurend veranderen. De mens verliest geleidelijk aan zijn Aards Paradijs en hij is hier zelf verantwoordelijk voor.

Als dit zo doorgaat wordt Moeder Aarde een eenzame, uitgestorven planeet die een woestijn is geworden. Deze planeet zal voor de eeuwigheid zinloos rondzwerven in een ijle ruimte, als teken dat de mensheid niet in staat was zorg te dragen voor Moeder Aarde.

Als ik de foto's zie van Mars, gemaakt door Nasa's Curiosity Rover, dan vraag ik me af of Mars ooit een blauwe planeet is geweest vol leven. De dorre woestijn die Mars nu is, zou ook de toekomst kunnen zijn van de planeet Aarde.

167. *De sociale woestijn*

De mensen zijn van nature geneigd om in kleine groepen te leven, waar samenhorigheid heerst. Samenwerken en zich met elkaar verbonden voelen zijn wezenlijk voor een menselijke samenleving. Dit is een biologisch gegeven en daarom is het basaal. Hiervan afwijken heeft ernstige gevolgen. Vooraleer we kunnen denken aan universele solidariteit, moet er eerst solidariteit zijn in kleinere groepen die met elkaar gaan samenwerken, totdat de hele wereld is bestreken. Zoals ITT ons de middelen heeft gegeven om te communiceren met de gehele wereld op elk moment, zo moet er een ethisch netwerk van solidariteit ontstaan die de gehele mensheid bestrijkt. Dit netwerk is niet virtueel, maar tastbaar en gebaseerd op persoonlijk contact van mens tot mens.

Dit netwerk kan slechts ontstaan als we zelf leven in een oase van verbondenheid. Daarom is het gezins- en familieleven basaal voor de toekomst van de mensheid. Het gezins- en familieleven is echter grondig verstoord. In onze eigen cultuur door het groot aantal echtscheidingen en door de arbeidsmigratie waardoor mensen hun geboorteplaats moeten verlaten ten koste van de verbondenheid met bloedverwanten. In niet-westerse culturen worden de families uiteengerukt door massa-immigratie of door de vlucht naar de steden om daar werk te vinden.

Globalisering, urbanisatie en immigratie maken onze wereld tot een sociale woestijn. De sociale media creëren een vals gevoel van verbondenheid. Het gaat daar om een virtuele wereld waarin de individuen worden afgeleid van de echte wereld. In restaurants, het openbaar vervoer en zelfs thuis zit iedereen gekluisterd aan zijn smartphone of tablet, ten koste van het zingevende contact tussen mensen die elkaar aankijken.

168. *Een politiek programma*

De bovengenoemde Pierre Rabhi heeft een duidelijk politiek programma om onze samenleving opnieuw leefbaar en op menselijke maat te maken. Hij noemt de volgende punten:

- economische groei is niet de oplossing
- we moeten in de mate van het mogelijke lokaal consumeren
- we moeten ons bevrijden van de consumptiemaatschappij
- we moeten het dogma van de vooruitgang relativeren
- het vrouwelijke moet in het hart van de verandering worden geplaatst
- we moeten de macht in eigen handen houden
- er moet respect zijn voor alle vormen van leven
- we moeten voortdurend de vraag stellen welke planeet we zullen achterlaten voor onze kinderen en welke kinderen we zullen achterlaten op onze planeet.

Deze doelen worden belemmerd doordat de huidige politieke en economische logica verouderd is. Tot voor kort leek het alsof het liberalisme het triomferend eindpunt was van onze beschaving. Dit ging wel ten koste van de Derde Wereld waar samengewerkt werd (en wordt) met een kleine groep gewetenloze schurken die hun eigen volk beroven en niettemin door westerse regeringsleiders met alle égards worden bejegend en zelfs hoge onderscheidingen krijgen. Ook de werkloosheid wordt niet opgelost. De verzorgingsstaat put zich uit. Voor velen is de koopkracht verminderd. De politiek anticipeert niet.

Om bovengenoemde doelen te bereiken moet worden gewerkt aan concrete alternatieven op ecologisch en sociaal terrein, in samenwerking met de burgers. Rabhi noemt dit 'la société civile'. We zien inderdaad dat de burgers zelf al veel nieuwe initiatieven nemen voor een meer menselijke samenleving. Daar ligt onze hoop. Overheen alle tegenstellingen die steriel en dodelijk kunnen zijn, moeten we samen werken aan wat fundamenteel is en wat onze gemeenschappelijke toekomst zal bepalen.

Het gaat noch om pessimisme, noch om optimisme, maar om de tussenweg van realisme en bewustwording. Dit laatste is zeer moeilijk omdat mensen bewust maken van hun gedrag en de gevolgen ervan, botst op een moeilijk te overbruggen weerstand. Mensen houden vast aan wat ze gewend zijn en wat ze altijd hebben geloofd. Een ander geloof of bewustzijn aanvaarden zou betekenen dat ze dom zijn geweest. Bovendien zoeken de mensen hun veiligheid bij het bekende. De enige weg om uit deze impasse te komen is het bieden van concrete alternatieven, zodat de mensen zien dat het anders kan en dat dit beter is voor henzelf, voor de natuur en voor de toekomst.

169. *Een ethisch politiek programma*

Een politiek programma zonder ethiek als basis, zal mensen niet inspireren en mobiliseren. Ik denk dat alle pessimisme dat heerst over het Avondland een gevolg is van het ontbreken van een transcendente dimensie. Met transcendente dimensie wordt bedoeld het Hogere dat ons kan inspireren of wat zin geeft aan al wat bestaat. Besef van de transcendentie maakt ons ook nederig, geduldig en vooral voorzichtig in het omgaan met wat niet door ons is geschapen. Bewustzijn van het transcendentie is open staan voor het appel om zich verantwoordelijk te gedragen. De nederigheid en het verantwoordelijkheidsbesef maken ons immuun voor een superioriteitsgevoel, bijvoorbeeld te behoren tot een superieur ras of te geloven in een superieure religie.

De kracht om zich te mobiliseren voor een ethisch geïnspireerd politiek programma, kan alleen worden gevonden in een transcendente dimensie die ons denken en handelen richting geeft. Hiermee wordt bedoeld dat de oorsprong van de ethiek niet behoort tot de immanente wereld (dit is de wereld die we kunnen observeren). De ethiek komt van buiten en boven de mens. Religies en ideologieën zijn hieruit ontstaan. Maar het gaat mij niet om een bepaalde religie of een bepaalde ideologie op te dringen. Dat is allemaal mensenwerk, dat vooral verdeeldheid opwekt. Het gaat mij om *de zuivere kern* die aan de basis ligt van elke religie en ideologie. Ik ben op zoek naar *een kritiek van de zuivere ethiek*. In zijn werk 'Humanisme de l'autre homme'[9] geeft de Franse filosoof Emmanuel Levinas de richting aan. De zuivere ethiek is een 'ethiek van de Ander': via mijn naaste (de Ander) spreekt het transcendente mij toe. Er gaat van de Ander een appel uit naar mij toe. Een appel om mij verantwoordelijk tegenover hem te gedragen. Dat appel heb ik niet bedacht. Dat appel is ook niet bedacht door een of andere goeroe of profeet. Alle mensen worden geraakt, of je nu in God gelooft of niet. De Ander dat is niet alleen mijn naaste, maar ook de mensen ver weg en de toekomstige generaties die zullen moeten leven op de planeet die we voor hen achterlaten. De Ander kan ook uitgebreid worden tot het Andere, dat zijn alle levende organismen en de schepping als geheel.

Geven we gehoor aan dat appel, dan zijn we humaan in de meest zuivere ethische betekenis. Maar gehoor geven moet zich in concreet handelen vertalen.

170. *Nationalisme is noodzakelijk*

(gepubliceerd op ThePostOnline op 22 november 2016)

De kosmopolitische elite is blind

Dank zij nationalisme wordt een land sterk. Alleen machtige landen kunnen solidair zijn met andere landen. Bijvoorbeeld met landen waar nood en burgeroorlog heerst, of waar de mensenrechten grof worden geschonden. Nationalisme heeft jammer genoeg een slechte naam gekregen, door de gebeurtenissen van de vorige eeuw. Desondanks kan de 21ste eeuw bij gebrek aan nationalisme, de eeuw van de totale chaos worden.

Nationaal gevoel wordt vooral aangetast door de massale immigratie van mensen, die geen enkele feeling hebben met onze cultuur en onze geschiedenis. Wie trots is op zijn land, op zijn geschiedenis, op zijn cultuur en op zijn unieke normen en waarden, heeft meer zorg en zal zijn verantwoordelijkheid opnemen. Een lelijk en vervuilend land is een land waar een gebrek aan nationale trots heerst. Zijn de globalisering en het multiculturalisme misschien dè oorzaak van het gebrek aan zorg voor de mens en zijn omgeving? Vormen bijvoorbeeld de vrijwilligers die sport- en jeugdverenigingen draaiende houden, een afspiegeling van de multiculturele samenleving en heeft de kosmopolitische elite daar de tijd voor?

Autobranden

Kijk gewoon rond in de Europese steden: in welke wijken ligt er troep en is het onveilig? In Parijs worden elke week nog steeds auto's in de fik gestoken. De media verzwijgen het. Als een van de brandstichters door de politie wordt aangehouden, steken ze de volgend nacht auto's in brand. Vorige week nog vijftien in één straat in een dure wijk van Parijs. Als de politie en de brandweer komen, worden zij bekogeld. Deze dagelijkse terreur tegen instituties die waken over de veiligheid van de burgers, staat symbool voor de chaos en de aftakeling van het gevoel van samenhorigheid waarin we zijn beland.

The New Nationalism

De redactie van het toonaangevend weekblad The Economist denkt hier anders over. In het nummer van 19 november 2016 wordt diep ingegaan op 'The New Nationalism'. Zij beginnen hun hoofdartikel met een citaat van Trump waarin hij zegt dat zijn land niet mag capituleren voor het valse lied van globalisering. Ook Rusland, China, India en Turkije worden gelijktijdig door chauvinisme geïnspireerd. In Europa zijn Polen en Hongarije al haarden van ultranationalisme en straks zal president Marine le Pen in Frankrijk de nationalistische scepter zwaaien.

The Economist meent dat de wereld hierdoor gevaarlijker wordt. Voor kapitalisten is het uiteraard belangrijk dat liberale waarden over de gehele wereld gelden, dat er een internationaal gerechtshof is, dat er een open markt is en zoveel mogelijk internationale instellingen om de handel te promoten. Het belangrijkste argument van de redactie is dat economische welvaart vanzelf leidt tot tevreden burgers. Donald Trump wordt opgeroepen een 'verlicht patriot' te zijn. Dit is iemand die de universele waarden waar de VS voor staat, wil uitdragen over de gehele wereld.

Civiel en etnisch nationalisme

The Economist maakt een onderscheid tussen civiel nationalisme en etnisch nationalisme. Het eerste krijgt goedkeuring, want hierdoor wordt een land verenigd rondom gemeenschappelijke waarden. Hiervan geven ze slechts een paar flauwe voorbeelden, zoals het Amerikaanse vredeskorps en Duitse voetbalsupporters.

Etnisch nationalisme zou agressief en nostalgisch zijn. Het hoort bij de donkerste bladzijden van de geschiedenis. Dit nationalisme leidt tot wantrouwen tegenover minderheden en andere landen. Dit wordt des te gevaarlijker aangezien het aantal in het buitenland geboren inwoners tussen 2000 en 2015 in sommige landen fors is toegenomen. In Zweden van 11 tot 17 procent, in Duitsland van 11 tot 15 procent. In het eerste decennium van deze eeuw steeg het aantal in het buitenland geboren burgers van 10 miljoen tot 40 miljoen in de Verenigde Staten, en van 2,9 miljoen tot 7,5 miljoen in Groot-Brittannië. Het is begrijpelijk dat deze sterke toename in zo'n korte tijd tot veel onzekerheid en wantrouwen leidt.

Minder steun voor globalisering

Lagere economische groei leidt tot minder steun voor globalisering. Hetzelfde effect heeft de toename van de kloof tussen rijk en arm. In andere landen, zoals Rusland, is nationalisme een middel om vreemde mogendheden de schuld te geven van wat in het eigen land mis gaat. Via de moderne media kan informatie worden verspreid die anders door de meer kosmopolitisch geïnspireerde staatsomroepen worden gecensureerd. The Economist is echter optimistisch: het zijn vooral de ouderen die twijfelen over de globalisering, namelijk 63 procent. Bij de leeftijdsgroep van 18 tot 24 jaar staat 77 procent er positief tegenover.

Toch denk ik dat The Economist de bal misslaat. Dit is het blad van een kosmopolitische elite, die enorm profiteert van de globalisering. Deze elite staat voortdurend met elkaar in contact via Facebook en WhatsApp. De jongeren onder hen ontmoeten elkaar in dure Business Schools, waar vrijwel alle nationaliteiten vertegenwoordigd zijn. Zij leven in hun eigen wereld, zonder feeling met de overgrote meerderheid. Zij zijn blind voor een krachtige onderstroom van nationalisme die zich verspreid over de gehele wereld. Met de verkiezing van Trump ontstaat bij hen paniek. Vandaar dat The Economist er een hoofdartikel aan wijdt, nadat zij in eerdere nummers Trump voortdurend demoniseerden.

Ondertussen wordt de middenklasse steeds armer en laag geschoolde, maar goedwillende arbeiders zijn helemaal de klos. Die mensen kunnen slechts geholpen worden door solidariteit en verbondenheid. Nationalisme heeft de toekomst. Terecht!

171. *De EU veroorzaakt een burgeroorlog*

(gepubliceerd op ThePostOnline op 12 december 2016)

De kosmopolitische elite heeft geen belangstelling voor begrippen zoals nationale identiteit en vaderland. Ik ken iemand die tot deze elite behoort. Hij werkt 60 uur per week. Deze zomer moest hij tijdens de vakantie met zijn gezin eventjes een dag op en neer naar New York, om met een belangrijke zakenpartner anderhalf uur te overleggen. Hij is ervan overtuigd dat hij zijn maatschappelijke verantwoordelijkheid neemt. De contracten die hij helpt afsluiten verzekeren duizenden werknemers van werk voor vele jaren. Maar hij begeleidt ook fusies, waarbij tienduizenden ontslagen vallen. Als compensatie voor zijn frequente afwezigheid zorgt hij er voor tijdens elke schoolvakantie met zijn vijf kinderen een week samen te zijn. Dan gaan ze naar zijn villa in een exotisch land. De vakantie begint in het eerste klas compartiment van het vliegtuig. Zijn kinderen gaan in Brussel naar een privéschool, waar voor elke leerling jaarlijks 25.000 euro inschrijvingsgeld gedokt moet worden. Verder heeft hij schijt aan het gewone volk en vindt hij discussies over nationaliteit en identiteit klinklare onzin.
Deze kosmopolieten wonen in een andere wereld. Dat deze elite overtuigd voorstander is van globalisering is vanzelfsprekend. Zij dromen van een mondiale vrijhandelszone zonder grenzen of beperkingen van de economische activiteiten. Zij vinden dat dit ten goede zal komen aan de gehele wereldbevolking. Hoe meer economische groei, hoe meer werkgelegenheid en welvaart.

Honderdduizenden vliegtuigen

Toch moeten we vurig hopen dat hun argumentatie niet klopt. Stel je voor dat we allemaal kunnen leven als deze kosmopolitische elite. Dan zouden op elk moment honderdduizenden vliegtuigen in de lucht zijn, zodat er geen zuivere lucht meer overblijft voor ons, aardbewoners. Als de economische groei onbeperkt blijft doorgaan, creëren we de hel op aarde. We roken onzelf uit, zoals vorige week toen Parijs enkele dagen onder een gifwolk lag.

De plagen van Egypte

De meeste mensen vinden de Bijbel een sprookje. We zijn echter de Bijbel aan het herschrijven. Als we onszelf aan het uitroken zijn, dan hoeft er geen duivel en geen hellevuur meer te zijn. We doen het zelf. God hoeft ons niet te straffen met een zondvloed. De zeespiegel is aan het stijgen. De plagen van Egypte komen door eigen toedoen over ons: het bloed in de Nijl is nu de vervuiling van rivieren en oceanen. De sprinkhanenplaag dat zijn de miljoenen economische vluchtelingen die de ruif van onze sociale voorzieningen uitvreten. De veepest dat zijn nu de planten en de dieren die aan het uitsterven zijn. De hagel hebben we al gehad en de orkanen komen er weer aan. Zo kunnen we nog een tijdje doorgaan en ontdekken hoe mooi onze tijd bijbelse tijden weerspiegelt.

Jean-Pierre Chevènement

Een van de felste tegenstanders van de globalisering is de Franse politicus Jean-Pierre Chevènement. Hij is minister van onderwijs en van defensie geweest onder Mitterrand. Hij nam ontslag als minister van defensie toen Mitterrand meewerkte met de inval van de Amerikanen in Koeweit. In zijn laatste boek Un défi de civilisation, dat in september verscheen, bepleit hij een alternatief voor de globalisering onder de noemer Un projet d'Europe européenne dat zich uitstrekt van de Atlantische Oceaan tot de Oeral. Dat biedt Europa een mogelijkheid om in deze eeuw mee te tellen tussen de twee grootmachten China en de Verenigde Staten. Persoonlijk zou ik hieraan willen toevoegen dat een krachtig Europa, dat een eigen politiek en economisch beleid kan voeren, de ethiek terug kan brengen in de wereldpolitiek. Ik bedoel hiermee dat we vanuit Europa alles in het werk moeten stellen om onze planeet niet tot een hel te maken.

De chaos in het Midden-Oosten

Volgens Chevènement is het niet de geradicaliseerde islam die het grootste gevaar is van deze tijd. Hij ontkent natuurlijk niet dat vreselijke bloedbaden door terroristen worden aangericht en nog zullen volgen. Het echte gevaar schuilt in de chaos die de VS hebben veroorzaakt in het Midden-Oosten. Een chaos die het gevolg is van een buitenlands beleid gericht op een globalisering die overal voet aan de grond moet krijgen. Met profijt als de enige norm.
Ingrediënten van een burgeroorlog

De EU is niets meer dan een instrument van de VS om de globalisering verder te ontwikkelen. Vandaar het verzet van het gewone volk, dat genoeg gezond verstand over heeft om de gevaren van de globalisering in te zien. Het grootste gevaar ligt in een EU-beleid dat, in naam van de globalisering, de ingrediënten van een burgeroorlog in de hand werkt. Dat zijn onder andere: de massale werkloosheid onder jongeren, de open grenzen, een afkeer van de politiek, het gebrek aan burgerzin omdat de leiders niet meer het goede voorbeeld geven en lak hebben aan de uitslagen van referenda, de niet meer te controleren immigrantenstroom en de opkomst van het extremisme, zowel ter linkerzijde als rechts, omdat velen dat als de enige mogelijkheid zien om het laxisme van de politici te bestrijden. Een concreet voorbeeld is de houding van de Europese politici ten aanzien van het EU-lidmaatschap van Turkije. Nu liggen de besprekingen wel stil, maar vrijwel niemand durft te zeggen dat Turkije echt niet hoort in de EU. Wellicht is 90 procent van de Europeanen tegenstander van dit lidmaatschap en toch zet de EU door. Ik vrees dat er een Europese IRA zal ontstaan, die met aanslagen dit zal proberen te voorkomen.

1,8 miljard moslims

Chevènement komt met een interessant initiatief, dat goed aansluit bij wat ik in mijn essay Het landverraad van de EU voorstel. Zonder naïef te zijn over het gevaar van het islamitisch terrorisme, mogen we er zeker van zijn dat van de 1,8 miljard moslims de meesten in een rechtvaardige en vredige wereld willen leven. We hebben er daarom alle belang bij om met hen, vanuit Europa, samenwerking te zoeken in plaats van met de botte bijl erop in te hakken. Die samenwerking moet beginnen in ons eigen continent: hoe lossen we de hoge werkloosheid onder allochtonen op, de gettovorming en de schoolse achterstand?

Koloniaal verleden

Even belangrijk is dat van beide kanten komaf wordt gemaakt met enerzijds schuldgevoelens over ons koloniaal verleden en anderzijds het willen nemen van revanche. Beter is om samen op te komen voor de waarden waar we voor staan. De wederkerige gevoelens van vijandschap en wrok moeten we counteren door de kracht van onze principes: vrijheid van denken en meningsuiting, de waarde van het individu, de fundamentele gelijkheid van alle mensen en broederlijkheid.

Als we in Europa zo'n krachtig beleid mogelijk maken, zouden de Europese moslims dan niet in het Midden-Oosten en Noord-Afrika met even grote kracht bovengenoemde principes in praktijk kunnen brengen? In plaats van jihadisten die daar gaan strijden, hebben die landen moslims nodig die daar vrijheid, gelijkheid en broederlijkheid mogelijk maken. Maar eerst moet Europa zich bevrijden van de Amerikaanse hegemonie.

172. *Een nieuwe spirituele kruistocht: alleen het christendom kan Europa redden*

(gepubliceerd in ThePostOnline op 4 januari 2017)

Eind jaren tachtig van de vorige eeuw vroeg de Dalai Lama advies aan een van de grootste joodse talmoedgeleerden van de 20ste eeuw Léon Ashkenazi, bijgenaamd Manitou. In die periode emigreerden tienduizenden joden uit Rusland en Ethiopië naar Israël. De Dalai Lama maakte zich grote zorgen over de jonge Tibetanen in ballingschap, waarvan weinigen nog hoopten ooit terug te kunnen keren naar Tibet, dat al sinds 1950 bezet wordt door China. Hij vroeg Ashkenazi wat het geheim was van het joodse volk, waardoor ze na 2000 jaar diaspora nog steeds willen terugkeren naar het Beloofde Land, dat zij na de shoah in enkele decennia tot hoge bloei hadden gebracht.

Ashkenazi gaf vier verklaringen voor het eeuwige streven om terug te keren naar Israël. Daar is ten eerste de sabbat, waardoor er elke week een dag is waarop men zich bezint over de essentiële zaken, weg van de dagelijkse maar bijkomstige beslommeringen. Verder zijn er de voedselvoorschriften vanuit de gedachte dat de mens is wat hij eet. Hij heeft hierdoor een welbepaalde manier van omgaan met de natuur en overal in de wereld kan de jood kosjer eten. Ten derde zijn er de huwelijksvoorschriften, bedoeld om een joods nageslacht te hebben. Dit zijn drie noodzakelijke, maar onvoldoende redenen voor het voortbestaan van het joodse volk en de terugkeer naar Israël. De vierde verklaring is psychologisch de belangrijkste, namelijk de kennis van waar men vandaan komt en waar het joodse volk heengaat. Gedurende de gehele geschiedenis, ook in de moeilijkste perioden, werd de wens ooit terug te keren naar Jeruzalem levendig gehouden. Op Pesach, het joodse paasfeest, wenst men elkaar al duizenden jaren lang 'tot volgend jaar in Jeruzalem'.
Bij deze vier pijlers van het jodendom is de studie van de bijbel en de talmoed noodzakelijk. Via deze studie blijven de voorschriften in het bewustzijn en wordt de geschiedenis van het joodse volk voortdurend in herinnering gebracht.

Wereldhegemonie

Ik wil deze argumentatie nu toepassen op de moslims en op de Europeanen. De moslims hebben, net als het joodse volk, de tradities en de voorschriften die ze allen gemeen hebben en al eeuwenlang koesteren. Er is het vrijdaggebed in de moskee, de dagelijkse rituelen, de voedselvoorschriften, de ramadan en ze huwen onder elkaar. Het grote verschil met de joden is dat ze niet willen terugkeren naar hun heilige plaatsen Medina of Mekka, maar dat moslims streven naar wereldhegemonie.

We kunnen omwille van deze stevige basis van tradities, morele voorschriften en religieuze samenhorigheid ervan uitgaan dat de islam een uiterst krachtige beweging is. De Franse schrijver Michel Houellebecq ziet in zijn roman Soumission ('onderwerping') wat er in een nabije toekomst staat te gebeuren. In 2022 neemt een moslimpartij, met steun van de socialisten, de macht in Frankrijk over en een moslim wordt president. Zoiets als in Rotterdam, maar dan in het groot. Zoals zo vaak vinden we in romans in een vroeg stadium inzichten die politici en de vele nuttige idioten die de aanwezigheid van de islam in Europa verdedigen voorlopig niet kunnen of niet willen zien.

Evangelie van rationaliteit

Nemen we nu de Europeanen, in het bijzonder de christenen. Dit is één grote spirituele leegte. De zondag is een koopzondag geworden, vasten is een onbekend begrip, voedselvoorschriften zijn er niet, het huwelijk is nog weinig waard, de kerken blijven leeg en worden afgebroken of tot hotels en restaurants omgebouwd.

Nu is het geenszins mijn bedoeling te pleiten voor een terugkeer naar het rijke Roomse leven. Het gaat mij om de spirituele leegte, wat betekent dat slechts het materiële en het intellectuele overblijft. In deze zin zijn we dingen geworden en wezens die volstrekt gedespiritualiseerd zijn. Het evangelie van de rationaliteit en het objectieve denken heeft ons geobjectiveerd. Daardoor zijn wij als Europeanen uitermate kwetsbaar geworden. Objecten kunnen worden gemanipuleerd en dat gebeurt met ons dag in, dag uit. We missen de geestelijke waarden om richting aan ons leven te geven. Alleen het ogenblik telt, dit is de onmiddellijke bevrediging van onze materiële behoeften. Ons Beloofde Land is de consumptiemaatschappij, waar we ons een obesitas kunnen vreten en waar de 72 maagden al beschikbaar zijn vanaf de puberteit.

Domineesdochter

Ik zou het liefst een optimistische toekomstvisie willen schetsen. Helaas zou ik dan de waarheid geweld moeten aandoen. Als nota bene de dochter van een dominee, Angela Merkel, het gevaar niet ziet en haar eigen land overlevert aan een horde van meer dan een miljoen moslims en 150.000 illegalen uit Noord-Afrika het land niet weet uit te zetten, dan blijft alleen wanhoop over.

Het christelijk onderwijs is nog nauwelijks christelijk te noemen. De kerkleiders staan, in een tijd waarin de christenen in het Midden-Oosten worden uitgemoord, welwillend tegenover de islam. Niet willen zien hoe gevaarlijk de islamitische ideologie is voor de westerse beschaving is een vorm van criminele naïviteit. Of is hun houding een gevolg van verdrongen angst voor de islam? Zo ja, dan is hier sprake van een psychische stoornis.

Spirituele kruistocht

Duizend jaar geleden waren de kruistochten bedoeld om in het Midden-Oosten een einde te maken aan de genocide van de christenen en de vernietiging van de heiligdommen. Nu is het weeral zover, niet alleen ginds, maar het begint ook hier. Ik pleit niet voor een oorlog tegen de islam, maar voor een spirituele kruistocht. We moeten pal staan voor de waarden die de westerse beschaving groot en krachtig hebben gemaakt. De vraag die absolute prioriteit moet krijgen is hoe we als Europeanen onze kracht kunnen terugvinden.

Humanisten, atheïsten en agnostici zijn hoofdzakelijk intellectuelen die alle spiritualiteit hebben verdreven. Zonder spiritualiteit mist de mens de kracht van een visie. Vanuit die hoek is daarom geen heil te verwachten. Alleen het christendom kan de westerse beschaving redden. Op voorwaarde dat de opvoeders met bijbelse verhalen onze kinderen inspireren, dat het christelijk onderwijs de jongeren opvoedt tot christenen, dat de Europese geschiedenis een hoofdvak wordt op school en dat de volwassenen de tradities, de voorschriften en de Tien Geboden met volle overtuiging nieuw leven inblazen

N.B. In een van de reacties op dit artikel werd gezegd dat ik het onderscheid niet ken tussen religie en spiritualiteit. Het onderscheid lijkt simpel, maar het is complexer als men er verder over doordenkt. Religie is gebaseerd op geloof in een goddelijke wezen en in zijn openbaring. Spiritualiteit betreft de geestelijke waarden die een mens belangrijk acht en probeert na te streven. De religie of de goddelijke openbaring bevat spirituele waarden. Er zijn echter ook andere geestelijke waarden die niet onder de religie vallen. Hier komt het probleem: hebben we die waarden uit onze duim gezogen, werden ze bepaald na democratische overleg en bij meerderheid van stemmen of zijn die waarden het resultaat van rationele overwegingen? In de eerste twee gevallen zijn alle waarden relatief. Waarden die rationeel bedacht zijn bieden weinig zekerheid omdat de menselijke rationaliteit beperkt is. Wij kunnen de oneindigheid van invloeden niet overzien.
Mijn standpunt is om onze inspiratie te halen uit de Heilige Schriften die al duizenden jaren bestudeerd en geïnterpreteerd worden. Voor de westerse beschaving is dit de Bijbel. In die zin vallen de religieuze waarden en de spirituele waarden samen; althans de meest wezenlijke waarden.

173. Ode aan het blanke ras

Het blanke ras is het minst racistisch van alle rassen. Blanke christenen namen het eerste initiatief om een einde te maken aan de slavernij in Amerika, de Arabische landen en zwart Afrika. Moesten de Afrikaanse landen nog steeds Europese koloniën zijn, dan leefden de zwarten nu in een aards paradijs en zouden meer dan honderdmiljoen Afrikanen gespaard zijn gebleven van een vreselijke dood, van verkrachtingen en van mutilaties.

Het blanke ras heeft de mensheid enorme diensten bewezen. Dank zij de medische wetenschap hoeven mensen niet meer schreeuwend van ondraaglijke pijnen te sterven. Miljoenen kinderen kunnen overleven dank zij preventieve vaccinaties. Van heinde en ver komen zieken en gehandicapten naar westerse ziekenhuizen. Europese artsen trekken naar ontwikkelingslanden om daar, met gevaar voor eigen leven en gezondheid, de ontbrekende medische hulp te bieden.

Welke beschaving heeft een Bach, een Mozart, een Beethoven, een Chopin en talloze andere componisten voortgebracht? Alleen al het beluisteren van een cantate van Bach maakt de schepping van het universum zinvol.

Denkers als Spinoza, Descartes, Kant, Hegel, Kierkegaard, Heidegger, Levinas en vele anderen hebben onze beschaving gemaakt tot wat ze is: een ongeëvenaarde combinatie van kennis en wijsheid, die via het onderwijs alle lagen van de bevolking heeft bereikt. Dank zij deze denkers heeft het Westen een voorsprong van minstens vijf eeuwen op andere beschavingen.

Kunstenaars op allerlei gebieden hebben creaties van onschatbare waarde aan de mensheid geschonken. Een bezoek aan de Sixtijnse kapel of zich even bezinnen voor het schilderij 'de Viool' van Picasso, brengen de mens in een bovennatuurlijke trance. Wij zijn goden gelijk.

Blanke mensen zijn de hele wereld gaan verkennen. In hun koloniën werden scholen en ziekenhuizen opgericht. Een infrastructuur werd goed georganiseerd, zodat tot in de verste uithoeken een begin werd gemaakt van menswaardig leven.

De blanke beschaving heeft een enorme veerkracht. Tragische dieptepunten, die menselijk gezien onvermijdelijk zijn, werden altijd overwonnen. Tegen mensen die de kennis en de technologie misbruiken, werd en wordt weerstand geboden. In deze beschaving wint uiteindelijk het goede altijd op het kwade.

De blanke mens kan vergeven. Hij kan schuld bekennen. Hij kan berouw hebben. Hij zal zijn fouten proberen te herstellen. De ethiek waarop zijn beschaving is gefundeerd, zet hem aan tot barmhartigheid en onvoorwaardelijke liefde voor de medemens. Gedurende twintig eeuwen zijn er honderdduizenden blanken geweest, die de gelofte van armoede en gehoorzaamheid hebben afgelegd om zich onbaatzuchtig, zonder salaris en zonder vrije tijd volledig in te zetten voor hun medemensen, onafhankelijk van hun afkomst of geloof. Het toppunt van menslievendheid werd bereikt door de Vlaamse pater Damiaan die op Molokaï ging wonen tussen de verstoten melaatsen. Nergens op de wereld vinden diep mentaal gehandicapten zoveel zorg en een warm onthaal. De glimlach van de vegetatief levende, diep mentaal gehandicapte biedt een ontroering van de bovenste orde.

Landen met een meerderheid van blanke mensen zijn het minst corrupt. Democratie heeft een einde gemaakt aan machtsmisbruik. Nergens ter wereld worden vrouwen zo gelijkwaardig en met respect behandeld. Nergens zijn de mensen zo vrij om hun mening te uiten. Nergens worden gezagsdragers zo kritisch gevolgd en desnoods terecht gewezen, zonder dat de boodschappers worden vervolgd en gemarteld. Nergens ter wereld worden politieke tegenstanders of andersgelovigen met respect behandeld, zonder dat ze massaal ontslagen worden of op een andere manier worden gediscrimineerd. Nergens ter wereld worden criminelen zo menswaardig behandeld.

De balans van goed en kwaad is zo overtuigend positief voor het blanke ras, dat we er alles aan moeten doen om dit te behouden. De blanke beschaving moet worden gekoesterd en zo zorgvuldig mogelijk bewaard. Het lot van de mensheid is er afhankelijk van, vooral nu, in een tijd waarin andere rassen en fanatieke groeperingen beschikken over wapens waarmee op gigantische schaal dood en vernieling gezaaid kan worden.

De blanke beschaving moet sterk blijven om een voorbeeld te zijn voor de gehele wereld en om anderen solidair bij te staan in hun streven naar menswaardig leven. Om die reden is nationalisme en behoud van de absolute meerderheid van blanke mensen in westerse landen noodzakelijk voor de wereldvrede. De multiculturele samenleving daarentegen is de hedendaagse Toren van Babel die leidt tot chaos en een terugval in donkere tijden. Alleen een sterke blanke beschaving kan de wereld blijven dienen. Het lot van de vernederden, de vertrapten, de zieken, de gehandicapten en de doodarme mensen overal in de wereld is afhankelijk van de solidariteit die een sterke blanke beschaving zal bieden.

174. *Twijfel*

Na al wat ik heb geschreven en voorgesteld over de islam, de massa-immigratie en het beleid in de Europese Unie, heb ik nog steeds diepe twijfels. Op zich is dat een goede zaak. Twijfel bewijst dat ik besef de waarheid niet in pacht te hebben. Twijfel zet aan tot verdere studie en vooral ook tot dialoog met andersdenkenden.

Ik twijfel omdat andersdenkenden vaak ook de beste bedoelingen hebben. Mensen die asielzoekers helpen, die bootvluchtelingen veilig aan land brengen, en die opkomen voor de rechten van immigranten doen dit niet uit eigenbelang. Zij vertegenwoordigen het beste in de mens: de zorg en de verantwoordelijkheid voor anderen.

Ik twijfel omdat ik respect heb voor de vele politici die uit overtuiging het landsbelang dienen, die een zestigurige werkweek niet schuwen en die doorgaan ondanks alle kritiek.

Ondanks mijn twijfel heb ik ook mijn diepe overtuigingen. Ook ik probeer het belang van anderen prioriteit te geven. Ik hoop een steentje te kunnen bijdragen aan een humane politiek, die op de langere termijn haar vruchten zal afwerpen.

Die combinatie van twijfel en overtuigingen zet mij ertoe aan concreet voor ogen te houden wat voor mij vaste waarden of ankerpunten zijn. Ik denk in eerste instantie aan het volgende:

- de meeste mensen in alle etnische groepen en rassen zijn van goede wil, zijn rechtvaardig en willen solidair zijn met hun medemensen
- alle mensen zijn gelijkwaardig en hebben recht op een menswaardig leven zoals recht op werk, op goede gezondheidszorg, op een basisinkomen, op pensioen, op veiligheid en op goed bestuur
- alle kinderen moeten de kans krijgen op kwalitatief uitstekend onderwijs
- de talenten en de intelligentie zijn gelijk verdeeld over alle etnische groepen en rassen. Als er verschillen zijn dan is dit een gevolg van historische, culturele en religieuze omstandigheden

Een en ander betekent dat ook in het Midden-Oosten en in Afrika er vrede, welzijn en welvaart kan heersen. Overal zijn er voldoende mensen van goede wil en overal zijn er genoeg mensen met talenten om hun eigen land tot ontplooiing te brengen of om verder te werken aan de ontwikkeling.

Wat in die landen ontbreekt is de leiding die de macht en de moraal heeft om die vrede, welzijn en welvaart voor allen te realiseren.

Wat ik voorstel is in het kort dat Europa samen met de immigranten een onvermoeibare inspanning moet doen om menswaardig leven mogelijk te maken in het Midden-Oosten en Afrika.

Naast die vaste waarden en ankerpunten zijn er ook niet te ontkennen gevaren. Ik denk in eerste instantie aan het volgende:

- als vijf procent van de moslims in Europa extremistisch is, dan zijn er hier minstens drie miljoen potentiële terroristen
- Europa glijdt af naar een toestand zoals in het Midden-Oosten als gevolg van een massa-immigratie van mensen die onze ethiek niet delen en door het uitblijven van een oplossing voor het Midden-Oosten en Afrika
- we kunnen niet eindeloos doorgaan met economische groei. Een soberder levensstijl, stoppen met nutteloze reizen, drastische vermindering van de vleesconsumptie en prioriteit aan lokale productie zijn noodzakelijk om de destructie van ons ecosysteem nog te kunnen redden of om met de gevolgen nog redelijk te kunnen omgaan.

175. Mogelijkheid

Het valt allemaal best mee. Er hoeft niets te veranderen. Er is vrede. De criminaliteit is de laatste jaren verminderd. Er is voor de meesten voldoende werkgelegenheid, behalve voor jongeren in sommige landen. Het klimaat heeft kuren, maar er zijn ook zonnige dagen. De euro behoudt zijn waarde. De lage inflatie compenseert de minimale rente op spaarboekjes. Af en toe worden we opgeschrikt door terroristische acties, maar er vallen veel meer slachtoffers in het verkeer. We houden van voetbal en straks zijn er weer Olympische Spelen. Kortom, het gaat goed met Europa en we zullen proberen het hier bij te houden.

Of zijn er toch slapende monsters, die af en toe wat grommen? Zouden die monsters niet op een dag allemaal tegelijk ontwaken, verbouwereerd rondkijken om dan in woede en razernij te ontsteken? Een natuurramp van ongekende omvang. Wetenschappers voorspellen een aardbeving die een groot gedeelte van Bangladesh zal verzwelgen, met   mogelijk 150 miljoen slachtoffers. Extreme klimatologische verschijnselen waarbij de oogsten in grote gedeelten van de wereld worden vernietigd. Epidemies die zoals in vorige eeuwen dertig procent of meer van de bevolking elimineren. Het fanatisme dat overal opduikt, mensen tegen elkaar opzet en elke dialoog uitsluit. Een terroristische aanslag met vreselijke gevolgen, zoals de dood van duizenden onschuldige burgers. Een nucleaire vervuiling die een groot en dicht bevolkt gebied onbewoonbaar maakt. Een economische recessie die leidt tot volksopstanden. Geldontwaarding waardoor ons spaargeld en onze pensioenen vrijwel waardeloos zijn geworden. Mensonwaardige omstandigheden in grote delen van de wereld. Een overrompeling van vluchtelingen uit het Midden-Oosten en Afrika, waar de rampen nog erger hebben toegeslagen. Werkloosheid die stijgt tot boven de vijftig procent. Het onbetaalbaar worden van uitkeringen. Een al maar toenemend verschil tussen rijk en arm. Het wordt elk voor zich. Er is geen andere uitweg. Politici van de traditionele partijen worden niet meer serieus genomen.

De moderniteit heeft monsters teweeggebracht die we niet meer kunnen beheersen. Die monsters heten ongeremde economische groei, klimaatontregeling, luchtvervuiling, verkeersinfarcten, massa-immigratie, schuldenberg, uitzichtloze armoede, jeugdwerkloosheid, massa-vernietigingswapens, nucleaire straling, terrorisme, extremisme, rassenrellen. De wereld raakt dolgedraaid. Sommige grootmachten menen hierin een kans te zien, maar maken het nog erger en worden zelf het slachtoffer van de monsters. Overal woedt oorlog. In Azië en het Midden-Oosten wordt hier en daar gebruik gemaakt van nucleaire wapens. Israël neemt preventieve acties en vernietigt op meedogenloze wijze potentiële aanvallers. Van het oostelijk front is er geen nieuws meer. In de Verenigde Staten en in Latijns-Amerika woedt een niets ontziende burgeroorlog. De verschillende bevolkingsgroepen zijn zwaar bewapend en de strijd zal pas eindigen als een van de partijen nagenoeg uitgeroeid is.

Doordat alle monsters tegelijkertijd in actie komen ontstaat een wereldwijde paniek. Kalmerende woorden of oproepen tot verdraagzaamheid verzinken in een kakofonie van opruiende slogans. Mensen zijn radeloos en worden naar alle kanten opgezweept. De wereld is één grote chaos geworden. Er is geen ruimte meer voor redelijk overleg. De massa wil actie. Nu. Keihard.

Twaalf gezaghebbende en geëngageerde vrouwen en mannen, komend uit verschillende Europese landen, weten elkaar te vinden en vormen een groep die de leiding van de Europese Confederatie op zich neemt. De nationalistische krachten van alle landen, waaronder Rusland, worden verenigd. Er wordt in elk land een leger en een politiemacht gevormd met uitsluitend mannen en vrouwen die Europese voorouders hebben tot minstens vier generaties ver. Dit leger en de politie worden uitgebreid, want alle jonge mannen en vrouwen moeten een dienstplicht vervullen.

Er wordt orde op zaken gesteld. Al wie geen Europese voorouders heeft moet terug naar de landen van herkomst. Als die landen weigeren mee te werken, worden ze tijdelijk bezet. Er is in deze tijden van chaos en geweld geen enkele tolerantie meer voor delinquenten. Alle criminelen die geweldsdelicten hebben gepleegd, worden gedeporteerd naar werkkampen in Siberië. Wie rondloopt met een vuurwapen in zijn bezit wordt standrechtelijk veroordeeld en gefusilleerd, want gezien de chaotische toestand in de wereld geldt het oorlogsrecht.

194

Zodra de orde is hersteld en Europa niet meer multicultureel is, volgen de dienstplichtigen opleidingen in beroepen waar tekorten zijn ontstaan. De gevolgen van de vergrijzing worden opgevangen doordat alle dienstplichtigen, naast hun gevolgde opleiding, ook technische of paramedische vaardigheden aanleren. Dit betekent dat ze later, naast hun beroep, zullen kunnen inspringen daar waar het nodig is. Een leraar zal bijvoorbeeld ook loodgieter zijn of een ambtenaar doet ook verpleegkundig werk in een verzorgingstehuis. Deze extra activiteiten worden verricht in de al eerder besproken netwerken van solidariteit. In die netwerken neemt elke burger zijn verantwoordelijkheid op voor de mensen met wie hij samenleeft. In de internationale netwerken wordt dit uitgebreid tot het ontwikkelingswerk.

Het leger wordt een vredeskorps voor Europa dat werkt aan de heropbouw van de landen. Er zijn geen werklozen meer. Iedereen wordt ingezet waar werkkrachten nodig zijn. Dank zij het vredeskorps wordt elke burger in zijn basisbehoeften voorzien. De mensen leren het gezins- en familieleven opnieuw in alle eenvoud te waarderen.

Als de Europese confederatie is geconsolideerd wordt Wenen de hoofdstad. Na de chaos en het nationalisme volgt een renaissance van de ethiek. De samenleving wordt opgebouwd vanuit de stabiele gezinnen, een herstel van de grote familiebanden en de solidariteit tussen mensen met dezelfde voorouders. In deze elementen vindt Europa opnieuw de kracht om in de wereld beschaving te brengen. Europa is als de Boom des Levens die via haar wortels kracht opzuigt uit de wereld en via haar vruchten de mensheid voedt. Hierdoor worden de monsters de wereld uit gejaagd en vervangen door goed rentmeesterschap en mededogen.

De 21ste eeuw wordt, na een periode van vreselijke ellende, de eeuw van de spiritualiteit. Overal in de wereld wordt het voorbeeld van Europa gevolgd. Elk ras, elke etnische groep of elk volk kan leven op de plek waar de mensen thuishoren, bij diegenen die hun traditie, geloof en ethiek delen. Elke burger behoudt de banden met zijn familie. De intimiteit van het gezin biedt de mens de kracht en de energie om zich verantwoordelijk te gedragen. De eeuw van de spiritualiteit luidt het tijdperk in waarin de mensen psychisch gezond en volwassen zijn geworden. Nooit eerder is er zoveel solidariteit in de wereld geweest, nu elk volk zich kan ontplooien in een eigen thuis. Het opnieuw zeer krachtig geworden Europa staat de landen in het Midden-Oosten en Afrika bij in hun ontwikkeling naar vrede, welzijn en welvaart voor iedereen. Overal worden vredeskorpsen opgericht, die samen met het Europese vredeskorps de oude monsters belemmeren terug te keren.

Donderdag 14 juli 2016: een islamitische aanslag in Nice, 84 doden en 18 zwaar gewonden. Een monster heeft weer even gegromd.
Vrijdag 16 juli 2016: aanslag in München, 9 doden, 16 gewonden
en helaas de rest zal volgen, tot een echt grote klap komt; dan wordt bovenstaande werkelijkheid.

Augustus-September 2016: In één maand tijd horen we (1) dat China het klimaatakkoord van Parijs heeft ondertekend en (2) dat China de komende twintig jaar voor 1000 miljard dollar (herhaal: duizend miljard) Boeings zal aanschaffen. De wereld is gek geworden.

Illustratie: kort na de aanslag op de kerstmarkt in Berlijn publiceerde ik op ThePostOnline van 22 december 2016 onderstaande bijdrage.

Zijn er nog niet genoeg Merkel-doden gevallen?
2017: het jaar van de aanslagen

In het verkiezingsjaar 2017 is voor de radicaal-rechtse partijen in Duitsland, Frankrijk en Nederland de beste nieuwjaarswens dat, liefst in het voorjaar, er zoveel mogelijk terroristische aanslagen zijn. Misschien is dat zelfs de beste wens voor de Europese bevolking in het algemeen. Bijvoorbeeld indien enkele aanslagen van gigantische omvang leiden tot een opstand van de burgers. Een revolutie die onze falende politici aan de kant zet.

Ik zet hier opzettelijk de zaken op scherp. Als laatste deel van mijn betoog wil ik een alternatief schetsen om aanslagen te voorkomen. Moet de prioriteit van de politiek niet zijn dat terroristen en andere fanatici geen slachtoffers kunnen maken? Moeten we er niet alles aan doen om families onnoemelijk leed te besparen, om te voorkomen dat mensen zwaar gehandicapt verder moeten leven? Zijn er nog niet genoeg Merkel-doden gevallen?

Een heel grote smeerlap

De eerste en de hoofdverantwoordelijken voor de aanslagen zijn natuurlijk de terroristen zelf en diegenen die hen hebben gehersenspoeld. Wie onschuldige mensen doodt, is een ordinaire moordenaar. Bij moslimterroristen is de schuld oneindig veel groter omdat zij handelen in naam van God, die zij Allah noemen. Als hun god dit goedkeurt, dan is hij toch wel een heel grote smeerlap.

Deze fanatici willen onze samenleving destabiliseren. Zij hebben een apocalyptische visie over de wereld. Dit betekent dat we de huidige situatie niet kunnen vergelijken met de koude oorlog of met andere spanningen uit het verleden. Toen gold het wederzijdse afschrikkingseffect. Noch de Sovjetunie, noch het Westers bondgenootschap zouden een nucleaire oorlog beginnen, omdat men wist dat wederzijdse totale vernietiging het gevolg zou zijn. Dit laatste is voor moslimextremisten geen probleem: als zij vernietigd worden, gaan ze naar het paradijs. Als er bij terroristische aanslagen in het Westen er ook moslims slachtoffer zijn, dan is dat geen belemmering: zij gaan wat eerder naar het paradijs.

Europa de zwakste schakel

De fanatici willen met hun opeenvolgende aanslagen een burgeroorlog ontketenen. Ze beschikken over een wereldwijd netwerk. Ze hopen dat als het Westen zal uiteenvallen, de mondiale triomf van de islam zal volgen. Europa is hierin de zwakste schakel.

Het is precies deze zwakte van Europa die onze politici mede verantwoordelijk maakt voor de situatie waarin we terecht zijn gekomen. Vanuit hun veilige en comfortabele positie hebben zij nog steeds geen inzicht in de immense dreiging die uitgaat van het moslimterrorisme. Politici en hoogwaardigheidsbekleders draaien rond in hun eigen kringen, waar het politiek-correcte denken bon ton is. Zij kennen elkaar onderscheidingen toe, waardoor het gevoel het gelijk aan hun zijde te hebben verder toeneemt.

De Franse politicus en oud-minister van Defensie, Jean-Pierre Chevènement, geeft een voorbeeld van het tekortschieten van leidinggevende en invloedrijke machthebbers. Volgens hem is het makkelijk aan te wijzen waar de schuld ligt voor de zwakke controle van onze grenzen en het uitblijven van een rigoureuze aanpak van de immigratiestroom: bij de Verenigde Naties, het beleid van Obama, de oproepen van de paus, het Europees Hof voor de Rechten van de Mens en het Hof van Justitie van de Europese Unie. Het krankzinnige is dat de meeste mensen die in deze instellingen werken goede bedoelingen hebben. Zij illustreren helaas op perfecte wijze het gezegde 'dat de weg naar de hel geplaveid is met goede voornemens'. Een recent voorbeeld hiervan is het arrest van het Europees Hof van Justitie waarin het bijhouden van datagegevens door telecombedrijven, omwille van de privacy, sterk beperkt moet worden. Voor politie en gerecht is dit een ramp en het zal het opsporen van terroristen erg bemoeilijken.

Miljoenen potentiële terroristen

Het belangrijkste argument van de politiek-correcte elite is dat slechts een heel kleine minderheid van de moslims extremistisch is. Om drie redenen is dit een verkeerde redenering. Ten eerste: als bijvoorbeeld slechts vijf procent van de moslims extremistisch is dan zitten we binnen de Europese Unie met meer dan drie miljoen potentiële terroristen. Geen enkele politiemacht kan dit onder controle houden.

De tweede reden is dat de continue reeks aanslagen die ons te wachten staat, wellicht zal samengaan met andere ernstige bedreigingen. Te denken valt aan een langdurige economische stagnatie, de massa-immigratie uit Afrika, de gevolgen van de klimaatverandering of dood en verderf zaaiende epidemieën die vanuit andere continenten komen overwaaien en waartegen antibiotica niet meer werkt. Het is juist deze cumulatie van grote spanningen die kan leiden tot extreme reacties.

Ten derde kan een handjevol mensen een oorlog ontketenen. De twee wereldoorlogen werden door de meeste mensen niet gewild. Als een klein clubje elitaire mensen (adel, baronnen van de wapenindustrie en ander kapitalistisch schorremorrie) een oorlog wilden, dan hadden ze de middelen om de massa op te zwepen. In deze tijd van sociale media is de macht van mensen met slechte bedoelingen dubbel gevaarlijk. Zij zijn zelfs in staat kinderen aan te zetten tot het plegen van aanslagen.

Een politiestaat

Wat is hier het alternatief voor het huidige, uitermate zwakke beleid van onze politici? Ik wil er geen doekjes om winden: voor de korte termijn moeten we van Europa een politiestaat maken. Zo snel mogelijk moet er een dienstplicht komen, zodat een politiemacht op volle sterkte kan opereren. Dit geldt voor de grensbewaking, de zorg voor de veiligheid van de burgers en het continu op de hielen zitten van lieden die criminele activiteiten van plan zijn. Doordat onze democratie verder goed zal functioneren, zal geen enkel mens van goede wil hier last van hebben.

Westerse levensstijl

Een duurzaam beleid zal er in bestaan dat de oorzaken van het moslimextremisme grondig worden aangepakt. Dat lijkt een onmogelijk zaak, bijvoorbeeld omdat in de Koran wordt opgeroepen tot geweld tegen de ander. Onze hoop is echter gevestigd op de nieuwe generaties in het Midden-Oosten en Noord-Afrika. Daar heerst een enorme kloof tussen de islamisten en de massa die niets liever wil dan onze westerse levensstijl. Moslims zijn trouwens het vaakst slachtoffer van aanslagen. Als voor hen onze levensstijl mogelijk wordt gemaakt, is er geen reden meer voor emigratie. Dit zou betekenen dat we de immigratie vanuit die landen kunnen beperken tot moslims die hier tijdelijk komen omdat ze een studiebeurs of een werkcontract hebben.

Met westerse levensstijl wordt hier bedoeld goed onderwijs voor alle kinderen, jongens en meisjes, voldoende werkgelegenheid, sociale voorzieningen ook voor de zwakkeren, gelijke rechten voor vrouwen, vrijheid van meningsuiting, recht om politieke oppositie te voeren en uiteraard vrede en veiligheid.

Obscurantisme

In Europa hebben we vijf eeuwen lang een strijd gevoerd tegen het obscurantisme, tegen de macht van de religie, voor de gelijkheid van alle mensen en voor de vrijheid van het individu. Die strijd is bij lange na niet beëindigd en wordt opnieuw aangewakkerd door miljoenen immigranten die onze fundamentele waarden niet kunnen aanvaarden en nooit zullen aanvaarden. Het geloof dat deze immigranten zich ooit zullen integreren in de westerse beschaving, getuigt van een grote domheid en is de grootste bedreiging die onze beschaving om zeep zal helpen. Er zit niets anders op dan een scheiding om de Apocalyps te voorkomen.

Hoe kan die scheiding worden gerealiseerd? Stel dat in 2017 veertig miljoen Europese moslims terugkeren naar de landen van herkomst en, met de steun van Europa, deze landen gaan opbouwen tot menswaardige samenlevingen. Als dat lukt, dan wordt 2017 niet het jaar van de aanslagen, maar begint de echte Arabische lente.

176. *Zekerheid*

De economische groei moet worden stopgezet. Aangezien dit dramatische gevolgen zal hebben voor de werkgelegenheid en de koopkracht van de burgers is een ander samenlevingsmodel noodzakelijk, zodat de mensen anders kunnen gaan leven.

Deze andere manier van leven zal gebaseerd zijn op een herstel van de familiebanden door te blijven wonen en werken in de regio waar men geboren is, op lokale netwerken van solidariteit met vrijwilligers die hulp bieden waar het nodig is, op de prioriteit die gegeven wordt aan lokale productie, op het organiseren van sportactiviteiten en vrijetijdsbesteding in eigen land en op goed rentmeesterschap over de landschappen en de natuur met haar fauna en flora.

De islam kan niet worden verenigd met de Europese beschaving. Het gaat om een verschillende ethiek, waardoor normen en waarden hevig met elkaar botsen. Krampachtig vasthouden aan integratie en aan de multiculturele samenleving zal leiden tot een burgeroorlog, tot terroristische aanslagen die steeds meer angst zullen veroorzaken en tot niet meer op te brengen kosten voor de beveiliging. Bovendien zal hoe meer mensen uit Afrika en het Midden-Oosten vluchten naar Europa, hoe langer het zal duren eer er daar menswaardige samenlevingen zullen worden opgebouwd.

Een krachtig Europa, waarin de natiestaten in een confederatie zijn verenigd, is een noodzakelijke voorwaarde voor solidariteit met het Midden-Oosten en met Afrika.

Als mede dank zij de solidariteit vanuit Europa er vrede, welzijn en welvaart zal heersen in het Midden-Oosten en Afrika, zal een alliantie ontstaan tussen Europa, het Islamitisch Kalifaat en zwart Afrika. Die alliantie zal de 21ste eeuw doen evolueren tot een eeuw van de spiritualiteit.

Boven alles moeten diegenen die boven de massa willen uitstijgen en die zich verantwoordelijk voelen voor de mensheid, zich voortdurend bezinnen over de oorsprong van de ethiek. De ethiek is niet door de mensen zelf bedacht. Het gaat om een geopenbaarde Waarheid, die er al was voordat er mensen waren en die komt van wat buiten de immanentie ligt. De Bijbel moet om die reden het fundament blijven van de Europese beschaving. Het is de hoogste tijd dat we dit serieus nemen. Of men gelovig is of niet, een wekelijkse bezinning samen met anderen over de wijsheid die de mensen niet zelf hebben uitgevonden of bedacht, is absoluut noodzakelijk om ons handelen op verantwoorde wijze te funderen. Diegenen die de Bijbel verwerpen en menen dat ook dat boek door mensen is bedacht, kunnen evengoed aan de bezinning en discussie deelnemen. Het gaat mij niet om een dogmatisch geloof, maar om een rationele speurtocht naar de wijsheid die onze beschaving kan funderen.

Noch de politiek, noch de economie mogen de beleidsdoelen bepalen, want anders bepalen de macht en de hebzucht het beleid. De politieke en economische activiteiten moeten voortdurend worden getoetst en de doelen moeten voortdurend worden besproken in het overleg die de leiders van het volk voeren met de bijbelexegeten van de christelijke kerken en van Israël, alsook met de humanisten die in een open dialoog nadenken over onze normen en waarden.

Israël en Rusland horen bij Europa. Beide landen zijn er wezenlijke bestanddelen van, omdat ook daar de beschaving al duizenden jaren gefundeerd is op de wijsheid van de Bijbel.

Al wie zich verantwoordelijk voelt voor de verwezenlijking van het Goede in de samenleving en in de wereld als geheel, moet contact zoeken met de ultieme bron van het Goede. Daar is de zondag of de sabbat voor bedoeld en daarvoor zijn kerken en synagogen door onze voorouders gebouwd. In die plaatsen komen de mensen van goede wil wekelijks samen om zich te bezinnen over de wijsheid die het universum schraagt. In deze bijeenkomsten wordt het overleg tussen de bijbelexegeten, de humanisten en de leidinggevenden op politiek, economisch en cultureel gebied aan het volk voorgelegd. Hierdoor komt een einde aan de politieke ruziemakerij en het bevoordelen van kleine groepen ten koste van de gemeenschap. We gaan integendeel meer en meer op een volwassen manier met elkaar om. We nemen de wijsheid van de Bijbel en een humanistische visie serieus: dit betekent gewoonweg dat niemand zich verheven moet voelen boven anderen en dat persoonlijke talenten en rijkdom ten dienste worden gesteld van de Ander.

Naast de gebruikelijke rituelen in synagogen en kerken zouden in die plaatsen wekelijks bijeenkomsten moeten worden georganiseerd voor al wie belangstelling heeft voor de te bespreken thema's uit de Bijbel. De organisatoren zullen voldoende inventief zijn om mensen uit de wijk of de stad te stimuleren om hieraan deel te nemen. Persoonlijk hunker ik naar een plek en een gelegenheid waar het mogelijk is om samen met anderen mij te bezinnen over waar het in een mensenleven echt om gaat.

Wie de bijbelse wijsheid en de bezinning afwijst is een discipel van het Kwade. Hij laat de Satan heersen onder de mensen of in seculiere termen: hij maakt de mensen tot slaaf van de macht en de hebzucht. Hij wijst het Heilige af dat al zesduizend jaar door het joodse volk en al tweeduizend jaar door de Europeanen wordt gekoesterd. De agnostici en de onverschilligen zitten op een dwaalspoor, in een straatje zonder eind en ze verzuimen de verantwoordelijkheid die de mens onderscheidt van het animale. Hierdoor missen ze het uitzicht op de Oneindige, die de ultieme zin geeft aan het leven in het universum. Zij zien het spoor niet van Diegene die betekenis geeft zonder te verschijnen[10].

Het lot van de wereld valt samen met een godsdienst voor volwassenen. Deze godsdienst is gebaseerd op kritische studie en open dialoog, die nooit worden stopgezet. Die godsdienst mag ook gezien worden als een religie zonder God. Dan wordt bedoeld met een godsdienst voor volwassenen: een levenshouding die open staat voor wat hoger is dan de mens. Een verticale of transcendente dimensie richt de mens naar een doel. Mag dat doel het volmaakte zijn?

Beste mevrouw,
Beste heer,

Na deze 176 beschouwingen is het tijd om conclusies te trekken. Ik bedoel conclusies met betrekking tot de vier grote uitdagingen die in mijn eerste brief werden benoemd: (1) hoe kunnen we ervoor zorgen dat alle kinderen op de wereld goed onderwijs krijgen, zodanig dat alle kinderen hun specifieke talenten kunnen ontplooien? (2) hoe kunnen we de verdere destructie en vervuiling van ons ecosysteem stopzetten, zodat een door de mensen veroorzaakte Apocalyps kan worden vermeden? (3) hoe gaan we om met de islam die steeds meer terrein wint in de westerse wereld en (4) hoe kan worden voorkomen dat enkele procenten van de wereldbevolking meer bezitten dan de rest en het verschil tussen rijk en arm verder toeneemt?

Ik meen te weten wat waar is of liever: ik weet in welke richting we het ware moeten zoeken. Fundamenteel is ons niet uitsluitend te baseren op de kennis die wij verwerven met ons intellect. De waarheid ligt in de wijsheid die al duizenden jaren onveranderd is gebleven. Onze rationaliteit kunnen we gebruiken om ons voortdurend te bezinnen over die wijsheid, zodat we ons in wijsheid kunnen aanpassen aan veranderende omstandigheden. Die veranderingen kunnen trouwens veroorzaakt worden door onze rationele handelingen.

Het gaat er niet om te geloven in een God die deze wijsheid heeft geopenbaard. Het gaat er niet om een bepaalde religie aan te hangen. Dat is ieders eigen keuze. De keuze voor eender welk geloof is weeral mensenwerk. Wat alle mensen kan verenigen is de wijsheid tout court.

Dat deze wijsheid de wijsheid van de liefde voor de naaste is, is ontegensprekelijk. Ik vertaal het in moderne termen om tot concrete richtlijnen te komen: de wijsheid die menselijke of menswaardige beschaving fundeert is het engagement om zich verantwoordelijk te gedragen. Verantwoordelijk ten aanzien van de Ander en het Andere, in het hier en nu en met het oog op de toekomst.

We moeten de moed hebben deze verantwoordelijkheid heel concreet te vertalen, zodat we er niet omheen kunnen. Ik weet en heb mijn leven lang ervaren dat concrete conclusies trekken, altijd veel weerstand uitlokt. Dat is begrijpelijk, omdat de mens niet graag de eigen zekerheden en gewoonten wil opgeven. Onze tijd vergt echter geen uitstel meer. Er zijn politici en andere bekende personen die prachtige redevoeringen kunnen houden over de uitdagingen waar we in deze eeuw voor staan of ze geven precies aan wat zo niet verder kan, maar wat daarna? Het gaat erom dat miljarden mensen hun gedrag veranderen. Hoe je het ook draait of keert, een verandering moet concreet zijn.

Vandaar dat ik op basis van de wijsheid, die al duizenden jaren de goede mensen heeft geïnspireerd, op het einde van dit boek kom tot de volgende morele richtlijnen voor de vier genoemde problemen:

1. Goed onderwijs voor alle kinderen en jongeren, overal ter wereld, vereist dat gedurende minstens twee decennia de begroting voor wetenschappelijk onderzoek, ruimtevaart, farmaceutisch onderzoek en de wapenwedloop wordt gehalveerd ten voordele van het onderwijs. Hier zegt de wijsheid dat wie alles bezit, maar de liefde niet heeft, heeft niets. Dit geldt ook voor de volgende punten.

2. Om de gevolgen van de fatale destructie van ons ecosysteem nog enigszins draaglijk te maken, moeten we met z'n allen sober gaan leven: slechts één dag per week vlees eten, tourisme afschaffen en reizen beperken tot het hoogst noodzakelijke, zoveel mogelijk lokaal produceren en kopen. De economische gevolgen van deze andere manier van leven worden opgevangen dank zij de netwerken van solidariteit. Alle burgers kunnen hieraan meewerken doordat zij tijdens hun dienstplicht zijn opgeleid in een tweede beroep.

3. Om hoogoplopende spanningen tussen de islamitische wereld en de rest van de wereld te ontlopen, hebben de moslims de verantwoordelijkheid terug te keren naar de landen van herkomst om daar vrede, welzijn en welvaart te realiseren. Hetzelfde geldt voor de vluchtelingen uit zwart Afrika. Ook zij zijn de eerste verantwoordelijken om de ellende in Afrika tot een einde te brengen.

4. Om extreme miserie definitief uit de wereld te helpen, is het noodzakelijk een maximaal inkomen vast te stellen, bijvoorbeeld 15.000 euro bruto per maand, inkomsten van vermogen en bezittingen inbegrepen. Wat daar boven wordt verdiend, wordt bestemd voor armoedebestrijding, gezondheidszorg en degelijk onderwijs in eigen land, maar vooral in de landen waar de meeste mensen niet menswaardig kunnen leven.

Meer heb ik hierover niet te zeggen. Wie dit tegenwerkt is een slecht mens.

Vriendelijke groet,

Juliaan van Acker

NOTEN

1. Levinas, E. (1963). *Difficile liberté*. Paris: Albin Michel.
2. De keuze voor ThePostOnline is gebaseerd op het groot aantal bezoekers van deze website, namelijke anderhalf miljoen per maand.
3. Zie bijvoorbeeld: Banon, D. (2010). Déconstruire Babel. In Tapiero, M. (Ed.). *Fondements de l'humanité*. Paris: Éditions du Cerf, pp. 631-643.
4. Landes, R. (2016). *Triumphalist religiosity: The unanticipated problem of the 21st century*. Tabletmag.com
5. Houellebecq, M. (2015). *Soumission*. Paris: Flammarion.
6. Boualem, S. (2015). *2084: La fin du monde*. Paris: Gallimard.
7. Spencer, N. (2016). *The evolution of the West: How christianity has shaped our values*. London: SPCK
8. Rabhi, P. (2016). *La convergence des consciences*. Paris: Le Passeur.
9. Levinas,. E. (1972). *Humanisme de l'autre homme*. Paris: Fata Morgana.
10. zie Levinas, E. (1972) *Humanisme de l'autre homme*. Paris: Fata Morgana.

www.ingramcontent.com/pod-product-compliance
Lightning Source LLC
Chambersburg PA
CBHW062147280526
45788CB00001B/337